# 新・考える民法Ⅲ
# 債権総論

平野 裕之

慶應義塾大学出版会

# はしがき

──本書の方針及び使用法の説明を兼ねて──

　本書は，拙著『新・考える民法Ⅰ［民法総則］』及び『新・考える民法Ⅱ［物権・担保物権］』に続く債権総論を扱う『新・考える民法Ⅲ［債権総論］』である。2020年4月をもって，2017年改正民法が施行されることになり，本書は改正法に従って説明をしている。もちろん，改正法の文脈において旧規定との関係について理解が必要なこともあり，必要に応じて旧規定についても言及している。

　読者は問題をまず読んで何を書いたらよいのか大まかな指針を知りたいと思うであろうから，まず冒頭には書くべき論点とその問題における重要度を示した。そこに示した論点の重要度は，その問題の文脈における重要度に過ぎず，その論点の設問を離れた学問的重要度ではないことに注意して頂きたい。どんなに学問的に重要な論点であっても，設問の中の位置づけとしては触れる程度でよいとされるものは問いにおける重要度は低くなるのである。また，設問ごとの解説の冒頭に出題の趣旨的な概説を示した。そして，最後には，答案の大体の書き方について答案構成の一応のサンプルを示しておいた。これでなければいけないということはなく，あくまでも1つの参考例として考えて頂ければ幸いである。

　よい答案は，木に喩えて比喩的に言えば，幹がちゃんとできており大きな枝だけでなく，枝葉まで丁寧に落とさず見事に書いてあり，かつ，周りに不要な雑草も生えていない答案である。大きな枝が何本か足りなければ大きな点差がつくが，ほぼ同じ樹形でそれなのに差がつくのは枝葉の部分まで丁寧に書いてあるかどうかの微妙な差である。実力的には大差ないのに答案では差が出るのはこの程度の差である。そのための能力を身に付けるためには，事例問題を数多くこなして経験的に身に付けるしかない。

　ところで，辰巳法律研究所の前シリーズ同様，本シリーズも『考え過ぎる民

i

法』と揶揄され，司法試験のレベルを超えてしまっていないかと危惧をしている。特に改正法の残された問題点にまで論点が及ぶものには，まだ議論も定着していないし不要だという意見は当然出されるであろう。しかし，知識を吐き出すだけでなく，考える力を鍛える上で必要なので，かなり難問と思われるような問題も取り上げた。本書が現実の司法試験の問題を超えてしまっているとしたら，早く司法試験の問題が『新・考える民法』に追いつくことを期待したい。

　本書の出版には岡田智武氏にお世話になった。この場を借りてお礼を申し上げたい。『新・考える民法Ⅳ［債権各論］』も引き続き今年中には出版する予定である。

2020年3月20日

平野裕之

# 目　次

目
次

はしがき──本書の方針及び使用法の説明を兼ねて　　i

**No.1** **制限種類債権** ……………………………………………………………… 1

**No.2** **債務不履行** ……………………………………………………………… 15

**No.3** **債権者代位権・詐害行為取消権** ……………………………… 37

**No.4** **詐害行為取消権**＊ …………………………………………………… 57

**No.5** **多数当事者の債権関係** …………………………………………… 73

**No.6** **保証債務** ………………………………………………………………… 93

**No.7** **債権譲渡** ………………………………………………………………… 111

**No.8** **弁済・相殺** …………………………………………………………… 133

**No.9** **弁済提供・弁済供託** ……………………………………………… 149

iii

目次

**No.10 弁済者代位 1** ································································ 171

**No.11 弁済者代位 2** ································································ 189

**No.12 混　同** ······································································ 209

＊の問題は，2時間で答案練習に用いる場合には，［設問］1から3まででよいもの。

## No.1　制限種類債権

次の文章を読んで，後記の **[設問1]**，**[設問2]** 及び **[設問3]** に答えなさい。

Ⅰ

【事実】

1.　2020年10月10日，高級なαリンゴを栽培する甲リンゴ園を経営するAは，地元のB会社と同園でこの秋に収穫するリンゴ1箱10個入りで100箱（1000個）を販売する契約を締結した。代金は1箱3000円で合計30万円とし，代金支払は納品後1週間以内に行うことが約束されている。Bは得意先や社員への贈答品として購入したものであった。

2.　同年10月22日に，甲リンゴ園のある地域を猛烈な台風が襲い，甲リンゴ園も収穫間際のリンゴが落果するという被害を受けた。Aは，落果したリンゴは商品にはならないので，やむをえず廃棄処分にして，被害を受けなかったリンゴを収穫して，Bに納品しようとした。

3.　Aは甲リンゴ園のリンゴを，同月12日に，C会社にも1箱10個入りで100箱（1000個）を同じ値段で販売する契約を締結した。上記台風の通過後，Aが甲リンゴ園を確認したところ，収穫可能なリンゴは思ったより少なく1000個しかないことが確認された。

4.　AはBとCに事情を話して，それぞれ50箱ずつしか引渡しができないことと，代金は15万円となることを連絡した。しかし，BもCもこれに応ぜず，いずれも甲リンゴ園に1000個あるならば100箱約束通り引き渡すよう求めている。同年10月28日，Aは長年の付き合いであるBへの供給を優先し，Bに100箱を供給し引渡しをして，Cには謝罪をして供給が出来ないことを通知した。

**[設問1]**　【事実】1から4までを前提として，Cは，A及びBに対してどのような法的請求をすることができるか，理由を付して解答しなさい。

Ⅱ

　【事実】1から3までの後に，以下の事実があった。【事実】4は考えなくて
よい。

【事実】

5.　AはBとCに事情を話して，それぞれ50箱ずつしか引渡しができないこ
　とを了承してもらった。BとCは，50箱（5000個），代金15万円に契約を
　変更することをAと合意した。そのため，2020年10月29日，Aはリンゴ
　を収穫し，箱に詰めて100箱を用意した。

6.　リンゴの引渡しは，Aが引渡しの準備ができ次第連絡をして，BとCが
　甲リンゴ園に引取りにいくことになっていた。同月30日，Aは100箱の準
　備ができたため翌31日に引取りに来るようBとCに通知をしたが，B用と
　C用とを50箱ずつ分離することなく倉庫に保管していた。

7.　ところが，その30日の夜に倉庫に窃盗団が入り，100箱のリンゴすべてを
　盗み出した。Aは倉庫には厳重に鍵をかけた上で，夜中も収穫したリンゴが
　保管されている倉庫の見回りをしていたが，倉庫の壁を破壊して侵入すると
　いう予見できない方法で窃盗がなされており，Aには過失はない。

[設問2]　【事実】1から3及び5から7までを前提として，AはBとCに対
　して代金15万円の支払請求ができるか検討しなさい。また，もしAが引取
　りを催告したにもかかわらず，BC共に運送用の車両が仕事に使用されてい
　て使えなかったため，10月31日に引取りにいかず，11月1日も同様であり，
　11月2日の午前2時頃に【事実】7の被害があったとした場合についても検
　討しなさい。

Ⅲ

　【事実】1から3までの後に，以下の事実があった。【事実】4から7は考え
なくてよい。

【事実】

8.　AはBとCに事情を話して，それぞれ甲リンゴ園のリンゴは50箱ずつし
　か引渡しができないことを了承してもらった。Aは，不足分の甲リンゴ園の
　αリンゴ50箱に代えて，Aの親戚が経営する乙リンゴ園のαリンゴに匹敵

する高級βリンゴ50箱（同じく1箱10個入り）をAが買い入れて引き渡すことをB及びCと合意をした。

9. 同年10月29日，Aはまず甲リンゴ園のリンゴを収穫し箱詰めし，BとCにそれぞれ50箱ずつ供給した（持参債務と合意されているものとする）。残りの50箱分のリンゴについても，その2日後に，Aは乙リンゴ園からβリンゴを仕入れて50箱ずつ用意しBとCの営業所に持参して受取りを求めた。

10. Bはこれを受け取ったが，Cはやはり乙リンゴ園のβリンゴでは得意客が納得しないと主張し，変更の合意を覆して受取りを拒否した。そのため，Aは乙から仕入れた50箱を持ち帰り倉庫で保管していた。同年11月4日午前2時頃，倉庫に窃盗団が入り，この50箱のリンゴすべてを盗み出した。Aには過失はないものとする。

[設問3] 【事実】1から3及び8から10までを前提として，【事実】8の合意を更改と考えるか代物弁済の合意と考えるかでどう異なるかに注意して，AはCに対してどのような法的請求ができるか検討しなさい。

## ○ 言及すべき点及び論点 ○

1　[設問 1]について
①制限種類債権（重要度 A）
②リンゴが 1000 個になった効果（重要度 B）
③事情変更の原則による契約改訂権（重要度 B）
④リンゴをすべて B に引き渡した効果
　ⓐ C の債務の履行不能（重要度 C）
　ⓑ A の損害賠償義務（重要度 C）

2　[設問 2]について
①契約改訂の合意（重要度 C）

②制限種類債権の特定（重要度 A）
③債務者に帰責事由のない履行不能（重要度 B）
④債権者の受領遅滞（重要度 A）
　ⓐ A の損害賠償義務（重要度 C）
　ⓑ 履行不能解除（重要度 C）

3　[設問 3]について
①代物弁済の合意の効力（重要度 C）
②提供と代物弁済の効力（重要度 B）
③代物弁済と危険負担（重要度 B）

## 解説及び答案作成の指針

## 1　[設問 1]について

【出題趣旨】[設問 1]は制限種類債権については履行不能があることを確認し，債権者が複数いて全員を満足させるに足りる現物がなくなったが，それが不可抗力による場合の法律関係を検討してもらう問題である。それと同時に，事情変更の原則，台風についての不可抗力免責を検討し，またその後の一方への引渡しによる他方への履行不能についての責任について検討してもらう問題である。

### (1)　A の債務の分析と確認

(a)　契約の性質　　もし契約時期が，リンゴがなる前の例えば 2 月頃であれば，注文を受けて栽培・収穫をする請負契約と分析する余地がある。しかし，本問では，契約は 10 月であり，既にりんごの実はほぼ収穫時期になっており，甲リンゴ園のリンゴという特定物のうちの特定されていない 1000 個の売買と考えることができる。そうすると，B と C の債権はいわゆる制限種類債権と分析できる。

(b)　制限種類債権だとすると　　当初は十分な数があり，甲リンゴ園のリンゴを B と C に 1000 個ずつ供給することは可能であった。ところが，その後に猛烈な台風が襲い，甲リンゴ園の収穫間際のリンゴが被害を受け，供給できるリンゴが 1000 個ほどになってしまった。制限種類債権は，種類債権とは異なり履行不

4

能が考えられる特殊性があるが，ＢＣ両者に 1000 個を履行することは不可能になったが，ＢＣのいずれかに 1000 個を渡すことは可能である。この場合の法律関係を考えることが本問の課題である。

【答案作成についてのコメント】まず，制限種類債権であることを確認し，全員に対する履行は不能になっており，この場合の法律関係を考える問題であることの問題提起をすべきである。判例もない議論であり，問題に気が付いたことを示すことが求められる。

(2)　Ａの責任

　(a)　２つの解決の可能性　　本問のような事例を扱った判例はない。学説もほとんど議論がないが，２つの考えが可能と考えられている（奥田昌道編『新版注釈民法⑽Ⅰ』314 頁以下［金山直樹］）。

　❶　割合比例説　　１つは，「割合比例説」であり，ＢＣの債権に応じた分割債権になり，ＢＣそれぞれ 500 個の引渡しを求める制限種類債権になる——どの 500 個がＡまたＢへ引き渡されるものかは特定されていない——。この考えでは，ＢＣの合意は不要になる。逆に言うと，Ｂは 500 個しか引渡しを受ける債権はないので，1000 個を受け取ったのは債権を超えた受領になる。改正法の混合寄託についての 665 条の 2 第 3 項はこのような処理をしているが，条文解釈としてはこの類推適用という根拠づけが考えられる。

　❷　上限確定説　　他方，ＢＣいずれも残った数量まで全部の債権を認めることも考えられる。一方に 1000 個を引き渡すと，他方は必ず履行不能になるのである。物権また債権の二重譲渡にも類似した権利関係になっている。債権の二重譲渡では，差押えが競合したら分割債権になるというのが判例のようであるが，ここでも二重に執行はできないので，同様になるのであろうか。いずれにせよ，Ｂが 1000 個のリンゴを受け取ることは何ら問題がないことになる。ただし，ＢがＣの受領を妨害した場合には，債権侵害の不法行為が成立する余地はある。

　(b)　選択的履行不能となったことについて

　　(ア)　関連した問題点の確認　　もし，ＡがＢＣ両者に 500 個だけを提供した場合，①割合比例説では有効な提供になるが，②上限確定説では一部提供でありＢＣいずれに対しても有効な提供にはならない。では，ＢＣが 500 個をそれぞれ受け取った場合，Ａの責任はどうなるかであるが，割合比例説は責任無し，上限確定説では，ＡはＢＣいずれに対しても 1000 個を引き渡さなければならないのであるから，一部履行「不能」になっている。問題はその場合のＡの責任である。

全員に 1000 個の引渡しはできず，またそれは不可抗力が原因であり，上限限定説でも，A に責任を認めるのは酷である。

　(イ)　**本問の検討**　では，公平に分けたのではなく，B のみに 1000 個全部を引き渡した本問はどう考えるべきであろうか。先の 2 つの考えで結論が変わる可能性がある。

　❶　**割合比例説**　まず，割合比例説では，BC はそれぞれ 500 個しか引渡しを受ける債権を有しておらず，B が 1000 個受け取ったのは，500 個分余計に受け取ったことになる。かといって，特定しているわけではないので，<u>C から所有権に基づく返還請求権を認めることはできず</u>，C は B に対して金銭で不当利得返還請求権を取得することになる。

　B は 500 個の債権しか持たないので，1000 個を受け取ったのは，500 個分は弁済が超過履行で無効になる。パソコン 1 台の注文で 2 台の引渡しをしたようなものである。所有権はどうなって，返還請求はどうなるのか不明である。有効になる 1 台を債権者が決めることができ，残りを返還することになろうか。そうすると，C は A のそのような返還請求権を代位行使できそうであるが，制限種類債権保全のための転用と考えるべきであろうか。

　❷　**上限確定説**　これに対して，上限確定説では，A の B への 1000 個のリンゴの引渡しは有効であり，B は受領したリンゴの所有権を取得する。連帯債権とも異なり，C は B に半分 500 個を分配請求する法的根拠はない。リンゴが 1000 個しか履行できなくなったのは不可抗力であり A の帰責事由はないが，<u>B だけに渡して C への引渡しは履行不能にしていることにつき，A は債務不履行責任を負うのであろうか</u>。考えとしては 2 つが可能である。

　①まず，A が BC のいずれかに目的物を引き渡すかは自由であり──債権者としても自由競争──，<u>C への引渡しが履行不能になっても債務不履行責任を負わないと考えることもできる</u>。C は，代金の支払を拒絶でき（536 条 1 項），また，履行不能を理由に契約を解除できる（542 条 1 項 1 号）。

　②他方で，A が B に全部引き渡したために C への履行が不能になったのであり，A は責任を免れず 415 条 1 項により責任を負い，同 2 項により塡補賠償を義務づけられると考えることもできる。①が妥当なように思われる。

　**【答案作成についてのコメント】**判例もなく，考えの可能性としては 2 つが指摘されているが，いずれによって書いてもよい。考えて自分なりの解答を出そうとしたことが示されればよい。おそらく

改正法で 665 条の 2 第 3 項が導入されたので，これを参考にして考える答案が多く出されると思われる。


## 2 ［設問 2］について

**【出題趣旨】** ［設問 2］は制限種類債権が不可抗力により全債権者への履行ができなくなった後に，BCそれぞれ 500 個の債権という合意がされたので，割合比例説か上限確定説のいずれかを問わず，残された 1000 個につきBCが 500 個の引渡しを求める債権を持つだけになっている。この場合に，B用とC用とに分離せず，箱詰めして準備をして翌日の引渡しを待つだけの段階で，不可抗力により履行不能になった場合の法律関係（前段），そして，受領遅滞中の段階であったらどうなのか（後段），特定との関係に注意しつつ危険負担について考えてもらう問題である。


### (1) ［設問 2］前段について

**(a) 合意による債権関係** まず，合意がなければどのような権利関係になるのかはさておき，ABまたACの合意により，BもCも 1000 個 30 万円の売買契約を 500 個 15 万円の売買契約に変更している（一部合意解除）。BCの債権は甲リンゴ園に残された 1000 個のリンゴと特定されつつ，その中のどの 500 個と特定されていないので，依然として制限種類債権のままである。

**(b) 盗難による権利関係——特定はないが履行不能** Aはリンゴ 1000 個を収穫し，これを箱に詰めて準備をしてBとCに通知をしている。制限種類債権の特定があったかというと，準備をして渡せるようにしただけでは足りず，BとC用にそれぞれ別々に特定する必要があり，本問ではそれがなされていない。従って，タール事件と同様に，提供は認められるが特定はないということになる（最判昭 30・10・18 民集 9 巻 11 号 1642 頁）。種類債権の特定はないことになる。翌日取りに来るように求めたのであり，BとCはいまだ受領遅滞でもない。

この結果，盗難が不可抗力でありAに帰責事由がないとしても，BC共に，① 536 条 1 項の抗弁権を援用でき——412 条の 2 第 1 項で履行不能は抗弁事由になり，それに対応して反対債権も消滅せず，抗弁権を認める構成に変更された——，また，② 542 条 1 項 1 号により契約解除ができる。なお，412 条の 2 第 1 項の「不能」に該当するかという点であるが，盗難にあっただけで，物理的に滅失したわけではない。しかし，窃盗犯が捕まること，また，販売等の処分がされる前に捕まる可能性は低く，社会通念上履行「不能」と考えられる。

⑵　[設問2]　後段について

　(a)　**ＢＣいずれも受領遅滞**　　後段では，Ａは準備をしてＢとＣそれぞれにリンゴの受取りを催告している。受領遅滞につき債権者に帰責事由が必要なのかは議論があるが，本問では，ＢＣが受取り期日を徒過しながら，受領にいけなかったのは自己の都合によるものである。従って受領遅滞にあるが，しかし，盗難はＢＣの帰責事由ではない。改正法は，旧413条を削除し，債権者の受領義務の認否については解釈にまかせた。

　(b)　**受領遅滞中のいずれの帰責事由によらない履行不能**

　　㋐　**Ａには履行不能に責任なし**　　制限種類債務であっても履行不能がありうるので，特定前にも目的物の善管注意による保管義務があると考えるべきである（400条類推適用）。しかし，債権者ＢＣの両者に受領遅滞があり注意義務が軽減されている（413条1項）。そのことを考慮して考えると，本件盗難は，避け得ない盗難であり，Ａには帰責事由がないと考えるべきである（415条1項但書）。

　　㋑　**ＢＣの代金支払義務等について**　　受領遅滞中の両当事者の帰責事由なき履行不能は，債権者の帰責事由による履行不能とみなされる（413条の2第2項）。そのため，危険負担をめぐっては以下のような規律を受ける。

　①　ＢＣは代金支払拒絶権が認められない（536条2項）。

　②　ＢＣは契約解除ができない（543条）。

　③　ＢＣは担保責任の保護を受けられない（567条2項）。

　以上の結果，ＢＣはリンゴ500個の代金15万円を支払わなければならない。ＢＣそれぞれのリンゴを別々に保管していないので，所有権の移転はないが，所有者危険は買主ＢＣらに移転することになる。

　　　**【答案作成についてのコメント】**本問は制限種類債権という特殊事例を扱っているが，基本は改正法の規定を理解してあてはめることができることを確認する問題である。危険負担の規律が旧法とは変わったこと，また，後段では，413条の2第2項を中心として危険負担がらみの規律を芋づる式に持ち出して論じることが必要である。

## 3　[設問3] について

　　　**【出題趣旨】**　[設問3] は，αリンゴ1000個の引渡義務がαリンゴ500個とβリンゴ500個の引渡しに変更することが合意されており，これが更改か代物弁済かで──これを問題文に示したのは【事実】を読んだだけではこの問題を拾ってくれない可能性があるため──法的扱

いがどう異なってくるのか，特に代物弁済について詳しく検討してもらう問題である。

### (1) 更改契約だとすると

まず，本件合意は，1000個のうち500個につき甲リンゴ園のαリンゴから乙リンゴ園のβリンゴの引渡しに変更する合意であり，513条1号の「給付の内容」に重要な変更をするものであり，更改と考えることができる。ただそのためには，リンゴβの引渡しがなくてもリンゴαの引渡しを求める債権は消滅することが意識されていることが必要である。この点，αリンゴはBC両者に全部の引渡しが不能なので，本問では更改と考えることに違和感はない。

この構成では，AのBCに対する債務はαリンゴ500個と乙リンゴ園のβリンゴ500個の引渡しになっており，Aのβリンゴ500個の提供は有効である。この結果，Cは受領遅滞になり，413条の2第2項が適用になる。従って，［設問2］で既に述べたように，Cは536条2項，567条2項により代金支払義務を免れない。

### (2) 代物弁済契約だとすると

(a) **合意の分析**　αリンゴ500個とβリンゴ500個を引き渡して初めてαリンゴ1000個を引き渡す義務が消滅する，αリンゴの引渡しに代えてβリンゴを引き渡すという内容の場合には，合意だけでは当初のαリンゴの引渡義務は消滅しておらず，代物弁済の合意となる。

(ア) **代物での弁済に効力を付与する合意（準物権契約）——要物契約**　代物弁済では，更改とは異なり，当初の債務が消滅するには代物「弁済」が必要である。代物弁済の合意がなければ「弁済」の効力が生じるわけはなく，<u>代物の引渡しに当初の債務の「弁済」の効力を認めるという当事者の合意——債権契約ではなく準物権契約——</u>が必要であり，その合意の効力により代物の引渡しに当初の債務に対する弁済が有効になる。<u>代物での弁済に効力を付与する合意</u>であり，代物「弁済」の効力が生じるのには代物「弁済」が必要なのは当然である。この意味で，この準物権契約は<u>要物契約である</u>。

(イ) **代物の引渡しを約束する合意（債権契約）——諾成契約**　代物弁済に効力を付与する合意は要物契約であるが，弁済の効力についての合意だからである。それとは別に，<u>代物の引渡しを約束する債権契約をすること</u>は契約自由の原則（521条2項）からして，その効力を否定する理由はない——もちろん引渡し

前に引渡しを約束する債権契約なので諾成契約——。公序良俗に反することはなく，(ア)の代物弁済の効力についての合意とは別の合意である。要物契約たる質権設定契約とは別に，債権契約として質物の引渡しを義務づける合意が有効なのと同じである。

　ところが，改正前の482条は，(ア)の準物権契約についてのみ規定し，(イ)は当然視して特に規定を置かなかった。そのため，(ア)と(イ)を区別せず混乱した議論がなされたため，改正482条は(イ)の合意も有効なことを示す趣旨で改正がされたのであるが，必ずしもその趣旨は明確にはなっていない。よくできた条文とはいえないが，(ア)と(イ)とを認めるつもりで改正がされたという趣旨だけ押さえておけばよい。

　(b)　**2つの債務の関係**　　以上のように，甲リンゴ園のαリンゴの引渡義務とそれに代えて乙リンゴ園のβリンゴの引渡義務の2つが成立するが，2つの債務の関係はどう考えるべきであろうか。これも契約自由により規律されるので，自由に決められると考えられている。2つの可能性がある。

　　(ア)　**選択関係にする**　　まず，選択関係にすることが考えられる。これも選択権をいずれに認めるかにより2つに分かれる。①債権者に選択権を認めて，いずれの給付によるかを債権者が選択できるという合意が考えられる。②他方で，債務者に選択権を与えて，いずれの給付をするか債務者が選べ，債務者が選んだ給付を債権者は受領しなければならないという合意も可能である。

　　(イ)　**代物弁済義務に一本化する**　　しかし，債権者がいずれかを選べるのでは，債務者が代物弁済を認めてもらった意味がなくなってしまう。他方で，債権者としても，代物弁済を受けられると期待したのに，債務者が当初の給付ができるというのでは，この債権者の期待を害することになる。こういった代物弁済の意義を保持するためには，もはや当初の給付の履行請求または履行を認めず，代物での弁済またその請求しかできないという合意を認める必要がある。契約自由の原則からして，このような合意の効力を認めることは可能である。

　　(ウ)　**本問はどう考えるべきか**　　では，本問はどう考えるべきであろうか。甲リンゴ園の引渡しは想定されておらず，債務者Aの選択権も債権者BCの選択権も考えられていないといえる。本問では，甲リンゴ園のαリンゴに代えて乙リンゴ園のβリンゴを引き渡す義務に一本化することが合意されているものと考えられる。

いずれにしても，Aによる甲リンゴ園の$\alpha$リンゴに代えて乙リンゴ園の$\beta$リンゴの提供は有効な提供ということになる。その結果，Cは受領遅滞になり，413条1項により保管に際してのAの注意義務は軽減され，少なくとも本件盗難についてAの帰責事由は認められないことになる。そうすると，413条の2第2項により，Cの帰責事由による履行不能とみなされる。500個の$\alpha$リンゴは既に履行済みであり，500個の$\beta$リンゴは提供がされ特定の効果が認められ特定物債務になっており，盗難にあったことにより履行不能になっている。以上により，536条2項を適用し，Cは代金の支払を拒絶できないことになる。

このように，更改か代物弁済かにより，結論に差はないことになる。$\alpha$リンゴの供給ができないことを考えると，更改と認定することが素直かもしれない。

【答案作成についてのコメント】本問は更改か代物弁済の合意のいずれも検討して，とくに代物弁済の合意について改正法も踏まえた分析を行うべきである。結論としては，Cの代金支払義務を認めることが落としどころとなる。

## ■ No.1 参考答案構成 ■

**1　[設問1] について**
**(1) Aの債務の分析と確認**
　　甲リンゴ園に現在なっているリンゴから1000個の引渡しを受けるという，制限種類債権である。
**(2) Aの責任**
　　(a) **BCの債権はどうなるか**
　　　①500個ずつの引渡請求権になると考えるべきか。
　　　②しかし，このような解決は665条の2第3項のような明文規定が必要である。
　　　③BC共に1000個のリンゴの引渡しを求める債権を有すると考えるべきである。

(b) Ａの責任はどうなるか

①Ｂへの 1000 個の引渡しは有効である。

②Ｃへの引渡義務は履行不能になる。

③ＢＣの債権回収は自由競争であり，Ａは不可抗力が原因であり帰責事由はない。

ⓐＡはＣに対して債務不履行による損害賠償責任を負わない。

ⓑしかし，Ｃは 542 条 1 項 1 号により契約解除をして代金の支払を免れる。

ⓒ解除には債務者の帰責事由は不要である。

2 ［設問 2］前段について

(1) 合意による債権関係

ＢＣとＡとの間で，一部合意解除がされ，500 個の引渡義務が残されている。

(2) 盗難による権利関係

①Ｂ用とＣ用に分離していないので特定はない。

②すべて盗難にあっており，社会通念上履行不能である（412 条の 2 第 1 項）。

③ＢＣ共に代金 15 万円の支払を免れる。

ⓐ567 条 1 項の反対解釈。

ⓑ536 条 1 項により支払拒絶が可能。

ⓒ542 条 1 項 1 号により契約解除可能。債務者の帰責事由不要。

3 ［設問 2］後段について

(1) ＢＣいずれも受領遅滞

①Ａは準備をして受取りを催告している。

②ＢＣは受取り期日を徒過，受領にいけなかったのは自己の都合による。

(2) 受領遅滞中のいずれの帰責事由にもよらない履行不能

(a) Ａには履行不能に責任なし

①制限種類債務も特定前に善管注意による保管義務あり。

②しかし，受領遅滞があり注意義務が軽減される（413 条 1 項）。

③避け得ない盗難であり，Ａに帰責事由なし（415 条 1 項但書）。

(b) ＢＣの代金支払義務について

①受領遅滞中の両当事者の帰責事由なき履行不能は債権者の帰責事由によるものとみなされる（413 条の 2 第 2 項）。

②そのため，危険負担をめぐっては以下のような規律を受ける。

ⓐ536 条 2 項によりＢＣは代金支払拒絶権が認められない。

ⓑ543 条によりＢＣは契約解除ができない。

ⓒ567条2項によりＢＣは担保責任の保護を受けられない。

③以上の結果，ＢＣはリンゴ500個分の代金15万円を支払わなければならない。

## 4 ［設問3］について

(1) 更改契約だとすると

①甲リンゴ園のαリンゴから乙リンゴ園のβリンゴの引渡しに債務内容を変更する合意である。

②513条1号の「給付の内容」に重要な変更をするものであり，更改と考えることができる。

③ＡのＢＣに対する債務は500個につき乙リンゴ園のβリンゴの引渡しになっており，Ａの提供は有効である。

④Ｃは受領遅滞になり，413条の2第2項が適用になる。

⑤既に述べたように，Ｃは536条2項，567条2項により代金支払義務を免れない。

(2) 代物弁済契約だとすると

(a) 合意の分析

①債務が消滅するには代物「弁済」が必要。

②その代物弁済に弁済の効力を付与する合意は，効力発生には代物「弁済」が必要な要物契約。

③それとは別に代物弁済を約束する債権契約は有効であり，諾成契約である。

④482条はいずれの合意の効力も認めるものである。

(b) 2つの債務の関係　甲リンゴ園のαリンゴの引渡義務とそれに代えて乙リンゴ園のβリンゴの引渡義務の2つが成立するが，2つの債務の関係はどう考えるべきか。

①2つの可能性がある。

ⓐまず，選択関係にすることが考えられる。しかし，甲リンゴ園のαリンゴ全部の引渡しは考えられていない。

ⓑ甲リンゴ園のαリンゴに代えて乙リンゴ園のβリンゴを引き渡す義務に一本化することも可能である。

ⓒ本問では，甲リンゴ園のリンゴの引渡しは考えておらず（合計2000個ではない），ⓑと考えるべき。

②そうすると，Ａによる甲リンゴ園のαリンゴに代えて乙リンゴ園のβリンゴの提供は有効である。

③Ｃは受領遅滞になり，413条の2第2項によりＣの帰責事由による履行

不能と見なされる。

④536条2項を適用し，Cは500個分のリンゴの代金の支払請求を拒絶できない。

以上

## No.2　債務不履行

次の文章を読んで，後記の **[設問1]**，**[設問2]** 及び **[設問3]** に答えなさい。

Ⅰ
【事実】

1. 2020年4月10日，A（株式会社）はその所有の甲地上にある自社ビルの建替えを考え，建設業を営むB（株式会社）に建物の建築を依頼した。請負代金5億円については，契約時に着手金として1億円を支払い，完成し検証を受けて残額4億円を支払い，その上で建物の引渡しを行うことがAB間で合意された。

2. Bは，基礎工事を終了し，建物の建設に取り掛かった。Bは同年4月に特注でC（株式会社）に製作してもらった乙クレーンにより建物建設工事を行っている。乙クレーンは，特注により，操作を誤った場合に他との接触の危険を察知して停止する自動停止装置が装備される約束であった。この機能は同種のクレーンには装備されていない特別のものである。

3. 同年5月20日，Bの従業員Dが乙クレーンを操作して建物の建築作業を行っていたところ，Dが操作を誤り建築中の建物にショベルが衝突しそうになった。本来であれば自動停止装置が危険を察知して停止するはずであったが，装置が作動せず，クレーンのシャベルが建物にそのまま衝突し，建物が大きな打撃を受けた（以下，「本件事故」という）。

4. 本件事故により建設中の建物が大きく損傷し，内部にまで損傷が及んでいる可能性があり，かなりの部分を作り直す必要が生じた。また，乙クレーンも本件事故により損傷し修理が必要になった。乙クレーンの自動停止装置が作動しなかったのは，プログラムの設定が十分でなかったためであり，改良したプログラムと交換することで契約通りに作動するよう改善が可能である。

5. 本件事故のために建物の完成が相当遅れることが予想されている。Aは，自社ビルの建替えの間，貸しビルに本社事務所を移転しており，予定よりも長く賃借しなければならなくなったため，賃料の負担が予定よりも大きく膨

らむことになった。

[設問 1] 【事実】1 から 5 までを前提として，以下の各問いに答えなさい。
 (1) A 及び B は，C に対してどのような法的請求をすることができるか，理由を付して解答しなさい。
 (2) 本件事故によりクレーンが横転して D が負傷をしたとして，D は誰に対して損害賠償を請求することができるか，理由を付して解答しなさい。

Ⅱ
 【事実】1 の後に，以下の事実があった。【事実】2 から 5 は考えなくてよい。
【事実】
6. 2020 年 12 月 20 日，B は建物の建設を完了し，A 名義での完成建物（以下，丙建物という）の所有権保存登記を行い，A の検収を受け完成との了解を得た。そこで，B は丙建物を A に引き渡した。
7. B は，同年 5 月 8 日に，建物完成前に建築資金を獲得するため，A に対する残債権 4 億円を E に譲渡しており，内容証明郵便により債権譲渡通知を A に対してなし，これは翌 9 日に A に到達した。A は，E と協議して，完成後 4 億円に利息をつけて 3 カ月ごとの 4 回の分割払いとすることを約束した。
8. 2021 年 2 月に，A は調査の結果，丙建物には契約に適合しない点が存することを発見した。その内容は，①建物の鉄骨として断面の寸法 300mm × 300mm のものを使用することになっていたにもかかわらず，断面の寸法 250mm × 250mm の鉄骨が使われていること，②屋外の非常階段が契約で予定された構造とは異なる構造になっていることである。
9. 鉄骨は断面の寸法 250mm × 250mm であっても法令上問題はなく，また，想定される地震に対して十分な安全性を備えている。他方，非常階段には安全上の問題もあり，同年 1 月の地震の際に非常階段の部品が外れて落下した。非常階段を契約通りの構造にするには作り替えるしかないが，安全性の問題点については修理により対応することが可能である。

[設問 2] 【事実】1 及び 6 から 9 までを前提として，以下の各問いに答えな

さい。

(1) ＡはＢに対して，どのような法的請求ができるか，法的根拠を付して解答しなさい。

(2) Ｅが，1回目の分割払い金1億円と利息の支払をＡに対して求めたとして，これに対して，ＡはＢに対して主張しうる事由をもって対抗することを考えている。ＡはＥに対して，どのような法的主張を対抗することができるか，法的理由を付して解答しなさい。

Ⅲ

【事実】1の後に，以下の事実があった。【事実】2から9は考えなくてよい。

【事実】

10. 2020年12月20日，Ｂは建物の建設を完了し，Ａ名義での完成建物（以下，丙建物という）の所有権保存登記を行い，Ａの検収を受け完成との了解を得た。また，Ａから残代金の支払を受けた。そこで，Ｂは丙建物をＡに引き渡した。

11. 2021年1月に，Ａは事業を縮小することを決め，完成したばかりの丙建物をその敷地と共に，Ｆ（株式会社）に売却し，引渡しまた所有権移転登記を行った。

12. 同年5月に，丙建物の設計にかかわった一級建築士が，地震などに対する安全性の計算を記した構造計算書を偽造していた事実が発覚した。調査した結果，丙建物は法令の要求する耐震構造を充たしておらず，震度5程度の地震によっても倒壊の危険があることが判明した。

13. Ｆは，補強工事を施して丙建物を使用することを考えたが，土台から補強工事を施す必要があり，建替えに匹敵する巨額の費用がかかり，また，補強工事により建物の外観がかなり悪化することが分かった。Ｂには，建物建築業を行う専門会社として，本件耐震偽装を見抜けなかった点に過失がある。

[設問3] 【事実】1及び10から13までを前提として，以下の各問いに答えなさい。

(1) Ｆは，Ａに対して，どのような法的請求ができるか，法的根拠を付して解答しなさい。

(2) Fは，Bに対して，どのような法的請求ができるか，法的根拠を付して
解答しなさい。

問
題

# ○ 言及すべき点及び論点 ○

1 [設問 1] 小問(1)について
 (1) BのCに対する請求
  ①担保責任（債務不履行責任）
   ⓐ不適合の認定（重要度 B）
   ⓑクレーンの修補請求（重要度 B）
   ⓑ中途建物の損傷の賠償責任・建物の帰属（重要度 B）
  ②不法行為責任
   ⓐ不法行為になるか（重要度 B）
   ⓑ請求権競合（重要度 D）
 (2) AのCに対する請求
  ①不法行為になるか
   ⓐ不法行為で要求される過失は抽象的過失（重要度 B）
   ⓑ契約上の義務内容が考慮されるか（重要度 A）
  ②相当因果関係（賃料の支払が増えたこと）（重要度 D）

2 [設問 1] 小問(2)について
 (1) 雇主 B に対する損害賠償請求
  (a) 安全配慮義務について（重要度 B）
  (b) 安全配慮義務違反が認められるか
   ①通常のクレーンにはついていない安全装置（重要度 B）
   ②たとえ義務違反だとしても，B の帰責事由があるか（重要度 C）
  (c) 不法行為責任・請求権競合（重要度 D）
 (2) メーカー C に対する損害賠償請求
  (a) 不法行為責任
   ①不法行為上の過失につき契約内容が考慮されるか（重要度 A）
   ②過失相殺がされるべきか（重要度 C）
  (b) D に対する安全配慮義務（重要度 B）

3 [設問 2] 小問(1)について
 (1) 不適合といえるか（重要度 A）
 (2) 認められる請求権
  (a) 修補請求権（やり直しを含め完全履行請求権）

  ①鉄骨について（重要度 A）
  ②非常階段について（重要度 B）
  (b) 損害賠償請求権（重要度 B）

4 [設問 2] 小問(2)について
 (1) 債権譲渡の対抗要件（重要度 B）
 (2) 債務者の対抗事由
  (a) 対抗要件具備時までに生じた事由（重要度 B）
  (b) 相殺を対抗できるか
   ①469 条に規定を新設（重要度 B）
   ②対抗要件具備時前の「原因」による債権でよい（重要度 B）
   ③本件での債権はこれに該当するか（重要度 A）

5 [設問 3] 小問(1)について
 (1) AF 間の売買の担保責任
  (a) 追完請求権
   ①補強工事の請求（重要度 B）
   ②追完請求として契約通りの建物の再度の建築請求（重要度 D）
  (b) 代金減額請求（重要度 C）
  (c) 契約解除
   ①建物だけの解除（重要度 B）
   ②土地建物全部の解除・契約個数論（重要度 B）
  (d) 損害賠償請求
   ①564 条により 415 条による（重要度 B）
   ②415 条 1 項但書の適用の可否（重要度 B）
 (2) 不法行為責任
  (a) 倒壊の危険のある建物の販売は不法行為に該当するか（重要度 B）
  (b) 過失はあるか（重要度 B）

6 [設問 3] 小問(2)について
 (1) AB 間の請負人担保責任
  (a) 過失有り（重要度 B）
  (b) 売買と請負の担保責任の連鎖・代位行使（重要度 B）

2 債務不履行

(2) ＢＦ間の不法行為責任
　(a) 危険な建物の建築は不法行為か（重
　　要度A）
　(b) 権利・利益侵害があるか（重要度A）

　(c) 不法行為で賠償される損害はあるか
　　（重要度A）
(3) 債権者代位権の行使（重要度B）

## 解説及び答案作成の指針

## 1　[設問1] について

**【出題趣旨】**　[設問1] 小問(1)は，Ｃが契約通りのクレーンを製作していれば事故は防げたので
あり，ＣのＢに対する請負契約の担保責任が問題になるのは当然として，契約関係にないＡ
に対する不法行為責任も成立するのかを検討してもらう問題である。ＢＣ間で相対的に通常
以上の安全性を義務内容としたことが，Ａとの関係で不法行為においても考慮されるのかと
いう問題意識を示して，この点を検討することが求められている。

### (1)　ＢのＣに対する法的請求

　(a)　**請負の担保責任の規律（総論）**　　Ｃがとの契約通りのクレーンを製作
して引き渡す請負契約上の義務の不履行（不完全履行）があり，改正前は請負の
瑕疵担保責任の規定（旧634条以下）が適用されていた事例である。なお，制作
物供給契約の法的性質については議論があるが，カタログ通りの商品の製作では
なく（注文販売），本問では特注でその契約限りの製品を製作してもらっている
ので，ＢＣ間の契約は請負契約に分類しておく。改正法は，請負の担保責任の規
定を一新しており，559条の準用規定を通じて売買の担保責任規定を請負に適用
することにして，僅かな特則だけを残した（636条，637条）。

　売買の担保責任であるが，後述するように債務不履行責任として規律し，債務
不履行の一般規定に置かれていない特則（デフォルトルール）だけを規定した。
それが，追完請求権（562条）と代金減額請求権（563条）──これらも債権総
論に一般規定を置くことも検討された──そして除斥期間（566条）である。

　(b)　**追完請求権**　　①クレーンについて，ⓐ契約内容通りの機能がない点，ⓑ
本件事故により損傷した点，そして，②建築中の建物が損傷した点，これらにつ
いて，ＢはＣに対して<u>修補を請求できるであろうか</u>。

　　(ア)　**追完請求権の位置づけ**　　562条の追完請求権は，債務不履行があって

も，損害賠償は**金銭賠償**であり（417条），それに対する例外として現実賠償を規定したのであろうか。そう考えれば，少なくとも①ⓑには拡大する余地はある。しかし，不適物の給付は，契約内容に適合した目的物——特定物も含む——の引渡義務の完全なる履行（＝弁済）ではない。従って，契約内容に適合していない物の引渡しは，債務の本旨に合致した履行（＝弁済）ではなく，完全な履行（＝弁済）の効力（473条）が発生しないのである。その結果，契約上の給付請求権（債権）が残される。それが追完請求権であり，履行として全く意味をなさなければ，「追完」とはいうが全面的なやり直し——別の物の作り直し——を求めることができるのである。

　（イ）　**本問へのあてはめ**　　まず，①ⓐの約束通りのプログラムを完成させて設置するよう請求することは，559条，562条により認められる。他方で，②だけでなく，①ⓑにも562条の適用はない。後者は契約の目的物であり適用を認めてよいと思われるかもしれないが，担保責任の基準時は引渡し時である。契約後，引渡し前に不可抗力で損傷しても修補して引き渡す義務が認められ，それをしないで引き渡せばその義務は相変わらず存続し，追完請求が可能である。しかし，引渡し後の損傷はたとえ目的物の不適合が原因であっても担保責任の対象にはならず，追完請求は認められない。勿論特約があれば別である。

　（c）　**担保責任に基づくその他の法的請求**

　（ア）　**代金減額請求権及び契約解除権**　　①本件クレーンの自動制御装置の不具合については代金減額請求権が認められる（559条，563条）。ただし，請負人の修補権を保障するため，修補不能かまたは催告しても修補がされなかったことが必要である。②本件事故による損傷については，先にみたように担保責任の対象にはならないので，その修理費用を代金減額の対象とすることはできない。その費用を損害賠償請求権として，代金との相殺をするしかない。なお，①の不具合は容易に修補できるが，Cにしかできない。ただし，自動停止装置はクレーンに必須の機能ではないことを考えると，解除はできないことになろうか（541条但書）。

　（イ）　**損害賠償請求権**

　❶　**不適合部分について**　　修補に代えて415条により損害賠償請求も可能であるが（559条，564条，415条以下），請負人の修補権を保障するためには，563条の要件を類推適用する必要がある。本件事故による建物及びクレーンの被

害については，担保責任の対象にはならない（☞❷）。

　❷　**拡大損害について**　　ところが，いわゆる拡大損害として，不完全履行論ないし積極的債権侵害論において，債務不履行責任を認める主張があった。つまり，付随義務論の浸透により，給付利益に対する適合物給付義務とは別に，生命，身体，財産といった不法行為法上の法益（権利・利益）に対する**信義則上の付随義務**を認め，債務不履行の成立が主張されていた。

　最高裁の判例はないが，下級審判決には，卵豆腐による食中毒事件につき，「売買契約の売主は，買主に対し，単に，売買の目的を交付するという基本的な給付義務を負っているだけでなく，信義則上，これに付随して，買主の生命・身体・財産上の法益を害しないよう配慮すべき注意義務を負って」いるとして，債務不履行責任を認める判決がある（岐阜地裁大垣支判昭 48・12・27 判時 725 号 19 頁）。これに従えば，適合物給付義務の不履行たる担保責任ではないが，信義則上の義務違反による債務不履行が認められる。

　(d)　**不法行為責任の追及**　　①適合物給付義務の不履行による給付利益の不獲得については債務不履行のみが成立し，不法行為は成立しない。②クレーンについては，売買の目的物とはいえ，担保責任の基準時後たる引渡し後の損傷であり所有権侵害を問題とすることは可能である。③他方，建築途中の建物については，請負人帰属説では，Ｂ所有なのでそれまで費やした費用相当額をＢはＣに賠償請求をすることができる。注文者帰属説では，注文者の所有になるが，注文者は何ら費用負担はないので，損害を受けるのは請負人になるが，所有権侵害はないのでどう説明するのかは問題になる。更には，Ａについて述べるように不法行為上の義務として——危険ではない製品を製作する義務を負うのは当然として——自動装置を備えた物を製作する義務まで認められるのかという問題がある。

> **【答案作成についてのコメント】**ＢのＣに対する法的請求については，担保責任についてその妥当範囲に注意しつつ，改正法の内容が理解できていることが示せればよい。追完請求権の位置づけ，適合物給付義務違反であり，信義則上の付随義務は別に考えることなどの理解は必ず示しておくこと。不法行為についても言及し，単純な債務不履行について不法行為は問題にならず，709 条の権利・利益侵害が必要なこと，建物については所有者が誰かについても言及することが必要である。

## (2)　ＡのＣに対する法的請求（損害賠償請求）

　(a)　**Ａの損害及び権利侵害の確認**　　判例の請負人帰属説では，途中まで建築した建物は請負人Ｂ所有なので，Ａが建物について権利侵害を主張することはで

きない。たとえ注文者帰属説によっても，注文者は代金が増額されるという不利益を受けるわけでもなく，損害はない。Aに対して問題になるのは，工期が延びたことにより，仮事務所の賃料の総額が増えることである。709条の「権利」侵害については，建物の建築を受けるという債権侵害もしくは営業侵害と構成するか，または，権利侵害を介さず純粋経済損害の賠償を認めるか，いずれかの説明が考えられる。

(b) **CのAに対する不法行為が成立するか**　　しかし，CのAに対する不法行為については更に大きな疑問がある。というのは，クレーンの製造について，自動停止装置の装着は当然には要求される安全性ではなく，BC間の契約により当事者間で相対的に約束された義務に過ぎない。フランスでは，契約上の当事者間で約束された義務の違反でも，その義務違反により第三者が損害を被れば，第三者に対する不法行為責任を免れないと考えられている。この点，日本では議論はなく，判例もない。第三者Aに対して不法行為責任を負わないという結論も考えられ，肯定・否定両論がありえる。

【答案作成についてのコメント】BのCに対する請負契約上の適合物給付義務違反があるが，それが通常要求される安全性以上を要求するものである場合に，その違反を理由に，第三者Aが不法行為を主張できるのかという問題に気付くかどうかが勝負である。結論は，肯定・否定いずれでもよい。

## 2　[設問1] 小問(2)について

【出題趣旨】[設問1] 小問(2)は，小問(1)の発展問題であるが，Aと異なるのは，BD間には雇用関係があり，BはDに対する安全配慮義務をより充実させるために本件自動停止装置を特注したのであり，この装置の保護の名宛人はDら労働者であるということである——注文者Aに対してもある程度同様のことはいえるが——。そのため，Aとは異なる結論を出すことができるのかを意識した検討が求められる。

### (1)　DのBに対する損害賠償請求

注文者AのDに対する責任は問題にならず（716条），DとBとの関係で安全配慮義務が問題になる。BがDに対して安全配慮義務を負うことは疑いなく（最判昭50・2・25民集29巻2号143頁），問題は，自動停止装置まで安全配慮義務として要求されるのかであるが，もしこれを肯定するとしても，Bには帰責事由があるかが更に問題になる。

自動停止措置が作動しなかったのは，メーカーCのミスであり，BのDに対す

る安全配慮義務についてＣが履行補助者というわけではない。そのため，自動停止装置が作動しないことに気が付いたにもかかわらず，Ｃに対して修理を求めずそのまま使用し続けたといった特段の事情がない限りは，ＢのＤに対する責任を認めることは難しい（415条1項但書）。

(2) ＤのＣに対する損害賠償請求

(a) **不法行為責任**　Ｃは，通常要求されないクレーンの自動停止装置の設置をＢとの売買契約により，Ｂに対して義務づけられているだけであり，Ｂに対して債務不履行責任を負うことはあっても，Ｄに対して不法行為責任を負うことはないのではないかといった疑問がある。普通のクレーンで同様の事故が起きても責任は生じないのに，この場合には不法行為になるというのは，違和感はある。そうすると，Ｄは，Ｂにも帰責事由がないため，誰にも損害賠償を請求できなくなる——労災補償は受けられるが——。

(b) **債務不履行責任**

(ア) **ＢＣ間の信義則上の義務**　ＢＣ間において，適合物給付義務という契約上の義務だけでなく，信義則上の配慮義務が認められるとすると，その内容が契約内容を考慮して高度化されることを認めるのは不合理ではない。そのため，Ｂがその所有物に損害を受ければ信義則上の義務違反による損害賠償請求をすることが考えられる。ところが，本件ではＢ側ではあるが，契約当事者ではないＤが損害を被っている。

(イ) **Ｄへの拡大（債務不履行責任の人的拡大）**　そして，契約不履行ではなく，契約内容は考慮されつつも付随する信義則上の義務違反が問題である。そのため，先の岐阜地裁大垣支判昭48・12・27判時725号19頁（卵豆腐事件）は，「そのような売主の契約責任は，単に買主だけでなく，信義則上その目的物の使用・消費が合理的に予想される買主の家族や同居者に対してもあると解するのが相当である」と，損害賠償請求権者を拡大している。ドイツでは信義則上の付随義務について「第三者保護効を有する契約法理」があり，2001年改正のドイツ民法311条3項はこれを明文化した。

近時は議論されることはなくなったが，もし上記の信義則上の義務の拡大を認めれば，ＤのＣに対する債務不履行責任の追及が可能になる。

**【答案作成についてのコメント】** ＡのＣに対する損害賠償請求との差に注意しつつ，ＤのＣに対する損害賠償請求について考察すべきである。Ｄにまで債務不履行責任を拡大するかという議論は，最

近では議論されていないので，言及しない答案がほとんどではないかと思われる。

## 3 ［設問2］小問(1)について

> **【出題趣旨】** ［設問2］小問(1)は，改正法における請負人の担保責任を確認しつつ，そのあてはめとして，品質に問題がなくても契約に適合していなければ債務不履行になること，また，その場合の損害の内容，更には拡大損害についてもあわせて言及してもらう問題である。

### (1) 契約不適合について

丙建物に使われた鉄骨は断面の寸法250mm × 250mmであり，法令上問題なく，また，耐震構造上も問題がない。そのため，建物の品質として問題はない。しかし，それでも契約の内容を充たしていないことは疑いなく，判例は，「本件請負契約においては，Y及びX間で，本件建物の耐震性を高め，耐震性の面でより安全性の高い建物にするため，南棟の主柱につき断面の寸法300mm × 300mmの鉄骨を使用することが，特に約定され，これが契約の重要な内容になっていたものというべきである。そうすると，この約定に違反して，同250mm × 250mmの鉄骨を使用して施工された南棟の主柱の工事には，瑕疵がある」とした（最判平15・10・10判時1840号18頁）。改正法でもこの判例は先例価値が維持されるべきであり，本問でも不適合給付と認められる。また，非常階段が品質不適合（559条，562条）になることは疑いない。

### (2) 担保責任の内容

#### (a) 追完請求

**(ア) 鉄骨について**　　まず鉄骨については，建物の中の柱だけ取り換えるわけにはいかず，また，耐震性に問題がないので，追完請求として鉄骨を契約に適合させるよう工事をすることを請求できない。412条の2第1項の「不能」と考えてよい。

**(イ) 非常階段について**

**❶ 旧634条1項但書は削除された**　　次に，非常階段については，安全性についての問題はその部分の修補だけで済むが，契約通りの構造にするには作り替えるしかない。これは勿論技術的に可能である。では，Aは安全性確保のための工事の請求ではなく，非常階段を現在のものを撤去して契約通りの構造のもの

を新たに取り付けるよう請求できるのであろうか。改正前は，旧634条1項但書に，瑕疵が軽微で過大な費用がかかる場合には修補請求はできず，損害賠償請求によるしかないことが規定されていた。ところが，旧634条は改正法により削除されている。

❷　**権利濫用 or 不能**　　旧634条1項但書が削除されたのは，瑕疵が重大な場合にはどんなに費用がかかっても修補請求ができてしまうが，科学技術の発展により費用さえかければ修補可能ということが考えられるので，軽微な場合に限定するのを止め，412条の2第1項の不能の解釈にまかせたという事情による。解決方法としては，妨害排除請求におけるように，権利濫用による方法（宇奈月温泉事件など）と不能による方法（発電所用トンネル事件など）と同様に，①追完請求権は成立するがその行使を権利濫用として否定する，または，②412条の2第1項の「不能」の解釈により旧634条1項但書に匹敵する経済的「不能」を認めることが考えられる。

いずれの構成によるかは措くが，非常階段については，安全性確保のための工事は請求できるがそれを超えて非常階段の全面的な工事のやり直しまでは請求できないと考えられる。条文上の説明としては，559条，562条1項但書を適用して，請負人Bの主張する追完方法が認められるといってよい。

(b)　**その他の請求**　　①まず，鉄骨について，300mm×300mmの鉄骨の値段から250mm×250mmの鉄骨の値段の差額を**代金減額請求**ができる（559条，563条2項）。見つかったらその相当額の代金だけしか受けられないというだけのサンクションでは抑止効が期待できないが，抑止は免許取消し，営業停止等の行政罰また刑事罰に期待するしかない。非常階段についても，恐らく安く仕上げる構造としたことにより浮いた差額分は，代金減額請求により吐き出させることになる。

②**損害賠償請求**については，代金減額を認めるので否定するか，または，563条と同じ要件を設定して差額分を損害賠償請求することを認めることになる。

③**契約解除**については，鉄骨，非常階段とともに契約をした目的を達しえないほど重大な不利益ではないので，541条但書により解除は否定される。

**【答案作成についてのコメント】**品質的に問題がなくても，契約の内容と異なる建物を建築すれば契約不適合になること，また，不適合について追完請求の可否の検討，この2つを中核として，請負人の担保責任を議論することになる。

## 4 ［設問 2］小問(2)について

【出題趣旨】 ［設問 2］小問(2)は，利息をつけて分割払いにする合意が準消費貸借となり債権の同一性が失われるのか，また，債権譲渡につき譲受人の同時履行の抗弁権や相殺などの対抗という問題について，改正法の規定を適用してどう解決するべきなのか考えてもらう問題である。

### (1) 債権の同一性──準消費貸借契約

ＡＥ間では，Ｅが債権譲渡を受けた後に，分割払いにしてまた利息をつけることが合意されている。これを**準消費貸借**と考え，債権の同一性がなくなり，Ａは請負代金債権について主張しえた事由が主張しえなくなるのか，という問題を考える必要がある。判例は，「債務の同一性は之を維持しつつ単に消費貸借の規定に従はしめんとするに止まる」合意と推定すべきであるという（大判昭 8・2・24民集 12 巻 265 頁）。そのため，請負代金債権のまま，これを分割払いにして，消費貸借同様に利息の合意をしたに過ぎない。ただし，判例はこれも準消費貸借と呼び，債務の同一性を保つものと失うものとに準消費貸借を分けている。

### (2) 債権譲渡について

#### (a) 債務者対抗要件は具備している

467 条 1 項により，Ｅは債務者Ａに対する債権譲渡の対抗要件を具備していることになる。ただし，債務者は譲渡人Ｂに対して対抗要件具備時までに主張しえた事由を，譲受人Ｅに対抗できる（468条 1 項）。

#### (b) 同時履行の抗弁権など──相殺以外

(ア) **同時履行の抗弁権，代金減額請求権など** 本件では，契約解除はできないので，①Ｂに非常階段の修補請求をして，その履行まで代金の支払を拒む，また，②修補に代わる損害賠償請求権につき同時履行の抗弁権を主張することが考えられる。後者は，旧 634 条 2 項に明文規定があったが，これは削除され，これに代わり改正 533 条括弧書に一般規定が設けられている。③代金減額の対抗も考えられる。軽微な瑕疵の場合には，同時履行の抗弁権は信義則上否定されるが（最判平 9・2・14 民集 51 巻 2 号 337 頁），非常階段の安全性は重大な事項であり，②の同時履行の抗弁権また①の抗弁権先履行の抗弁権を認めてよい。

(イ) **対抗要件具備後に成立した債権** ただし，本問ではＥの対抗要件具備は完成前であり，修補請求権の成立，修補に代わる損害賠償請求権の成立もいず

れもその後である。しかし，取消しが債権譲渡後でも，取消原因が成立していればよく，更には，契約解除についても，双務契約については反対給付が履行されなければ契約を解除して自己の給付義務の解放を受けるという期待が，既に契約と同時に成立している（最判昭42・10・27民集21巻8号216頁）。これらを応用すれば，既に対抗事由の原因が成立していた，すなわち，不適合な建物が作られた場合には，追完まで代金の支払を拒絶する，修補に代わる損害賠償請求権と同時履行の抗弁権が認められるという期待が既に<u>契約と同時に成立していた</u>と考えることができる。

### (c) 相殺の対抗

(ア) **改正前の無制限説**　代金減額の対抗を認めれば，本問では十分であるが，損害賠償請求権を認めてそれとの相殺を対抗することも考えられる。この点，改正前は旧468条2項の解釈により「債権譲渡と相殺」の問題が解決され，いわゆる無制限説が採用されていた。しかし，無制限説によっても対抗要件具備前に債権が成立していなければならない。

(イ) **改正法による更なる拡大**　債権譲渡における債務者保護には，対抗要件具備前に原因があればよいので（☞(b)(イ)），相殺に特化した規定を置き無制限説を宣言しつつ（469条1項），この点を明記した（同2項）。債権譲渡の対抗要件具備前に，相殺の自働債権発生の原因があればよく（1号），また，その双務契約における確認規定に等しいが，本問のように同一双務契約上の債権であれば，自働債権自体の成立は対抗要件具備後であっても，債務者は相殺をもって対抗できる（2号）。本問も，Aは，修補に代わる損害賠償請求権により，Eの支払請求に対して相殺を対抗できることになる。

> **【答案作成についてのコメント】** 本問については，準消費貸借における債権の同一性について確認した上で，債務者Aの債権譲受人Eに対する対抗事由を検討する必要がある。そこでは，対抗要件具備後に成立した修補請求権による拒絶権，修補に代わる損害賠償請求権との同時履行の抗弁権また相殺権，代金減額請求権を検討すべきである。それぞれの権利は対抗要件具備後に成立しているのであるから，譲受人に対抗を認める理由を示すべきであり，相殺について改正法は469条が新設されたのでこれに必ず言及することが必要である。

## 5　［設問3］小問(1)について

> **【出題趣旨】** ［設問3］は，単に契約に適合しない建物の建築というだけでなく，生命，身体，

財産に対して危険な建物が建築された場合に，債務不履行だけでなく，不法行為の成立が認められないか，契約当事者間また対第三者について検討してもらう問題である。有名な最高裁判決があるので，この論点を落とすのは好ましくない。

## (1) 担保責任の追及

まず，耐震偽装のなされた丙建物が，ＡＦ間の売買契約の内容に適合するものではないことは明らかであり，ＦはＡに対して担保責任を追及することができる。ただし追完は不能ということができ，建替えをせざるを得ず，代金減額で済むような金額ではない。そのため，契約解除＋損害賠償請求または契約解除をせずにする損害賠償請求が，実際には期待される権利行使である。

**(a) 契約解除をする場合** 契約解除（542条1項1号）をする場合には，ＦはＡから代金の返還を受け，それで償われない損害を賠償請求することになる。土地建物はＡに返還することになるが，ただ，<u>不適合があるのは建物だけであり</u>，①建物部分だけの一部解除をすることができるのか——土地所有権に基づいて建物収去請求ができるのか——，②土地も含めて全部の解除ができるのか——複合契約論的処理になる——は問題になる。いずれも肯定してよいと思われ，前者の場合に，建物だけの代金の返還義務を認め，土地所有権に基づいて建物収去請求権を認めることになる。

**(b) 契約解除をしない場合** 他方，Ｆが売買契約の解除をせず，土地を保持して建物を建て替えることも考えられる。この場合には，建物を建て替えた費用を損害として賠償請求することになる。建物の取壊し及び廃棄物の処理の費用，また，新たな建物の建築費用——これは代金の返還請求に匹敵する——を損害として賠償請求することになる。建替えまでの使用利益は損益相殺がされない（最判平22・6・17民集64巻4号1197頁）。また，個人とは異なり慰謝料は問題にならないが，建替え期間中の仮事務所の賃料，引越し費用などは賠償請求ができる。ただし，Ａには過失がないと思われるため，Ａは免責され（415条1項但書），これらの損害はＢに対して賠償請求するしかない（後述）。

## (2) 不法行為責任の追及

結論としては，Ａには過失が認められないため，709条の不法行為責任は認められないので議論の実益はないが，欠陥住宅の「販売」は「不法行為」に該当するのであろうか。次にみるように，欠陥住宅の「建築」は不法行為であるが，こ

れとパラレルに考えて「販売」も不法行為と考えられるのであろうか。

　売主について問題にした最高裁判例はない。欠陥住宅については「建築」についてだけの義務であり，売買においては不法行為を問題にできないという考えもあり得よう。しかし，卵豆腐事件（既述 1 (1)(C)❷）で拡大損害が発生した事例でも，不法行為責任が認められてよい。ところが，危険な欠陥のある物の販売が不法行為になるとしても，本問においては，未だ拡大損害は発生していない。ただ，F が契約解除をせず建物を建て替えた場合には，次に述べるようにその費用の賠償は問題になる。ただし，いずれにしても，A には過失は認められないので，損害賠償義務を認めることはできない。

【答案作成についてのコメント】AF 間は売買契約があるため，契約不適合による担保責任（不完全履行による債務不履行責任）が問題となる。F が A に対してどのような法的請求ができるか，契約解除をする場合としない場合とを分けて考察すべきである。また，A には過失が認められず責任は否定されるが，不法行為になるのかも言及だけはしておくとよい。

## 6　［設問 3］小問(2)について

【出題趣旨】　小問(2)は，契約関係にない請負人と注文者からの建物の買主との間の不法行為の成否また認めるとしてその要件を検討してもらう問題である。先に指摘したように最高裁判決があるので，少なくとも判例には言及してその当否を検討してもらいたい。

### (1)　欠陥ある建物の建築は第三者に対する不法行為になるか

　(a)　基本的安全性欠如・拡大損害の発生　　この点，判例は，建物の設計・施工者等は，「建物の建築に当たり，契約関係にない居住者等に対する関係でも，当該建物に建物としての基本的な安全性が欠けることがないように配慮すべき注意義務を負う」，「設計・施工者等がこの義務を怠ったために建築された建物に建物としての基本的な安全性を損なう瑕疵があり，それにより居住者等の生命，身体又は財産が侵害された場合には，設計・施工者等は，……これによって生じた損害について不法行為による賠償責任を負う」とした（最判平 19・7・6 民集 61 巻 5 号 1769 頁）。本件の再上告審判決は，「建物の瑕疵が，居住者等の生命，身体又は財産に対する現実的な危険をもたらしている場合に限らず，当該瑕疵の性質に鑑み，これを放置するといずれは居住者等の生命，身体又は財産に対する危険が現実化することになる場合には，当該瑕疵は，建物としての基本的な安全性を損なう瑕疵に該当する」と，要件の精緻化を図る（最判平 23・7・21 集民 237

号 293 頁)。

　(b)　**拡大損害の発生の予防費用**　ところが，上記判例の事例では，生命等を侵害するという拡大損害が発生していないにもかかわらず，不法行為責任が認められている。709 条では権利・利益の侵害が要件として必要であるが，生命等の侵害を介したいわゆる拡大損害が発生していないのである。この点，学説には権利・利益侵害の説明をめぐって議論がされているが，上記判決には言及がない。調査官解説では，「その危険を除去するための費用が必要になっている」ため，既に損害（拡大損害）が生じており不法行為が成立していると解することができると説明がされている（高橋譲「判例解説」最判解民事平成 19 年度（下）520 頁）。生命等の侵害だけでなく，その侵害予防のため費やした費用も不法行為を理由に賠償請求が可能だという趣旨と評しうる。そうすると，要するに純粋経済損害の賠償をこの場合に限って認めるものと考えてよい。

## (2)　本問へのあてはめ

　(a)　**不法行為の要件を充たす**　本問の丙建物は震度 5 程度の地震により倒壊の危険がある建物である。倒壊したならば，事業所内の従業員の生命・身体に危険が及び，また，建物内の F 所有の事務機器等が侵害されることになるため，丙建物は「基本的な安全性を損なう瑕疵」を有しているものと評価できる。そして，判例は明確ではないものの，そのような侵害が生じるのを予防する費用は不法行為に基づき賠償請求ができることになる。

　(b)　**建替え費用全額はカバーされない**　ここで注意すべきは，不法行為を理由に賠償請求できるのは，事故の発生を予防するための費用に限られるということである。そうすると，丙建物を撤去する費用のみが不法行為による損害賠償請求の対象になるに過ぎない。再度建物を建て替える新築費用は，契約の履行という履行利益（給付利益）の問題になり，契約当事者間で債務不履行によってのみ賠償請求ができるに過ぎないことになる。代金を支払わない，目的物を引き渡さないといった単純な拡大損害を生じない債務不履行は，債務不履行だけしか成立せず不法行為にはならないのである。

　(c)　**債権者代位権による代位行使**　そうすると建替え費用全額を不法行為による損害賠償請求では賄えないことになり，これについては，F の A に対する売買契約上の損害賠償請求権が成立し，また，A の B に対する請負契約上の損害賠

償請求権が成立するため，Ｆは債権者代位権（423条）によって代位行使するしかないことになる——なお，フランスでは直接訴権という別の制度による——。そのためには，Ａが無資力状態にあること，また，Ａが権利を行使していないことが必要になる。

> **【答案作成についてのコメント】**欠陥住宅の建築が不法行為になるのか，中心論点として力を入れて論じてもらいたい。709条の不法行為の要件を充たしているのか，権利・利益の侵害をどう認定するのかという判例が明言を避けた点も含めて検討すべきである。そして，防止費用の賠償は不法行為で賠償請求できるとしても，建物撤去の費用までであり，建替え全体の費用は契約の履行の問題になり，債務不履行によらない限り賠償請求はできないことにも言及する必要がある。

## ■ No.2 参考答案構成 ■

1 ［設問1］小問(1)について
(1) ＢのＣに対する法的請求
　(a) 請負の担保責任の規律（総論）
　　①追完請求権
　　　ⓐ乙クレーンのプログラムを契約通りに設定することは請求できる（559条，562条）。
　　　ⓑ乙クレーンの本件事故による損傷の修繕は請求できない，金銭賠償が原則だからである（417条）。
　　　ⓒ建築中の建物の修繕も同様（417条）。
　　②代金減額請求権
　　　ⓐプログラムをそのままとして代金減額請求も可能（563条）。
　　　ⓑそのためには，Ｂの修補権の保障が必要。
　　　ⓒ本件事故による乙クレーンの損傷，建物の損害は代金減額の対象ではない（相殺はできる）。
　　③損害賠償請求権
　　　ⓐプログラムに関する損害は，適合物給付義務違反の担保責任により賠償請求ができる（559条，564条，415条）。

ⓑ本件事故による乙クレーンと建物の損傷は，信義則上の付随義務違反による債務不履行責任の問題である（415条）。
  (b)　不法行為責任
　①クレーンと建物の侵害は709条の「権利」（所有権）侵害になる。
　②Bには過失が認められる。
　③不法行為法上，自動停止装置を備えたクレーンを製作する義務はない。
　④よって，CはBに対して不法行為責任は負わない。
(2)　AのCに対する法的請求
  (a)　Aの損害
　①建築中の建物は請負人に帰属する。
　②工事完成の遅れによる賃料負担の増加もAの損害責任が成立する（営業の侵害）。
  (b)　Cの不法行為責任
　①危険な物を製造し事故が起きたならば不法行為責任が成立する。
　②第三者に対しても責任を負う。
　③しかし，不法行為法上，自動停止装置を備えたクレーンを製作する義務はない。
　④結局，不法行為法上の義務違反はなく，AのCに対する不法行為責任は成立しない。

2　[設問1] 小問(2)について
(1)　CのDに対する不法行為
　不法行為法の義務として，自動停止装置が付いたクレーンを製作する義務はない。
(2)　債務不履行責任
　①Cは売買契約の付随義務としてクレーンによる事故防止の義務を負う。
　②Bは労働者Dの安全を配慮する義務があり，それを実現するためCに安全なクレーンを注文している。
　③Cの信義則上の安全義務は，Dに対して拡大される。
　④Cは信義則上の義務違反による債務不履行責任（415条1項）をDに対して負う。

3　[設問2] 小問(1)について
(1)　契約不適合の確認
  (a)　鉄骨について　　耐震性に問題がなくても，契約と異なる内容であれば品質不適合になる（562条参照）。

(b) **非常階段について**　　構造が異なるだけでなく，安全性も欠けており品質不適合になる。

(2) **追完請求権**

(a) **鉄骨について**　　追完は不能というべきである（412条の2第1項）。

(b) **非常階段について**

①危険性の除去請求は可能である。

②それ以上の全面的な取り換えまで請求はできない。

③経済的に履行は不能というべきだからである（412条の2第1項）。

(3) **その他の法的請求**

(a) **代金減額請求**　　鉄骨と非常階段のいずれについても，代金減額請求ができる（563条）。

(b) **損害賠償請求**　　故意さえ認められるが，制裁的な賠償請求は認められない（559条，564条，415条）。

(c) **契約解除**　　541条但書により解除はできない。

## 4　[設問2]　小問(2)について

(1) **準消費貸借**

①ＡＥ間の準消費貸借は債権の同一性を失わせるものではない。

②従って，合意後も，Ｅの債権はＡＢ間の請負代金債権である。

(2) **Ａによる抗弁権の対抗**

(a) **修補義務の先履行の抗弁**

①仕事完成義務が一部残った追完義務は，632条が適用され先履行義務のまま。

②非常階段の安全性は重要。

③Ａは非常階段の修補がされるまでＢに代金支払を拒絶できる（633条の趣旨類推）。

④Ｅからは対抗要件具備後の事由との主張がされる（468条1項）。

⑤請負で不適合な仕事がされたら，修補請求ができ，それまで代金の支払を拒絶できるという事情は既に契約時に成立している。

⑥そのため，468条1項により，Ａは上記拒絶権をＥに対して対抗しうる。

(b) **代金減額請求権**

①ＡはＢに対して559条，563条により代金減額請求ができる。

②上記⑤に述べたように，対抗要件具備前の事情である。

③よって，代金減額をＡはＥに対抗できる。

(c) **修補に代わる損害賠償請求権**

(ア) **同時履行の抗弁権**

①533条括弧書により同時履行の抗弁権あり。

②信義則上同時履行の抗弁権を否定すべきほど軽微ではない。

③対抗要件具備前の事情である。

④よって，同時履行の抗弁権をEに対抗できる。

(イ) 相殺の主張

①相殺については別に469条が規定している。

②対抗要件具備後の債権でも，原因がそれ以前または同一契約上の債権であれば相殺を対抗可能である（469条2項）。

③対抗要件具備後の債権であるが，469条2項により相殺をEに対抗できる。

## 5 ［設問3］小問(1)について

(1) 担保責任

(a) 品質不適合　耐震偽装された丙建物は品質不適合なのは明らか。

(b) 買主Fの権利

①追完は不能（412条の2第1項）。

②解除して代金の返還請求は可能（542条1項1号），しかし，損害賠償請求はAに過失がなくできない。

　ⓐ土地建物全部を解除することもできる。

　ⓑ建物だけの一部解除も認められるべきである。

③解除せず損害賠償請求をすることは，Aに過失がなく認められない（564条，415条1項但書）。

(2) 不法行為責任

①危険なものを販売する行為は，違法であり不法行為になる。

②しかし，Aに過失がないので賠償義務なし（709条）。

## 6 ［設問3］小問(2)について

(1) 欠陥ある建物の建築と不法行為

①欠陥ある建物の建築は請負契約の債務不履行になる。

②それだけでなく，債権者以外の生命，身体，財産といった一般的保護法益を侵害する「危険性」があれば違法な行為になる。

③そのためには，契約上の給付を受けられないというのに尽きず，生命等を侵害され，いわゆる拡大損害が発生することが必要である。

(2) 判例の確認とあてはめ

(a) 判例

①判例は建物の基本的安全性を欠く建物の建築を第三者に対する不法行為

と認める。

②また，権利侵害なしに，欠陥の修補費用について不法行為を理由に賠償請求を認める。

③ただし，事故が起きた事例ではなく権利・利益の侵害はない。

④拡大損害防止のための費用は，不法行為を理由に賠償請求が認められるべきである。

(b) 本問へのあてはめ

①丙建物は震度5で倒壊の恐れがあり，基本的な安全性を欠くものといえる。

②耐震補強工事により危険性は除去できない。

③そのため，丙建物の撤去費用は事故発生の予防費用として，FはBに不法行為を理由に賠償請求できる。

④その後の建替え費用や建替え中の賃料について

ⓐ契約の履行利益のための費用であり，売主であるAにしか請求できない。

ⓑAには過失がないので，誰にも請求できなくなる。

(3) 債権者代位権の行使

(a) FのAに対する債権

①FはAに対して，建物部分だけの売買契約を解除して，建物の代金分の返還請求権を取得する。

②Aには過失はなく損害賠償請求権は取得しえない。

(b) AのBに対する債権

①契約を解除して請負代金の返還を求めることができる（541条1項）。

②そのほかに損害があれば，賠償請求できる（415条，545条4項）。

(c) Fの代位行使

①FがAのBに対する上記債権を代位行使できるだろうか。

②Aが無資力であり，Aが権利行使をしていなければ代位行使ができる（423条1項）。

③自己への支払を請求できる（423条の3）。

以上

## No.3 債権者代位権・詐害行為取消権

次の文章を読んで、後記の [**設問1**]，[**設問2**] 及び [**設問3**] に答えなさい。

## Ⅰ
【事実】

1. Aは芸能活動を行いつつ飲食店経営等多数の事業を営んでいる。2019年10月20日，B出版社の出版する某週刊誌にAの名誉を毀損する記事が掲載された。Aはこれを読んで憤慨し，Bに抗議したが，Bはこれに対して掲載内容は真実であると主張して争っている。

2. Aは訴訟も考えたが，芸能活動と事業経営が多忙であるため，そのままになっていた。Bには2年前にも同様の名誉毀損記事が掲載され，その時は記載内容が虚偽であることが明らかになり，AB間で示談が成立して200万円を支払う合意がなされた。ところがその賠償金は未だ支払われていない。

3. Aはその後，2020年に入ると事業経営が悪化し，同年2月にはコロナウィルスの影響でその経営していた飲食店などの事業を一切止めてしまい，多額の借金が残り債務超過の状態に陥った。Aに対して2000万円の貸金債権を持つ債権者Cは，貸金の回収を考えており，Aが未だBから賠償金200万円を受け取っていないことを知った。

4. そのため，Cは，2020年5月，AのBに対する200万円の賠償金から債権回収をすることを考え，その検討中に，2019年10月の上記の名誉毀損の事実を知った。Aは事業に失敗し自宅に引きこもったままで，Bに対する前回の慰謝料も含めて賠償請求をしていない。Cは，ほぼ前回と同様の内容であるため，今回の慰謝料も200万円として，Cに対して合計400万円の支払を求めたいと考えている。

[**設問1**] 【事実】1から4までを前提として，以下の各問いに答えなさい。

　(1) Cは，Bに対して，Aを代位してAの有する名誉毀損による慰謝料請求権を行使することができるか，Bからの反論も踏まえ理由を付して解答

しなさい。

(2) Cは，Bが賠償に応じないため，Aの慰謝料請求権を代位行使して自分が原告になり訴訟を提起し，このことをAに訴訟告知をした。しかし，Aは自らBと交渉し，今回の名誉毀損については100万円で示談をして合計300万円の賠償金の支払を受けた。今回の名誉毀損も200万円が慰謝料としては相当額であったが，Cが訴訟提起をしたことを知りどうせ自分の懐に入らないと思いこの金額で示談したものであった。CのBに対する今後の法的請求について検討しなさい。

Ⅱ

【事実】1から4の後に，以下の事実があった。

【事実】

5. Aは，その所有の甲不動産の店舗（土地及び建物）を売却して借金の返済の資金にすることを考え，地元で不動産業を営んでいるDと交渉を開始した。交渉の際，Dは地元の反社会勢力の組織に顔がきくことから，地元の違法な賭博場にAを接待で連れて行った。

6. AはDから，賭博を行ったことを警察に言うと脅かされ，甲不動産をDに2億円で販売するように求められた。Aはやむをえず，2020年4月25日に甲不動産をDに2億円で販売する契約を締結した（以下，「本件売買契約」という）。代金は時価相当価格である。

7. 契約後直ちにAからDへの甲不動産の所有権移転登記がなされ，DからAに代金2億円全額が支払われた。AはDから支払を受けた代金で債権者Eに対する借入金2億円の返済をした。その他の債権者に対しては，Aは未だ支払ができていない。

[設問2] 【事実】1から7までを前提として，以下の各問いに答えなさい。

(1) Aに対して弁済期の到来した500万円の貸金債権を有する債権者Fは，Aに代位して，Dに対して，本件売買契約の強迫取消しをして，甲不動産の所有権移転登記の抹消登記手続きを求めて訴訟を提起した。これに対するDの反論も踏まえて，Fの請求が認められるか検討しなさい。

(2) Aに対して弁済期の到来した500万円の貸金債権を有する債権者Fは，

①AのEに対する弁済を詐害行為として取り消して，500万円を自分に
支払うこと，または，②Dに対して本件売買契約を詐害行為として取り
消して，甲不動産の所有権移転登記の抹消登記手続きをすることを求めた
として，それぞれについてEまたDの反論を踏まえて検討しなさい。

Ⅲ
　【事実】1から4の後に，以下の事実があった。【事実】5から7は考えなく
てよい。
【事実】
8.　2020年4月20日，Aは，その所有の甲不動産の店舗（土地及び建物）を，
　Aに対して1億円の貸金債権を有するGに1億円で売却した。Aは直ちに
　所有権移転登記手続きを行い，Gに引渡しもなし，代金については貸金債権
　との相殺が合意された。甲不動産の評価額は2億円である。GはAが無資
　力状態にあることを認識していた。
9.　同年5月に，Gは，Hに，甲不動産を2億円で売却した。GはHから2
　億円の代金全額の支払を受け，Hは甲不動産について所有権移転登記を受け
　たが，引渡しはまだ受けていない。Hは，Gから甲不動産を買い取る際に，
　AG間の売買契約の際にAが無資力状態にあり，甲不動産が2億円の価値
　があるのにGが1億円で買い取ったことを認識していた。

[設問3]　【事実】1から4及び8から9までを前提として，Aに対して5000
　万円の貸金債権を持つ債権者Ⅰは，GまたはHに対して詐害行為取消権を
　行使することを考えている。それぞれに対する詐害行為取消請求の内容につ
　いて検討しなさい。

## ○ 言及すべき点及び論点 ○

1 ［設問1］小問(1)について
(1) 代位権の要件の確認
　①債務者の無資力（重要度B）
　②被保全債権（金銭債権）及び被代位権
　　利の存在（重要度B）
(2) 抗弁事由——一身専属権
　①弁済期の到来（重要度B）
　②一身専属権の排除（重要度B）
　③名誉毀損の慰謝料請求権
　　ⓐ原則は一身専属権（重要度A）
　　ⓑ確定したら別（重要度B）
(3) 代位権の行使内容
　①自己への支払請求（重要度A）
　②被保全債権の金額への限定（重要度A）

2 ［設問1］小問(2)について
(1) 代位行使の債務者への効力
　(a) 訴訟告知が必要（重要度C）
　(b) しかし何らの拘束力なし（重要度A）
(2) 示談の詐害行使取消し（重要度B）

3 ［設問2］小問(1)について
(1) 強迫取消権の代位行使（重要度B）
(2) 取消し後の原状回復請求権の代位行使
　(a) 債務者への抗弁の代位債権者への対
　　抗（重要度B）
　(b) 強迫者の同時履行の抗弁権の認否
　　（重要度B）

4 ［設問2］小問(2)について
(1) 弁済の詐害行為
　(a) 通謀害意が必要（重要度B）
　(b) 支払不能時になされたことが必要
　　（重要度B）
　(c) 要件を充足する場合
　　①取消債権者の自己への支払請求（重

　　　要度B）
　　②被保全債権額への限定（重要度B）
(2) 不動産の相当価格での売却の詐害行為
　性
　(a) 消費しやすい金銭への変更（重要度
　　B）
　(b) 隠匿等の意図が必要（重要度A）
　(c) 買主の悪意（重要度B）

5 ［設問3］について
(1) Gに対する請求
　(a) 廉価売買として424条1項の取消し
　　を認めるか（重要度A）
　(b) 代物弁済規定の類推適用によるか
　　（重要度A）
　(c) 価額償還請求権
　　①自己への支払請求（重要度B）
　　②行使できる金額（重要度B）
　　③類推適用を肯定すると差額のみの償
　　　還請求（重要度B）
(2) Hに対する請求
　(a) 転得者に対する現物返還請求
　　①要件としてGの悪意も必要（重要
　　　度B）
　　②Gを飛ばして真正な登記名義回復
　　　のため所有権移転登記請求が可能
　　　（重要度B）
　　③占有者はGなので明渡請求はどう
　　　なるか（重要度C）
　(b) 現物返還請求できる場合に価額償還
　　請求はできない（重要度C）
　(c) HのAに対する請求権
　　①1億円の返還請求はできる（重要度
　　　A）
　　②同時履行の抗弁権の認否（重要度
　　　B）

## 解説及び答案作成の指針

### 1 ［設問 1］ 小問(1)について

【出題趣旨】 ［設問 1］ 小問(1)は，無資力状態にある債務者Ａが名誉毀損により出版社Ｂに対して慰謝料請求権を有しているが，これを行使していない場合に，債権者Ｃがこれを代位行使できるかを論じてもらう問題である。423 条 1 項但書の一身専属権に該当するかどうかが中心論点となる。あわせて代位債権者の自己への支払請求の可否なども，改正法が明文で規定をしたことを確認してもらう問題である。

#### (1) 債権者取消権の要件の確認

（a） **請求原因** 債権者代位権の要件は，自己の債権の保全の必要性があることである（423 条 1 項本文）。①債権が金銭債権であり——転用は措く——詐害行為前の原因により発生したものであること（424 条 3 項），②債務者が無資力であることが必要となる。③また，代位行使される被代位権利の存在が必要なのは当然である。これらは，請求原因として代位行使するＣが主張立証することを要する。本問ではＣについて，いずれも要件を充たしている。

（b） **抗弁事由** 改正法で抗弁事由として明記されたものも含めて，被告とされた相手方が主張・立証すべき，代位行使の障害事由として，①被代位権利が，ⓐ一身専属権であることまたはⓑ差押えを禁止された権利であること（423 条 1 項但書），②被保全債権が，ⓐ弁済期前であること（423 条 2 項本文）——原告が再抗弁として「保存行為」であることを主張できる（同項但書）——，ⓑ被保全債権が強制執行により実現できないものであること（423 条 3 項），更には，③債務者の権利行使（条文にないが解釈上）がある。

本問では，Ｂからは，一身専属権という抗弁が出されることになる。

#### (2) 慰謝料請求権は一身専属権か

（a） **一身専属権であり代位行使できない** 生命侵害による慰謝料請求権は当然相続説が採用されている（最大判昭 42・11・1 民集 21 巻 9 号 2249 頁）。ところが，名誉毀損による慰謝料請求権については，「<u>被害者が右請求権を行使する意思を表示しただけでいまだその具体的な金額が当事者間において客観的に確定しない間は，……右権利はなお一身専属性を有する</u>」として，「差押えの対象と

したり，債権者代位の目的とすることはできない」とされている（最判昭58・10・6民集37巻8号1041頁）。

(b) **一身専属性の根拠**　上記判決は，一身専属権とされることの根拠として，「これを行使するかどうかは専ら被害者自身の意思によって決せられるべき」こと，また，「その具体的金額自体も成立と同時に客観的に明らかとなるわけではなく，被害者の精神的苦痛の程度，主観的意識ないし感情，加害者の態度その他の不確定的要素をもつ諸般の状況を総合して決せられるべき性質のものであること」を挙げている。

(c) **金額が確定すると一身専属性を失う**　こうして，Bは名誉毀損の慰謝料であることを主張立証すれば代位行使を阻止でき，これに対して，代位債権者Cは，判決や合意により額が確定していることを主張立証する必要がある。この結果，①前回の200万円分については代位行使ができ，②今回の額未確定の慰謝料分については代位行使が許されないことになる。

(3) **代位行使できる200万円について**

(a) **自分への引渡請求ができる**　2年前の名誉毀損については示談で額が確定しているため，Cは代位行使できるが，代位行使の内容については，改正法に従前の判例の内容が明文化された。

代位債権者は，債務者への支払ではなく，<u>自分への支払</u>を請求できる（423条の3）。改正の際の議論では，責任財産の保全のためであり，相殺を禁止すべきかどうかが議論された。債権者の1人に，破産管財人のような役割を期待できないこと，代位権制度が旨みのない制度になってしまうことから，実務界からは相殺禁止に対して反対が出され，結局，解釈にまかせることにして規定は置かれなかった。

(b) **相殺により債権回収可能・被保全債権額に限定される**　そうすると，禁止規定がない限り，従前の運用が維持され，Cは受け取った200万円を相殺により事実上債権回収に充てることができる。それを前提として，423条の2は，債権回収に必要な限度での代位行使に制限し，被保全債権の額の限度での代位行使を認めるに過ぎない——この点は，Cは2000万円の債権を有しており問題にならず，200万円全額の代位行使ができる——。

**【答案作成についてのコメント】** Cによる債権者代位権の行使について，まず要件を整理しつつ，一身専属性が問題になることを問題提起すべきである。そして，名誉毀損による慰謝料請求について，判例をあてはめて結論を出せばよい。更に，代位債権者が自己への支払請求ができ，債権回収が事実上容認されることにも言及をする。

## 2 ［設問1］小問(2)について

**【出題趣旨】** ［設問1］小問(2)は，代位債権者が代位訴訟を提起した場合に，債務者の権利行使に対してどのような拘束力が生じるのかを問う問題である。その上で，詐害的な示談がされた場合の債権者の保護について検討を加える必要がある。

### (1) 債権者代位訴訟と債務者への効力

(a) **改正前は差押え類似の効力が認められていた**　改正前は，債権者が代位行使に着手して債務者に通知をすると，債務者には処分禁止の効力が生じることが認められていた（最判昭48・4・24民集27巻3号596頁）。しかし，差押えをしているわけでもないのに，そのような差押え同様の効力を認めることには批判が強く，改正法はこの点について劇的な変更を加えた。

(b) **改正法による差押え類似の効力の否定**　改正法は，債権者が代位訴訟を提起した場合には，遅滞なく債務者への訴訟告知をすることを義務づけた（423条の6）。しかし，このような義務を認めて差押え同様の効力を認めたと思いきや，債務者には何らの処分制限の効力は生じないことを規定した（423条の5）。代位訴訟を提起しても，債務者が弁済を受けたり債権譲渡をしたりすることは妨げられず，代位債権者はそのようなリスクを甘受して代位訴訟をしなければならないことになる。

　この結果，債務者は，安全に権利行使をしたいならば，債務名義を取得して差押えをして取立訴訟によるべきであるという，いわば交通整理の標識が暗に設置されたことになる。一方で改正法は，代位債権者の自己への支払請求を認めて実務の要請に妥協したが，それを台無しにする仕掛けをしたのである。

### (2) 示談の詐害行為取消し

(a) **受けられる金額が減額されている**　上記のように，AB間でなされた示談また賠償金の支払は有効ということになる。まず，2年前の200万円の賠償金の支払は有効であり（423条の5），そして，BはCの代位訴訟において，弁済し

たことを援用することができる（423条の4）。問題は今回の新たな示談について
である。客観的には前回と同じような名誉毀損であり，同様の金額の慰謝料が認
められるところを，200万円ではなく100万円で示談がされている。では，Cは
この示談を詐害行為として取り消すことができるのであろうか。

(b) **いくらと決めるのかは被害者の自由**　　しかし，同じような内容であって
もどの程度の慰謝料を請求するかは被害者の自由であり，また，もし取消しを認
めたとしても，金額が確定しない限り代位行使できないのであり，債権保全とし
て意味がないことになる。判例はないが，名誉毀損についての示談に関する限り
どのように合意するかは，被害者の自由であり，詐害行為取消しは認められない
と考えるべきである。一身専属権とした趣旨からしても，Aに自由に内容決定が
まかされるべきである――否定の根拠条文は424条2項によるしかない――。

> 【答案作成についてのコメント】Cによる債権者代位訴訟による債務者への拘束力が改正により大き
> く変更されたこと，即ち債務者に対する処分禁止効は否定されたこと，その結果，AのBからの2
> 年前の200万円の示談金の受領は有効なこと，これをBはCに対抗できることをまず論じるべきで
> ある。そして，今回の新たな100万円の示談については，一身専属権という趣旨からしても，ど
> のように賠償金について合意するかはAの自由であり，詐害行為として取消しをすることは認めら
> れないことを論じるべきである。

## 3　[設問2] 小問(1)について

> 【出題趣旨】　[設問2] 小問(1)は，強迫取消権が代位行使の対象になるか，そして，取消しを認
> めた場合の原状回復について問う問題である。債務者に対抗できる事由を代位債権者にも対
> 抗できるが，その事由として同時履行の抗弁権を検討してもらうことも意図している。強迫
> 者については，708条の適用まで問題視されており，295条2項の趣旨から同時履行の抗弁
> 権の主張を否定すべきかが問題になる。

### (1)　強迫取消権の代位行使

[設問1] 小問(1)にみたように，債権者代位権の要件は本問では充たされており，
一身専属権かどうかが問題として残される。では，本問では，取り消すかどうか
は債務者Aの判断にまかせるべきであり，一身専属権であろうか。しかし，形成
権である，取消権，解除権，予約完結権，時効援用権等々の権利について，一身
専属性は否定され，債権保全の必要性が認められれば，代位行使が可能と考えら
れている。

ただその債権保全の必要性については，強迫して不利な内容で契約させられた

のであれば取消しをして財産を保全する必要があるが，本問では強迫によるとはいえ時価相当価格で売買契約が締結されており，詐害行為になることさえ疑問である。Eに対する弁済に代金が使われたので，取消しをすれば保全になるかもしれないが，それとて詐害行為を問題にできないので，疑問は残る。ここでは代位行使可能と考えておくが，疑問がないわけではない。

(2) 取消し後の原状回復義務について

(a) 債務者への対抗事由の代位債権者への対抗

(ア) 同時履行の抗弁権の可能性　　本件売買契約が取り消されると，Dは甲不動産の所有権抹消登記また返還を義務づけられるが，他方で，Aも代金の返還を義務づけられる（121条の2第1項）。取消しによりAに所有権移転登記抹消登記請求権及び返還請求権が成立するが，Dはこれに対して，2億円の代金返還請求権をAに対して取得し，Dは同時履行の抗弁権を主張することが考えられる（533条類推適用）。

(イ) 代位債権者への対抗　　そして，相手方Dは，債務者Aに対して主張しうる事由を代位債権者Fに対抗できるので（423条の4），Dは，代位債権者Fの請求に対して，Aによる代金返還と同時履行の抗弁権を主張できることになる。

Aは債権者Eに2億円を支払っており，この弁済は有効なままであり，AがBに2億円を返還するのは不可能に近い。そうすると，Dに同時履行の抗弁権が認められる限り，代位債権者Fの権利行使は永遠に認められないことになる。

(b) 強迫者の同時履行の抗弁権の認否

(ア) 無効・取消し事例では解釈にまかされた　　解除については原状回復請求権について同時履行の抗弁権が認められることが明記されている（546条）。ところが，改正法により新設された無効・取消しにおける原状回復義務については，同時履行の抗弁権の準用規定が置かれていない。これは，解釈にまかせる趣旨であり，また規定がない時代から解釈により認められていたので，規定がなくても認めることに支障はなく，事例により判断することにしたのである。

(イ) 同時履行の抗弁権を否定することも可能　　では，どうして一般的に同時履行の抗弁権を規定することが躊躇されたのかというと，詐欺や強迫といった不法行為による場合があるからである。不法行為が原因であるという点で，留置権における295条2項とのバランス論が問題になる。詐欺や強迫を働いた者につ

いてはその返還請求について708条の適用の可能性さえ問題視されているのである。そのため、返還請求を認めるとしても、295条2項の趣旨を類推して同時履行の抗弁権を否定することはありうる解釈である。

もしDの同時履行の抗弁権を否定すると、DはAに対しても同時履行の抗弁権を主張しえないので、423条の4を援用して、Fの請求に対して同時履行の抗弁権を対抗することもできなくなる。

> 【答案作成についてのコメント】Fは取消権の代位行使ができること、またAD間で原状回復について相互の原状回復義務が問題になり、同時履行の抗弁権が認められ、代位債権者に対抗できるのではないかということを問題提起する。そして、強迫者に公平の観点から同時履行の抗弁権を否定すべきなのかを検討する必要がある。

## 4 ［設問2］小問(2)について

> 【出題趣旨】　［設問2］小問(2)は、弁済の詐害行為、また、不動産の時価相当額での売却の詐害行為性を考えてもらう問題である。いずれも改正前には議論のあった問題であるが、改正法は明文規定を設けてこの問題に決着をつけたので、その趣旨とあてはめによる結論を示すことが求められている。

### (1)　Eへの弁済の詐害行為性

(a)　**原則として取消しできない**　　改正前の判例は、債務者が債権者と通謀して他の債権者を害することを意図したという破産法にない要件を設定する一方で、破産法のように支払不能時という限定はしていなかった。そのため、破産法に対して民法のほうが支払不能時でなくても認められ適用領域が広いという、いわゆる逆転現象が生じていた。

(b)　**弁済が詐害行為となるための要件**　　改正法は、この点、支払不能時――その概念は破産法と同じ――という要件を設定しつつ（424条の3第1項1号）、「通謀して他の債権者を害する意図」があったことという破産法にはない要件を維持した（同2号）。本問では、Aは債務超過ということは問題文に書かれているが、「一般的かつ継続的に弁済することができない状態」（424条の3第1項1号括弧書）まで至っていたかは不明である。問題はいわゆる通謀害意である。「通謀」と「他の債権者を害する」という意味は明確ではない。後者は他の債権者が弁済を受けられる可能性を減らすことであれば常にその「意図」はあるが、「通謀」が必要であり自分の意見回収のためにやむを得ないという程度の意識では足りないのか、疑問がある。この点、内容を明らかにした判例はなく、改正法のも

とでもその内容は明らかにされていない。

Eは勤勉な債権者として債権回収をしただけで，信義則に反するような債権回収ではなく——更にいうと，取り消すのは債権者Eの行為ではなく債務者Aの行為——，取消しは難しいように思われる。

(c)　**取消しが許される場合**　もし仮に上記要件が充たされているとすると，FはAの行為を取り消してEに自己への支払を求めることができ（424条の9第1項）——改正法は，取消し（424条1項）と共に返還請求ができることを明記し（424条の6），改正前の**折衷説**を明文化した——，解釈論として相殺ができるため債権回収が事実上可能になり，その結果，債権回収に必要な限度に取消しの範囲は制限される。すなわち，Fは自己の債権500万円を限度としてのみ取り消すことができ，また自己への引渡しを請求できる。

取消しの効力は債務者に帰属するが（425条），実際に受け取った金銭を債務者に返還して初めて債権が復活する（425条の3）。従って，Eは相殺を主張することはできない。

## (2)　甲不動産の時価相当額での売却

(a)　**改正前は議論があった**　不動産の相当価格での売却については，改正前の判例は，消費しやすい金銭に変えることだけで，価値を下げる行為であり詐害行為になり，ただ有用の資に使用したならば取消しが否定されると理解されかねないものであった。しかし，判例を見る限り，浪費隠匿をして初めて詐害行為になることを認めていたのであり，改正法は要件を明記し，結論的には，ほぼ取消しがありえない内容とした。

(b)　**相当価格での売却が詐害行為となるための要件**　①消費しやすい金銭に変えて，隠匿等をしやすい状態を作ったことは要件の1つに過ぎず（424条の2第1号），これだけで価値を下げ詐害行為になるということにはならない。②更に，債務者が隠匿等の処分をしようとして売却したという主観的要件を設定している（同2号）。これだけで，リストラ等正当な目的の場合には——盗難・横領のしやすい金銭に変えたため横領や窃盗にあっても——取消しはできないことになった。③更に極めつけは，第三者の取引安全保護についての424条1項但書にまかせるのではなく，買主が債務者の隠匿等の処分の意図を契約当時に——ただ「行為の当時」になっているので，契約締結時は知らなかったが，代金支払時には知って

いても要件該当と考える余地はある——知っていたことを要件としている（同3号）。

　これらの3つの縛りが設けられたため，相当の対価を得てした財産の処分行為については，実際に424条の2が適用され詐害行為取消請求が認められることは考えにくいことになった。

　隠匿等の処分には，特定の債権者への弁済は含まれない。その分，債務が消滅するのであり，たとえ「通謀」があったとしても隠匿や無償の供与とはパラレルな行為ではないからである。そのため，本問ではAの甲不動産のDへの時価相当額での売却行為は，詐害行為取消請求の対象とはならないことになる。

> 【答案作成についてのコメント】本問については，弁済と不動産の相当価格での売却の詐害行為取消しを，改正に従って考えてもらうという，改正法確認問題である。後者については，実際にはほとんど適用が考えられないよう，抑止的な規制がされたことを確認すべきである。

## 5　[設問3] について

> 【出題趣旨】[設問3] は，改正法が過大な代物弁済について特別規定を設けて，目的物の返還を否定して差額の償金請求に制限したが（424条の4），それを低廉価格での債権者への売却＋相殺の事例に類推適用ができるのかを検討してもらう問題である。転得者がいる場合について，債務者に取消しの効力を認めつつ，改正法においても相対的効力説を維持したため事後処理を含めて問題となる。この点についても，改正法は手当をしているので，それらを理解しているかどうかを試す問題である。

### (1)　債権者への不動産の廉価販売＋相殺

　[設問3] では，Aは，1億円の債権者Gに対して2億円相当の本件不動産を1億円で売却し，貸金と代金との相殺を合意している。実質的には債権者への過大な代物弁済に等しい。そのため，代物弁済であったらどうなるかを，議論の前提として確認しておきたい。

　(a)　代物弁済であったらどうか　　代物弁済は2つに分けて規定されている。①まず，過大な代物弁済である。これが詐害行為になることは疑いなく，改正法は取消内容について特殊な制限をした。すなわち，過大な部分，例えば100万円の債権につき200万円相当の財産で代物弁済をしたならば，差額100万円の部分の詐害行為取消しができるだけである（424条の4）。現物の返還請求はできないことになる。つまり，差額の償還だけで，現物返還・債権の復活といった法律関

係を避けようとしたのである。また，②相当価格での代物弁済は，424条の2で
はなく，債務の弁済に関する行為なので424条の3第2項が適用され，義務的な
弁済よりも期間的な制限が緩和され，支払不能時である必要はなく支払不能時＋
その30日前までの行為を取消対象としている。

### (b) 本件の規律はどうあるべきか

**❶ 単に廉価売買だとすると**　　まず，2億円の不動産を1億円で販売した
という至極当然の詐害行為だとすると，424条1項により問題なく詐害行為取消
しが可能になる。そして，代物弁済のような制限規定がないので，現物の返還請
求が可能になる。現物の返還請求が可能な場合には，目的物の価額償還——本問
では差額ではなく2億円——を請求することはできない。424条の6第1項が，
価額償還を請求できるためには，「財産の返還を請求することが困難であるとき」
ということを要件として明記したためである。売買契約が取り消されれば代金債
権もなくなり，相殺も遡及的に効力を失うことになる。

**❷ 過大な代物弁済の類推適用**　　他方で，実質的に代物弁済に等しい事例
であるから，424条の4を本件の場合に類推適用することも考えられる。相殺と
いう＋$a$が付いているが，債務が消滅しているという点は同じである。この考え
によれば，現物返還は請求できず，差額分1億円の償金請求しかできないことに
なる。


### (2) Gに対する請求

#### (a) 424条の4類推適用否定説

**㋐ 価額償還請求が可能**　　まず，424条の4の類推適用を否定し，424条1
項により現物返還を認める立場では，債権者Iは，差額の償還請求ではなく，A
G間の売買契約を取り消すことができ，GはHに既に転売しているため，424条
の6第1項の要件を充たし，Gへの価額償還（2億円）の請求が可能になる。目
的物を転売することにより，詐害行為取消請求の相手方となることを逃れること
はできない。そして，取消債権者は，自己への償金の支払を請求でき（424条の
9第1項），この点も代位権同様，立法に際しては議論があったが，相殺により事
実上債権回収ができることになる。また，改正前は相対効なので相殺適状がある
のかについて理論的疑問があったが，改正法では債務者に取消しの効力を及ぼし
たので（425条），この点の疑問は解消された。

（イ）　詐害行為取消しの債務者への効力と受益者の抗弁

❶　取消しの効力は債務者にも及ぶ　　債務者Aを被告にする必要はないが（424条の7第1項），債権者Iは，詐害行為取消請求にかかる訴えを提起したならば，債務者Aに訴訟告知をしなければならない（424条の7第1項）。詐害行為取消請求を認容する判決の効力は，相対効であるが債務者に効力が及ぶ（425条）。この点は，改正法の最大の変更点である。

債務者にも取消しの効力が及ぶために，受益者は債務者に対して「反対給付の返還を請求することができる」（425条の2）。本問では，売買契約が取り消され，代金債権がなくなるため相殺も無効になるが，Gは代金を支払ったわけではないので，1億円の返還請求権を取得することはない。相殺が無効になり，Aに対する1億円の貸金債権が復活するだけである。

❷　相殺ができるのか　　そうすると，債務者にも取消しの効力が及ぶことにより，償金請求権は債権者Iではなく債務者Aに帰属し，ただ代位権同様に取消債権者Iが自己の名で行使できるに過ぎないので，AG間に債権の対立が認められる。AのGに対する1億円の償金請求権，GのAに対する貸金債権の対立である。ここでも代位権同様，債務者に対抗しうる事由を取消債権者に対抗しうるので（規定はないが当然），Gは相殺をIに対抗できてしまい，取消しが意味をなさないことになる。

これを避けるためには，①相殺を否定するか，または，②425条の3を類推適用し，GはAに1億円を償金して初めて1億円の貸金債権が復活すると考える必要がある。

（b）　424条の4類推適用肯定説　　他方で，本事例に424条の4の類推適用を肯定すると，Iは，Gに対して過大な1億円の償金請求ができるだけであり，返還不能となった甲不動産自体の価額の償金請求はできないことになる。また，相殺が無効になり貸金債権が復活することもない。法律関係はいたって簡単に処理される。

## （3）　Hに対する請求

（a）　転得者に対する詐害行為取消請求の要件　　改正前は，相対的取消しと構成されていたため，受益者が善意であっても，転得者が悪意であれば詐害行為取消請求が可能であった。ところが，改正法は，転得者に対する詐害行為取消請求

について，転得者の悪意だけでなく，受益者の悪意，もし転々得者であれば，受益者そして転得者全ての悪意を必要とした（424条の5第1号第2号）。この点も判例を大きく変更した点である。ただし，本問では，Gも悪意なので，この点は要件を充足している。

(b) **現物の返還請求等**　　償金請求ができるのは，財産の返還が困難なときに限られ（424条の6第1項），IはHに対して償金は請求できず，現物の返還を請求できる。ここで問題になるのは，Gに取消しの効力は及ばないため，所有権の移転登記の抹消登記請求はできず，HからAへの所有権移転登記が請求できるだけである。しかし，それはよいとしても，Hは占有を取得しておらずGが有している。

Gには取消しの効力が及ばず，Gとの関係ではHが所有者のままなので，Aの復帰した所有権に基づくGに対する明渡請求権の代位行使というわけにはいかない。返還が困難だとして償金請求によることができるのであろうか。この点も問題は残される。

(c) **Hの抗弁**

(ア)　**受益者が取得すべき権利を取得**　　HはAG間の売買契約が取り消され，取消債権者Iとの関係ではGH間の所有権移転が否定されるが，GH間では取消しの効力は生じていないので有効に所有権は移転したままとなり，HはGに対して代金2億円の返還請求はできない。そうすると，AG間の売買そして相殺は有効で，Aは1億円の債務を免れたまま甲不動産を取り戻すことになる。

改正法はそのような二重取りを避けるため，425条の4を用意した。HはAに対して取消しにより直ちに1億円の代金返還請求権を取得すると考えることができる。

(イ)　**同時履行の抗弁権の問題**　　その結果，AH間に所有権移転登記請求権と1億円の代金返還請求権とが対立することになり，Hには同時履行の抗弁権が成立し，取消債権者Iにも対抗ができそうである。そうすると，Aは1億円を用意できる状況にはなく，事実上Hは返還を免れることになる。かといって，債務者に効力を及ぼして直ちに返還請求権の成立を認めて受益者，転得者を保護しようとした趣旨からして，甲不動産の返還をさせられながら代金の返還を受けられないというのはHに酷である。同時履行の抗弁権については，肯定・否定に，改正法の解釈として分かれているところである。

(d) **424条の4類推適用肯定説ではどうなるか**　　以上は424条の4の類推適用を否定し，現物の返還を請求できることを前提として考えたが，同規定を類推適用するならば解決は変わってくる。

受益者に対して認められる詐害行為取消請求を「転得者に対しても」できるというのであり（424条の5柱書），過大部分の償金請求をIはHに対してもできることになる。そうすると，425条の4の転得者の債務者に対する権利についても，受益者が取消請求を受けても債務者に対する権利を取得しないので（前述(2)(b)），Hも債務者Aに対して何ら請求はできないことになる。このように，424条の4を類推適用すると，法律関係はいたって簡単になる——現物返還は請求できないので，先のGには明渡請求できないという問題も解消される——。

> **【答案作成についてのコメント】**過大な代物弁済についての424条の4を，債権者との廉価での売買契約＋代金と債権との相殺に類推適用すべきか，それとも，廉価売買だけ取り出して考えるかが問題を解くカギである。類推適用を肯定すれば転得者を含めて，権利関係の処理は簡単になる。このことも考慮した上で，転得者が現れた場合の詐害行為取消請求について理路整然と——口で言うのは簡単だがかなり難しい——分析しつつ論じてもらいたい。

---

## ■ No.3 参考答案構成 ■

1　[設問1]　小問(1)について
　(1)　CによるAの慰謝料請求権の代位行使の要件
　　(a)　代位行使をする債権者Cの請求原因
　　　①金銭債権たる被保全債権の存在（423条1項本文）。
　　　②債務者Aの無資力。
　　　③被代位権利である慰謝料請求権の存在（不法行為の成立）。
　　(b)　Bからの抗弁事由
　　　①被代位債権の成立を争う（真実性の抗弁）。
　　　②一身専属権の主張（423条1項但書）。
　　　③差押禁止債権，弁済期未到来，被保全債権が強制執行で実現できないもの（423条1項但書，2項，3項）。

(2) 一身専属性についての検討
  (a) 原則として一身専属性あり
    ①行使するかどうかは本人の決定による。
    ②被害者の主観的意識ないし感情等を考慮する必要がある。
    ③そのため，原則として一身専属性が認められる。
  (b) 確定されれば別
    判決や示談により金額が確定されれば一身専属性は失われる。
  (c) あてはめ
    ①2年前の200万円で示談が成立した分は代位行使ができる。
    ②今回の未だ確定していない分は代位行使ができない。

2 [設問1] 小問(2)について
(1) Cの代位訴訟提起の債務者Aへの効力
    ①代位訴訟を提起したら債務者への訴訟告知が必要（423条の6）。
    ②しかし，代位訴訟により債務者への拘束力は生じない（423条の5）。
      ⓐ確定した200万円の賠償金の受領は有効。
      ⓑ未確定の慰謝料についての示談またその受領も有効。
    ③従って，このままではCの代位訴訟は請求棄却。確実性を期すならば差押えによるべき。
(2) 示談の詐害行為取消し
    ①200万円相当の慰謝料を取れるのに100万円で示談している。
    ②債権者を害しているといえる。
    ③しかし，名誉毀損による慰謝料については本人の意思を尊重すべきである。
    ④また取り消しても金額未確定に戻り代位行使できず意味がない。
    ⑤Cによる詐害行為取消しを否定すべきである。

3 [設問2] 小問(1)について
(1) 強迫取消権の代位行使
    ①一身専属権ではない。
    ②Fは自己の名で取消権を代行できる。
(2) 取消し後の原状回復請求権の代位行使
  (a) 原状回復請求権の成立　　取消しによりAD両当事者に原状回復請求権が成立する（121条の2第1項）。
  (b) 同時履行の抗弁権の対抗
    ①規定はないが同時履行の抗弁権が認められる（533条類推適用）。
    ②債務者は，債権者に主張できる事由を代位債権者にも対抗できる（423

条の4)。

③DはFの所有権移転登記抹消登記請求に対して，同時履行の抗弁権を主張できる。

(c) 強迫者に同時履行の抗弁権を認めるべきか

①不法行為であり295条2項の趣旨類推により否定すべき。

②Fは同時履行の抗弁権の対抗を受けない。

4 ［設問2］小問(2)について

(1) Eへの弁済の詐害行為取消し

①424条の3第1項に規定が設けられた。

②要件は2つである。

ⓐ支払不能時に行われたこと

ⓑ受益者との通謀害意の存在

③要件を充足する場合には取消し可能。

ⓐ取消債権者Fは自己への支払請求が可能（424条の9第1項）。

ⓑFのⓐの請求は自己の債権（500万円）の限度に限られる（424条の8第1項）。

ⓒFは相殺して債権回収ができる。

ⓓEの債権は取消しだけでは回復せず（425条の3），相殺を対抗できない。

(2) Dへの甲不動産の売却の詐害行為取消し

(a) 相当価格での売却につき424条の2に規定が設けられた

(b) あてはめ

①金銭に換価しており隠匿等が可能な状態にしている（第1号充当）。

②しかし，Aの売却行為は弁済資金獲得のためであり隠匿等の意思はない。

③従って，本件では詐害行為にならない。

5 ［設問3］について

(1) 問題点

①廉価での売却が詐害行為であることは明らかである。

②しかし，それが債権者に対してなされ代金が相殺されている。

③そのため，実質的には過大な代物弁済に等しい。

④424条1項の取消しによるか，424条の4の類推適用によるかが問題になる。

(2) 424条1項の取消しは適切ではない

(a) Gに対する請求

①424条1項の現物返還を適用すると，424条の6により2億円の償金請

求ができる。

②Ｇは，代金１億円の返還請求権を取得する（425条の2）。

③ＡＧ間の相殺を認めれば，結局１億円のみの償金請求権になる。

(b) **Ｈに対する請求**

①Ｇも悪意なのでＨを相手とする詐害行為取消請求が可能（424条の5）。

②ＧからＡへの所有権移転登記請求ができる。

③Ｈは占有をしておらず，取消しの効力の及ばないＧに明渡しを請求することはできない。

④Ｈは，Ｇが取得しえた代金１億円の返還請求権を取得する（425条の4第1号）。

⑤ＩによるＡへの所有権移転登記請求に対して，Ｈは④との同時履行の抗弁権を主張できる。

(c) **結論**　法律関係が複雑になりかつ疑問がいろいろ残され適切ではない。

(3) **424条の4を類推適用すべき**

(a) **Ｇに対する請求**

①超過額の１億円の償金請求権が成立するだけ。

②ＧのＡに対する返還請求権は成立せず，債権も復活しない。

(b) **Ｈに対する請求**

①ＨもＧの責任を承継するのみである。

②従って，Ｈに１億円の償金請求ができる。

③ＧはＡに対して返還請求権を取得しないので，Ｈも同様（425条の4）。

(c) **結論**　424条の4を類推適用するのが妥当。

以上

# No.4 詐害行為取消権

＊2時間で答案練習に用いる場合には［設問3］まででよい。

次の文章を読んで，後記の［設問1］，［設問2］，［設問3］及び［設問4］
に答えなさい。なお，いずれの問いにおいても利息については考えなくてよい。

Ⅰ
【事実】
1. Aは芸能活動を行いつつ，飲食店経営等多数の事業を営んでいる。Aの経
   営する飲食店等の事業が，2020年中旬から経営不振に陥り，Aは債務超過
   の状態に陥った。その頃，Aの不倫が発覚し，妻Bから離婚が求められ，A
   B間で協議が進められている。AB間に子はいない。
2. 2021年4月20日，AB間で協議離婚が成立し，離婚に際して，不貞行為
   の慰謝料として1億円が相当と合意された。そして，財産分与名目でAか
   らBに，A所有のABが居住していた甲不動産（土地及び建物）を与える
   ことが合意され，AからBへの甲不動産の所有権移転登記がなされ，Bは
   そのまま甲不動産に居住し，Aは他に居住している。
3. 甲不動産は時価1億円相当であり，慰謝料が1億円であれば相当な財産分
   与であった。しかし，本件での慰謝料としては，1億円はあまりにも過大で
   あり，財産の清算や離婚後の生活保障を含めても2000万円程度が相当なも
   のであった。
4. Aは，2020年に入りコロナウィルス問題の影響もあり事業をすべて廃業
   してしまい，Cから2020年1月に事業資金8000万円を借り入れているが，
   2021年5月の返済期になっても返済ができないでいる。

［設問1］【事実】1から4までを前提として，Cは，Bに対してどのような法
的主張ができるか，理由を付して解答しなさい。

Ⅱ
【事実】1から4の後に，以下の事実があった。

【事実】

5. AがCから上記8000万円を借り入れる際に，2020年4月，Bの兄Dが公正証書による保証意思宣明手続きを経た上で連帯保証をしている。Dは，乙マンション（区分所有の一戸であり評価額5000万円）を所有しており，2019年10月，DがEから4000万円を借り入れるに際に乙マンションに抵当権を設定し，その旨の登記がなされている。

6. Aは，主要な財産であった甲不動産をBに財産分与したため，2021年5月には，高級車などのその他の財産をすべて合わせても総額2000万円程度しかなく，Aの債務総額は3億円超であり大幅な債務超過の状態にある。

7. Dは，同年5月，Eに対して乙マンションを4000万円の債務の代物弁済として提供することを合意し，その所有権移転登記がなされ，また，引渡しもなされた。乙マンションには，Eの抵当権以外に登記をした抵当権，質権，先取特権は存在していない。

8. Dの父親Fが2020年末に死亡し，その相続人としてFの妻Gと子のBDが法定相続分に応じてFの財産を相続した。Fの遺産は，Gの居住している4000万円相当の丙不動産（土地建物）及び4000万円の預金だけである。

9. 2021年3月，BDG間で遺産分割が成立した。遺産分割の内容は，Gが丙不動産を取得し，Bが預金4000万円を取得し，Dは何も取得しないというものであった。


[設問2] 【事実】1から9までを前提として，以下の各問いに理由を付して解答しなさい。

(1) Cは，乙マンションについて，Eに対してどのような法的主張ができるか。

(2) Cは，B及びGに対してどのような法的主張ができるか。もしDが相続放棄をしており，BGだけで上記の遺産分割をしたのであったならば，結論に差が生じるのか。


[設問3] 【事実】1から9までを前提として，Dが2021年6月にCに対してAの借入金8000万円のうち2000万円を保証人として支払ったとして，DはAに対してどのような法的請求ができるか，理由を付して検討しなさい。

Ⅲ

【事実】1から4の前に，以下の事実があった。

【事実】

10. 2020年4月1日，Aは事業資金獲得のために，甲不動産をHに1億円で
   販売する売買契約を締結した。Hは，Aと芸能界で同業者であり，代金1億
   円の支払と同時に司法書士を介して所有権移転登記をすること，また，Aが
   甲不動産を清掃してから引渡しをすることを合意していた。1億円は時価相
   当額である。

[設問4] 【事実】10及び1から4までを前提として，H及びCは，甲不動産
   をめぐってどのような法的主張ができるか，理由を付して解答しなさい。

## ○ 言及すべき点及び論点 ○

1 ［設問1］について
  (1) 財産分与は詐害行為となるか
    ①財産分与の内容（重要度B）
    ②財産分与が詐害行為となる要件（重要度A）
  (2) 詐害行為取消しの内容
    ①現物返還請求の可否（重要度A）
    ②償金請求の内容（重要度B）

2 ［設問2］小問(1)について
  (1) 無資力の計算——保証債務の債務への算入（重要度B）
  (2) 抵当権者への代物弁済と詐害行為（重要度A）
  (3) 詐害行為取消しの内容
    ①責任財産部分の取消し（重要度B）
    ②所有権移転登記の抹消登記請求（重要度B）

3 ［設問2］小問(2)について
  (1) 遺産分割と詐害行為（重要度B）

  (2) 遺産分割の詐害行為取消しの内容（重要度B）
  (3) 相続放棄と詐害行為（重要度B）

4 ［設問3］について
  (1) 被保全債権
    ①2000万円について——事後求償権（重要度B）
    ②残り6000万円について——事前求償権（重要度B）
  (2) 詐害行為取消しの内容
    ①事後求償権2000万円（重要度C）
    ②事前求償権6000万円（重要度B）

5 ［設問4］について
  (1) 特定物債権の被保全債権（重要度B）
  (2) 詐害行為取消しの内容
    (a) 現物返還請求の可否（重要度B）
      ①可能か
      ②その後の所有権移転登記請求の否定
    (b) 超過分の価額償還請求（重要度B）

## 解説及び答案作成の指針

### 1 ［設問1］について

【出題趣旨】 ［設問1］は，無資力状態にある債務者Aが，離婚に際して過大な財産分与を妻Bに対して行っており，これを詐害行為取消しの対象とできるか，これを肯定するとしたならば，詐害行為取消請求の内容について更に検討してもらう問題である。

#### (1) 財産分与と詐害行為

(a) 財産分与の内容と原則否定　　離婚に際して行われる財産分与が債権者取消権の対象となるかについては，判例は原則としてこれを否定する。それは，財産権を目的としない行為（424条2項）であることが理由ではなく，その理由は別の所に求められる。

財産分与の内容は3つに分けられる。①先ず，夫婦の実質的共有財産の清算に

ついては，そもそも債務者の財産（責任財産）ではなかったのである。②次に，離婚後の生活保障という点については，債務の履行であり弁済の取消しについての法理によれば足りる，③財産分与に際する慰謝料の支払も②と同様である。

　(b)　**不相当に過大であれば詐害行為になる**　　しかし，①～③の内容が不相当に過大な場合には，その超える部分の取消請求が認められるべきである。最判昭58・12・19民集37巻10号1532頁は，「768条3項の規定の趣旨に反して<u>不相当に過大であり，財産分与に仮託してされた財産処分であると認めるに足りるような特段の事情のないかぎり</u>，詐害行為として取消の対象となるものではない」とし，土地を財産分与及び慰藉料の支払のため与えたのを相当と認めつつ，リップサービス的に例外を認める余地を残した。実際に詐害行為取消しを認めたのが最判平12・3・9民集54巻3号1013頁である。上記判例を確認した上で，「離婚に伴う財産分与として金銭の給付をする旨の合意がされた場合において，右特段の事情があるときは，<u>不相当に過大な部分について，その限度において詐害行為として取り消される</u>」ことを認め──「仮託」という要件はなくなった──，「離婚に伴う慰謝料を支払う旨の合意は，……新たに創設的に債務を負担するものとはいえないから，詐害行為とはならない」が，「当該配偶者が負担すべき損害賠償債務の額を超えた金額の慰謝料を支払う旨の合意がされたときは，その合意のうち<u>右損害賠償債務の額を超えた部分については，慰謝料支払の名を借りた金銭の贈与契約ないし対価を欠いた新たな債務負担行為</u>というべきであるから，詐害行為取消権行使の対象となり得る」という。

## (2)　本問へのあてはめと詐害行為取消しの内容

　(a)　**本問では詐害行為になる**　　不貞の不法行為による損害賠償を当事者で合意することは，和解契約であり和解の権利創設効（696条）により，実際の損害額が合意よりも低くても高くてもその金額の債権が有効に成立する──「仮託」かどうかは問わない──。従って，1億円の損害賠償のＡＢ間の合意は有効であり，財産分与という形で，いわば代物弁済として甲不動産が譲渡されたのも有効である。財産分与が詐害行為と認められる場合，取消しができるのは相当とみられる2000万円を超えた部分に限られる。財産分与が金銭の支払であれば，超過部分の金額の取消し，そしてその返還が問題になるが，本問では甲不動産という不可分の目的物である。

(b) 不可分な目的物を対象とする場合

(ア) 全部取消しは可能か　「債務者がした行為の目的が可分」な場合には取消債権者の被保全債権の限度での取消しに限られる（424条の8第1項）。反対解釈として，目的が不可分の場合には全部取消しができることになる。例えば1000万円の取消しができる場合に，取消債権者の債権が200万円ならば200万円を限度とした取消しであり，もし，取消しの目的が1000万円相当の1つの不可分な財産である場合には，200万円の債権者も全部取消しができる。ところが，本問は1億円相当の甲不動産の財産分与が詐害行為であるが，<u>2000万円を超えた8000万円部分のみが詐害行為</u>であるという事例であり，似てはいるが異なる事例である。

(イ) 本問ではどう考えるべきか　424条の8はこのような事例について適用されないとなると，本問の事例を対象とした規定はないことになり，解釈にまかされることになる。

❶ 現物返還の請求　1つの解釈としては，424条の8と同様に不可分の場合には全部の取消しを認め，甲不動産の返還を求めることを認めることが考えられる。Bは2000万円分を余計に返還することになるので，超過分2000万円につきAに対して返還請求権を取得すると考えられる。しかし，425条の2は，「反対給付の返還」請求が規定されているに過ぎないから，これを類推適用ということが考えられる。

❷ 過大な部分の償金請求　次に，8000万円の責任財産の取戻しなのに1億円の甲不動産が戻ってくるというのは，行き過ぎた取消しであるので，甲不動産の返還を認めないことも考えられる。現物が返還できない場合に価額償還を限定している425条の4は，このような事例の制限は考えていないということができる。また，2000万円の債務に対して1億円の甲不動産を代物弁済に供したのに等しく，**過大な代物弁済**となり424条の4を適用することができる。そうすると，過大部分8000万円の償金請求になる。

この考えでは，CはBに対して8000万円の償金請求ができ，それを自己に支払うよう請求できる（424条の9第1項）。行使できる範囲は被保全債権額に制限されるが（424条の8），Cの債権額は8000万円なので全額の行使ができることになる。ただBに8000万円の支払は期待できず，Bには甲不動産の返還を選択できたほうがよいが，条文上の根拠づけについて問題が残される。

**【答案作成についてのコメント】**過大な財産分与の詐害行為取消しについて過大な部分の取消しが可能なことを確認して，その方法について現物返還か価額償還かを議論すべきである。

## 2　［設問2］小問(1)について

> **【出題趣旨】**　［設問2］小問(1)は，保証人の詐害行為の問題について，保証債務を債務超過の計算において算入するかどうか，更に，抵当不動産を抵当権者に対し過大な代物弁済に供した場合の取消しの内容について考えてもらう問題である。後者については立法的解決がされたので，条文を適用すれば足りる。

### (1)　保証債務を無資力計算において債務に算入すべきか

　保証人は債務を負担しているが，仮に支払ったとしても，主債務者に資力があれば求償して支払金額を取り戻せるので，プラスマイナスゼロと考えることができ，私的自治への干渉になる詐害行為取消権においては債務として算入すべきではない。他方，主債務者が無資力であれば債務として算入することが許される。その証明責任は問題となるが，保証人が主債務者の資力を証明した限りで，積極財産から除くことが許されるという考えが有力である。

### (2)　抵当権付き不動産の代物弁済

　**(a)　残担保価値分が責任財産**　　［設問2］では，保証人Dは，5000万円の評価額の乙マンションを，4000万円の債権を持つ抵当権者Eに対し代物弁済に供している。乙マンションは，価格5000万円であるが抵当権によってEの4000万円が担保されているため，残担保価値1000万円が責任財産となり，詐害行為取消権による責任財産保全の対象になっている。そのため，Eへの本件代物弁済は詐害行為になることは疑いないが，その取消請求の内容が問題になる。

　**(b)　責任財産回復の方法**　　改正前は，債務者には取消しの効力は及ばないため，抵当権は消滅したままであり，無担保の不動産を取り戻すことができるのでは過ぎた財産が戻ってきてしまうため，現物返還は請求できず，超過額の価額償還を請求できたに過ぎない。改正法では債務者にも取消しの効力は及ぶため（425条），抵当権を復活させて乙マンションを取り戻すことが可能になった。

　ところが，改正法は，過大な代物弁済について特別規定を置き（424条の4），過大な部分の償金請求に限定している。そして，抵当権者に対する代物弁済を除外しておらず，また，除外する必要もないので，本問にも424条の4が適用にな

る。この結果 C は E に対して，超過額の 1000 万円の償金請求ができるに過ぎない。C は 1000 万円の自己への引渡しを請求できる（424 条の 9 第 1 項）。

**【答案作成についてのコメント】**保証債務の債務超過の計算における位置づけについて，可能ならば証明責任まで言及して検討して，過大な代物弁済の取消内容について検討すべきである。後者については，明文規定が設けられたので，その適用を確認するだけでよい。

## 3 ［設問 2］小問(2)について

**【出題趣旨】** ［設問 2］小問(2)では，相続放棄が詐害行為にならないことを論じ，遺産分割の場合には詐害行為取消しの対象となることとの差を説明することが求められる。その上で，遺産分割の詐害行為取消しの内容について検討してもらう問題である。

### (1) 相続放棄と詐害行為

(a) **判例は詐害行為取消しを否定**　　順序を逆にして，相続放棄について先に説明する。

判例は相続放棄については詐害行為取消しを否定する。その理由は，①「取消権行使の対象となる行為は，積極的に債務者の財産を減少させる行為であることを要し，消極的にその増加を妨げるにすぎないものを包含しない」のであり，「相続の放棄は，相続人の意思からいっても，また法律上の効果からいっても，これを既得財産を積極的に減少させる行為というよりはむしろ消極的にその増加を妨げる行為にすぎない」こと，また，②「相続の放棄のような身分行為については，他人の意思によってこれを強制すべきでない」ことである（最判昭 49・9・20 民集 28 巻 6 号 1202 頁）。

(b) **条文上の根拠づけ**　　同判決は，条文との関係については，「民法 424 条の詐害行為取消権行使の対象とならない」と説明するのみである。424 条 2 項の財産権を目的としない行為であることが理由ではなく，424 条 1 項の解釈によるものといえる。

学説には肯定説もあり，しかも諸説に分かれるが，否定説からは，相続人の権利は，相続後も含めて未だ期待権的なものに過ぎず，相続人の自由の方が優先されると批判される。判例では，上記(a)①の理由が決定的であり，そもそも詐害行為ではなく，②はダメ押し的に付け加えられているに過ぎない。

⑵ 遺産分割と詐害行為

　⒜ 遺産分割は詐害行為になる

　　㋐ 詐害行為取消しが可能　　これに対して，遺産分割が詐害行為取消しの対象となることについては学説に異論はなく，判例もこれを肯定する。その理由は，「遺産分割協議は，相続の開始によって共同相続人の共有となった相続財産について，その全部又は一部を，各相続人の単独所有とし，又は新たな共有関係に移行させることによって，相続財産の帰属を確定させるものであり，その性質上，財産権を目的とする法律行為であるということができるからである」と説明されている（最判平11・6・11民集53巻5号898頁）。取消債権者の限定はなく，相続人の債権者と被相続人の債権者のいずれも取消請求が可能になる。

　　㋑ 相続放棄と何が違うか　　相続放棄との差であるが，遺産分割は相続による相続分の取得は否定されず，遺産分割によりそれを処分したことになるが，相続放棄はそもそも初めから相続していなかったことになるのであり（939条），持分を処分したという扱いはされないのである。

　⒝ 詐害行為取消請求の内容　　こうして，債務者が遺産分割により相続分よりも社会通念上許容限度を超えて少ない財産しか取得しなかった場合，詐害行為になり，債権者は取消しを求めることができる。本問では，ＢＤＧの相続分はそれぞれ1/4，1/4，1/2であるのに対して，Ｄは何ら財産を取得しないという財産分与であり，Ｄにつき詐害行為に該当する。問題は，この場合の詐害行為取消しの仕方である。2つの考えが可能である。

　　㋐ 債務者の持分放棄をそれぞれ取り消す　　まず，Ｄは丙不動産（土地建物）に1/4の持分を持ち（1000万円相当）また4000万円の預金も1/4の持分を有していた（1000万円）。これをそれぞれ放棄したので，Ｄの持分を取得した相続人をそれぞれ詐害行為取消しの受益者として被告にするということが考えられる。

　この考えでは，丙不動産はＧがＤの1/4の持分を取得しており，また，預金についてはＢがＤの1/4の持分を取得したので，それぞれの取得を詐害行為取消しで否定することになる。ＢＧ間では合意は有効なままで，丙不動産はＧ・3/4，Ｄ：1/4の共有，預金はＢ：3/4，Ｄ：1/4の共有（準共有）になる。

　　㋑ 相続分以上を取得した者に対して取り消す　　しかし，Ｇは1/2の法定相続分を有しているのであるから，丙不動産（4000万円）を取得しても，相続財

産の総額は 8000 万円であるのだから，相続分以上の利得をしていない。Ｄの事実上の放棄により法定相続分以上の利得（受益）をしたのは，Ｂであり，1/4 の相続分（2000 万円）なのに相続財産の半分の預金 4000 万円を取得しており，2000 万円を余計に取得していることになる。そのため，受益者として詐害行為取消しの被告になるのは（424 条の 7 第 1 項 1 号），Ｂだけと考えることもできる。

この考えでは取消しは，Ｂの取得した預金が，ＢＤの 1/2 ずつの準共有になると考えるべきであろうか。なお，以上につき 2018 年改正相続法の影響はない。

> 【答案作成についてのコメント】本問については，相続放棄と遺産分割の差に注意しつつ，遺産分割は詐害行為取消しの対象になることを確認し，その取消請求の内容についてまで分析すべきである。後者は，判例でも問題になっておらず見落としがちであるが，ここまで丁寧に論じるべきである。

## 4　［設問 3］について

> 【出題趣旨】　［設問 3］については，①詐害行為たる財産分与は 2021 年 4 月 20 日，②主債務また保証債務の弁済期は 2021 年 5 月，③ 2000 万円を弁済したのは 2021 年 6 月であり，②で事前求償権 8000 万円，③で事後求償権 2000 万円が成立しているが，いずれも詐害行為後の債権である。そのため，被保全債権であるＤのＡに対する求償権には，詐害行為取消しが認められないのではないかという疑問がある。これを緩和するとしても，事前求償権にまで詐害行為取消権を認めるべきかも問題になる。

### (1)　取消権の認められる「債権者」

424 条 1 項は「債権者」としか規定されていない。しかし，私的自治の原則の例外として債務者の行為に対して干渉を認めるため，取消権を取得するのはその行為によって害された債権者に限られる。詐害行為前に債権が成立しており，詐害行為により害された債権者であることが必要になる。

そのため，改正前は，詐害行為前の債権者にのみ取消権が認められるものと考えられていた。ところが，本問では，ＤのＡに対する事前求償権 8000 万円（2021 年 5 月），事後求償権 2000 万円（2021 年 6 月）のいずれも詐害行為である財産分与（2021 年 4 月）の後に成立した債権である。そうするとＤには取消権が認められないかのようであるが，改正法はこの点を緩和した。すなわち，詐害行為前の「原因」に基づいて生じた債権に取消権を認めたのである（424 条 3 項）。

## (2) 保証人の求償権

　保証人が保証債務を負担した後に，主債務者が詐害行為をした場合，保証人は主債務者からの求償を保証契約時に期待していたのであり，求償権の「原因」は主債務者による保証委託の時に既に存在しており，424条3項が適用になる。この点，事後求償権2000万円についてはよいが，弁済期に成立した事前求償権8000万円（460条2号）についてまで取消権を認めるべきなのか解釈は分かれよう。

　事前求償権は，本来はいわゆる免責請求権として規定されるべきものであり，保証人が主債務者に対して弁済等をして保証人の責任を免責させるよう求める請求権である。自己の金銭債権の回収を求める権利ではなく，それは事後求償権についてのみ考えられるものである。実際に事後求償権が成立したならば，424条の3によりそれ以前の詐害行為も取消しできる。議論のないところであり——代位権にもあてはまる議論——，あくまでも事前求償権という金銭債権として構成した形式を重視して，取消権を認めることも考えられる。

　**【答案作成についてのコメント】** 本問については，詐害行為後の債権でも，改正法では424条3項によって「原因」が詐害行為前にあれば取消権が認められる点を確認する。条文をあげるだけでなく，どうしてそのような扱いが必要なのか趣旨も説明することが好ましい。その上で，2000万円の事後求償権だけでなく，8000万円——事後求償権成立により6000万円に減少——の事前求償権にも取消権が認められるべきなのかについても言及すべきである。問題自体に気が付けば合格であり，いずれの立場で論じてもらってもよい。

## 5　[設問4] について

　**【出題趣旨】** [設問4] では，Hは甲不動産について売買契約をして特定物債権を取得していたが，その後に，AがBに甲不動産を財産分与で与えてしまったために，177条により履行不能となり塡補賠償請求権を取得した（415条2項1号）。この場合に，HがAのBに対する財産分与を詐害行為として取消しができるのかを論じてもらう問題である。ところで，問題文にCまで挙げられていることに疑問を持った者がいると思われる。一般債権者は177条の「第三者」ではなく，Hが甲不動産を購入したため，甲不動産はAの財産ではなくなり，これが財産分与によりBに与えられても，害されるのは先に購入していたHだけで，Cは害されておらず詐害行為取消権は認められないのではないかという疑問がある。そのため，Cが詐害行為取消しを認められるとしたならば，その法的説明が必要になる。

## (1)　Hについて

### (a)　177条の対抗関係・塡補賠償請求権の取得　　HとBは，甲不動産につい

て二重譲渡の対抗関係に立ち，Bに特に背信的悪意といった事情がない本件では，先に所有権移転登記を受けたBが，甲不動産を取得できる（177条）。この結果，Hの甲不動産についての引渡し・所有権移転登記を受ける債権（特定物債権）は履行不能になり，HはAに対して塡補賠償請求権を取得する（415条2項1号）。ところが，Hは未だ代金を支払っていないため，代金債務と賠償請求権との相殺により差額だけ支払う，または，契約解除をして塡補賠償請求権（545条4項）を代金債務を免れた分を損益相殺した上で行使するだけである。相殺の意思表示または契約解除をしない限りは，甲不動産の価格相当額の塡補賠償請求権全額を有していることになる。

(b) **詐害行為前の債権**　塡補賠償請求権は，詐害行為たる財産分与の合意後にBに所有権移転登記がなされて初めて成立することになり，詐害行為後の債権である。しかし，先に見たように，債権の「原因」が詐害行為前にあればよい。本問では，既に所有権移転登記を受ける特定物債権が成立していたのであり，また，判例・学説によれば特定物債権と塡補賠償請求権は同一の債権がその内容を「転形」したものに過ぎず（同一債権説），詐害行為前の債権であるといえる。

そのため，Hは塡補賠償請求権の金額につき詐害行為取消請求ができることになる。なお，Cが所有権移転登記の抹消登記請求ができると考える立場でも，HはAに所有権移転登記を戻した上で自己への所有権移転登記を求めることはできない（最判昭53・10・5民集32巻7号1332頁）。責任財産を金銭債権者として保全したに過ぎず，特定債権の保全への転用事例ではないためである。

## (2) Cについて

(a) **Hによる甲不動産の取得の対抗を受ける**　CはAに対して8000万円の貸金債権があるので，詐害行為取消請求ができて当然のようにみえる。ところが，【事実】10が加わると微妙に事情が変わってくる。既に登記はないがHが甲不動産を購入していたので，Hが所有者になったことを（176条），登記なくして一般債権者Cには対抗できるので，もはや甲不動産はA所有ではなく，債権者Cの責任財産にはなっていなかったのである。

(b) **詐害行為取消しができる理由**　そうするともはや責任財産になっていない甲不動産が財産分与されても，一般債権者は害されていないとも考えられる。しかし，Cに詐害行為取消権を認める説明ができないわけではない。①まず，代

金支払もされず，引渡しも登記もされていないので所有権の移転が未だなくA所有だと考えることが可能である。②また，対抗問題として，先にBが所有権移転登記を受けたため，B以外の者との関係においてもA所有でありBに所有権が移転したと扱われる——BだけでなくBの債権者など主張する利益がある者すべてがBについての177条の適用を援用できる——ということも考えられる。

【答案作成についてのコメント】Hについては，詐害行為たる財産分与時は特定物債権であったが，Bへの所有権移転登記により履行不能になっている。原因たる財産分与を取り消すのであり，所有権移転登記を取り消すのではない。Hの債権は詐害行為前に特定物債権が成立しており，塡補賠償請求権の債権の同一性を保って変形しただけであることを論じればよい。責任財産保全のための取消しであり，Aに所有権移転登記を戻した上で自己への所有権移転登記を請求できないことも言及してよい。Cについては甲不動産を責任財産として主張できなくなっていたので，詐害行為取消しを認められないのではないかという疑問に対して答えてもらいたい。

4
詐害行為取消権

## ■ No.4 参考答案構成 ■

1　［設問1］について
　(1)　AのBに対する財産分与について
　　(a)　財産分与の内容
　　　①夫婦間の実質的共有部分の清算。
　　　②離婚後の生活保障金の支払。
　　　③慰謝料の支払。
　　(b)　詐害行為の成否
　　　①いずれの内容も適正なものならば詐害行為にならない。
　　　　ⓐ(a)①は責任財産ではない。
　　　　ⓑ(a)②③は債務の弁済行為。
　　　②しかし，不相当に過大な場合には過大な部分が詐害行為になる。
　(2)　詐害行為取消し請求の内容
　　(a)　本問へのあてはめ
　　　①財産分与としては2000万円程度が相当額。

69

ⓐ債務なしに代物弁済として財産分与がされた。

ⓑまたは，和解の効力で１億円の債務が成立しても（696条），これを詐害行為取消しができる。

②相当な財産分与の超過する8000万円が詐害行為取消しが可能である。

(b) **結論——ＣのＢに対してなしうる請求**

①甲不動産を取り戻すことはできない。超過部分のみが詐害行為だからである。

②8000万円の償金請求ができるに過ぎない。

③Ｃは自分への支払請求ができる。

## 2 ［設問2］小問(1)について

### (1) 保証人Ｄの無資力

①詐害行為になるには債務者の無資力が必要。

②保証債務を消極財産に算入すべきか。

　ⓐ主債務者が無資力の場合には求償できないので算入すべし。

　ⓑ保証人側に主債務者の無資力の証明責任あり。

　ⓒ本問では，Ｄは無資力といえる。

### (2) 抵当権付き不動産の抵当権者への代物弁済

①5000万円相当の不動産を4000万円の抵当権者に代物弁済している。

②差額の1000万円は一般担保となっている。

③1000万円については詐害行為になる。

④取消判決の効力は債務者にも及ぶので抵当権を復活させて現物返還を請求できるか。

⑤しかし，過大な代物弁済は超過額の返還請求に限定されている（424条の4）。1000万円の償金請求しかできない。

## 3 ［設問2］小問(2)について

### (1) 相続放棄について

①相続のような身分行為は他人に強制されるべきではない。

②積極的に債務者の財産を減少させる行為が詐害行為である。

③消極的にその増加を妨げるに過ぎない相続放棄は詐害行為に該当しない。

④以上より，相続放棄は詐害行為ではない。

### (2) 遺産分割について

(a) **詐害行為になる**　　Ｄは1/4の相続分を取得したのに，遺産分割により0になっている。

(b) **相続放棄との差**

①相続放棄はそもそも相続分を取得しなかったことになる。

②遺産分割は相続分の取得は否定されず，持分を無償譲渡したことになる。

(c) **遺産分割の詐害行為請求の内容**

①Dは乙不動産と預金の1/4の持分を，BとGにそれぞれ無償で譲渡したことになる。

②しかし，Gは1/2の法定相続分を有するので，利益を得ているのは本来1/4の相続分があったBだけである。

③そこで，受益者はBというべきであり，取消しにより預金はBDの1/2ずつの準共有となる。

## 4 ［設問3］について

(1) **Dの債権の確認**

①主債務の弁済期の2021年5月に，8000万円の事前求償権が成立（460条2号）。

②2021年6月に2000万円弁済したため事後求償権が成立（459条1項）。

(2) **財産分与の詐害行為取消しができるか**

(a) **改正法**　詐害行為前の「原因」に基づいて生じた債権に取消権を認めた（424条3項）。

(b) **あてはめ**

①事前求償権は実質的には免責請求権に過ぎず取消権を認めなくてよい。

②事後求償権について責任財産からの回収が必要なので取消権を認めるべきである。

③従って，2000万円分のみ取消しが可能。

## 5 ［設問4］について

(1) **Hの詐害行為取消権**

①財産分与前の債権であるが，特定物債権であった。

②財産分与特にBに所有権移転登記がされ履行不能となり，Hは塡補賠償請求権（545条4項）を取得する。

③ただし代金未払いなので相殺をして差額のみが問題になる。

④特定物債権と塡補賠償請求権は同一の債権である。

⑤Hには詐害行為取消権が認められる。

(2) **Cの詐害行為取消権**

(a) **問題点**

①甲不動産は既にHに売却されていた。

②一般債権者は177条の「第三者」に該当せず，甲不動産はCの債権の責

任財産にはなっていなかった。

③Cは甲不動産の財産分与について詐害行為を問題にできないのではないか。

（b）**検討**

①Bが先に登記をしたことによりBが甲不動産をAから承継取得したことになる。

②この効果は，Bの登記後は他の第三者にも及ぶべきである。

③この結果，Cは甲不動産はAの財産であったということを主張できる。

④Hは代金支払，引渡し，所有権移転登記のいずれもないので，所有権を取得していなかったともいえる。

⑤結論としては，CもAのBへの財産分与の詐害行為取消しができる。

以上

# No.5 多数当事者の債権関係

次の文章を読んで，後記の［**設問1**］，［**設問2**］，及び［**設問3**］に答えなさい。

## I

【事実】

1. Aは甲ヨット（中古）を所有しており，2020年4月15日，Bがこれを1000万円で購入する契約を締結した。ところが，ヨットの引渡し，また，代金の支払もなされないうちに，Bが同月20日に不慮の事故により死亡した。Bの相続人は成年の子CD兄弟の2人である。

2. CD兄弟はいずれもヨットを趣味としており，家族ぐるみでヨットで航海をしている。CDは協議した結果，甲ヨットについて，代金を500万円ずつ支払って共有とすることに決めた。そこで，CDがAと話し合い，同年5月10日にAに対してCDは連帯して1000万円を支払うことが合意された。

［**設問1**］【事実】1から2までを前提として，下記各問いに解答しなさい。なお，いずれの問いも別個の問いとして考え，また，船舶登記の点については考えなくてよい。

　⑴　2020年5月12日，Aはヨットで航行中に遭難し，たまたま別のヨットで通りかかったCに助けられたことから，同月14日にAはCに対して代金の支払を免除した。この場合に，Dは1000万円の支払義務を免れないのか，また，もし免れないとしたら1000万円を支払ったDのCへの求償はどうなるか。

　⑵　CはAに対して500万円の金銭債権を有しているが，ACいずれからも相殺の意思表示はされていない。Dは500万円の代金を提供して，Cの債務について相殺を援用して，甲ヨットの引渡しを求めたい。これは認められるか，理由を付して解答しなさい。

Ⅱ

【事実】1から2の後に，以下の事実があった。

【事実】

3. ＣＤが代金1000万円を支払って，Ａから甲ヨットの引渡しを受けた。引渡しを受けた後，ＣＤは，甲ヨットの使用については他の共有者の承諾を必要とする旨の合意をした。2020年6月1日，Ｃは，Ｄの承諾を得て，家族と共に甲ヨットを操縦してクルーズに出た。

4. その航行中，乙ヨットを2人で操縦していたＥＦの共同の過失により，乙ヨットが甲ヨットに衝突し甲ヨットは損傷した。衝突について，Ｃには過失はない。ＣＤは，修理業者Ｇに依頼して甲ヨットの修理をしてもらい，修理代は100万円になった。修理代は未だ支払われていない。

[設問2] 【事実】1から4までを前提として，以下の各問いに解答しなさい。

(1) Ｇは修理代100万円のＣＤに対する支払請求を考えているが，これが可能かどうか検討しなさい。

(2) ＣＤがＧに修理代を支払う前に，ＥはＣに50万円を賠償したとして，ＥのＦに対する求償について検討しなさい。

Ⅲ

【事実】1から2の後に，以下の事実があった。

【事実】

5. ＣＤが代金1000万円を支払って，Ａから甲ヨットの引渡しを受けた。ＣＤは，使用について合意をし，ＣＤが使用しない期間は他に賃貸して賃料を獲得することにした。

6. ＣＤは，Ｈ（株式会社）から1カ月間借りたいという申込みがあったため，Ｈに甲ヨットを2020年6月の1カ月間賃料20万円で賃貸することを，Ｈとの間で合意した。賃料またヨットの返還遅滞による遅延損害金の支払については，ＣＤの連帯債権とされることが約束されている。この合意に基づいて，ＣＤは甲ヨットをＨに引き渡した。

7. 1カ月後，Ｈは甲ヨットをＣＤに返還した。ＣＤが確認したところ，ヨットの船室内が損傷しており，ＣＤがＨに確認したところ，Ｈの従業員が誤っ

て損傷したことを認めた。ＣＤはこの損傷を修理し 10 万円がかかりＣＤは
これを折半して支払った上で，賃料と共にＣＤはＨに 30 万円の支払を求め
た。

8. しかし，Ｈは請求された 30 万円の支払をしない。同年 7 月 15 日に，Ｄが
死亡しＤの成年の子ＩとＪが共同相続をした。同月 27 日，ＣＩＪは甲ヨット
の塗装が古くなってきたため，塗装の塗り替えをすることを合意し，塗装業
者Ｋに塗装を依頼した。塗装代金は 20 万円とされ，ＣＩＪが連帯して支払う
ことが約束された。

9. Ｋは，同年 8 月 4 日，甲ヨットの塗装を終えこれをＣに引き渡した。Ｃは，
引渡しを受けた際にＫの代金受領権限ある従業員αに 20 万円を支払ったが，
これをＩＪに通知しなかった。αは受け取った代金を横領しＫに渡していな
かったため，Ｋは代金が支払われていないものと思い，同月 8 日にＪに連絡
をして代金の支払を求めた。

10. 同日Ｊは，ＣとＩに代金の支払の有無の確認するメールを送った。Ｉから
はすぐに支払っていない旨の返信があったが，Ｃからは翌日まで返信がな
かった。そのため，Ｊは，支払が遅滞してはいけないと思い，翌同月 9 日に
代金 20 万円をＫの指定した銀行口座に振り込んだ。


[設問 3] 【事実】1 から 2 及び 5 から 10 までを前提として，以下の各問いに
解答しなさい。

(1) Ｈに対する，① 20 万円の賃料債権，及び，② 10 万円の損害賠償請求権
について，ＣＩＪの権利関係について考察しなさい。

(2) ＣＩＪにおける支払った塗装代の求償，また，Ｋに対する不当利得返還
請求をめぐる法律関係について検討しなさい。

## ◯ 言及すべき点及び論点 ◯

1 [設問1] 小問(1)について
(1) 連帯債務における免除の絶対効
 ①連帯特約の認定（重要度C）
 ②免除は相対効（重要度A）
 ③不訴求の合意ではなく本当の免除（重要度B）
(2) 連帯債務者間の求償
 ①連帯債務者間の求償の要件（重要度A）
 ②連帯債務ではなくなりDの単独債務になり，求償の要件（共同の免責）要件を充たさない（重要度B）
 ③442条の求償権は成立しないが，445条で求償ができる（重要度A）
 ④441条但書の相対効の原則に対する例外の意思表示の認定（重要度A）

2 [設問1] 小問(2)について
(1) 他の連帯債務者の相殺権の援用
 ①相殺権はない（重要度A）
 ②相殺できる分につき拒絶できるに過ぎない（重要度A）
 ③Dは500万円を支払い残りの500万円はCの相殺権を援用して拒絶できる（重要度B）
(2) Aの相殺権の代位行使
 ①AはDの500万円の提供では甲ヨットの引渡しを拒絶できる（重要度B）
 ②Dは1000万円を提供しないとAの同時履行の抗弁権を阻止できない（重要度B）
 ③Dによる引渡請求権を保全するためのAの相殺権の代位行使（重要度B）

3 [設問2] 小問(1)について
(1) 分割主義の原則（重要度B）
(2) 連帯特約はされていない（重要度B）
(3) 不可分的利益の対価は不可分
 ①共同賃借人については判例あり（重要度B）
 ②本件にも適用になるのか（重要度A）

4 [設問2] 小問(2)について
(1) 共同不法行為者の損害賠償義務

 ①719条1項前段の共同不法行為（重要度B）
 ②不真正連帯債務概念は改正後も認められるか（重要度A）
(2) 共同不法行為者間の求償
 (a) 求償の可否・要件
 ①不真正連帯債務でも求償可能（重要度A）
 ②負担部分は過失割合による（重要度B）
 ③自己の負担割合を超えた賠償をした場合に，その超えた金額のみ求償できる（重要度A）
 (b) 本問について
 ①EFは100万円について連帯して賠償義務を負う（重要度A）
 ②Eが50万円賠償してもFに求償できないのが原則（重要度B）
 ③CDは分割債権であり，それにつきEFが連帯しているに過ぎない（重要度B）

5 [設問3] 小問(1)について
(1) 賃料債務について
 ①CDの連帯特約があり連帯債権になる（重要度B）
 ②CDとも全額の請求ができる（重要度B）
 ③支払を受けたら他は分配請求権を持つ（重要度A）
(2) 損害賠償義務について
 ①持分侵害による損害賠償請求権（重要度B）
 ②分割主義の原則の確認（重要度B）
 ③連帯特約は損害賠償義務への効力
 ⓐ賃貸借契約上の義務ではない（重要度B）
 ⓑ原状回復義務だとすると契約上の義務になる可能性がある（重要度B）

6 [設問3] 小問(2)について
(1) 連帯特約あり（重要度D）
(2) CのKの従業員αへの弁済

①受領代理権はある（重要度 D）
②代理権濫用（重要度 A）
(3) Jの弁済
①443 条 2 項により有効になる（重要度
A）
②Iに求償権を持つのはだれか（重要度
A）

③JのCへの求償権（重要度 A）
④Kへの不当利得返還請求
ⓐCとJのいずれが取得するのか（重
要度 A）
ⓑKは横領により二重の利得を受け
ていない点について（重要度 A）

## 解説及び答案作成の指針

## 1 ［設問 1］小問(1)について

**【出題趣旨】** ［設問 1］小問(1)は，連帯債務において，債権者が債務者の 1 人に対してなした免除の効力が，改正法により相対効に変更されたことを確認してもらうと共に（441 条），全額弁済をした債務者が免除を受けた債務者へ求償することができることを確認し（445 条），本問ではその結論がよいのかどうかを検討してもらう問題である。

### (1) 連帯債務者の 1 人の免除の効力

(a) **改正前は絶対効** 改正前は，連帯債務者の 1 人の免除は絶対効であり（旧 437 条），本問にあてはめると，D は 500 万円の単独債務になり，500 万円を支払ってそれで C への求償もなくお終いである。

(ア) **絶対効の根拠 1――求償の循環の防止** 絶対効を認めないと，D が C に求償できないのは D に酷であり，他方で，C に 500 万円の求償を認めると，結局 C から A に再求償ができてしまい，求償の連鎖が起き無駄なので，初めから D から C への求償を生じないように，D は自分の負担する代金だけ支払えばよいことにしたのである――被害者側の過失における清算に似ている――。

(イ) **絶対効の根拠 2――相互保証の関係** 理論的にも，C D はそれぞれ 500 万円の代金債務を負担し，相互に他方の代金債務を連帯保証している相互保証の関係があり――C D それぞれ合計 1000 万円の連帯債務になる――，C の代金債務が免除で消えれば，D は C の代金債務 500 万円の保証債務から解放され，<u>自己の負担する代金 500 万円だけ支払えばよい</u>のである。

(b) **改正法は相対効にした** 改正法は，従前の連帯債務と不真正連帯債務とを区別する考えを抹殺しようという一部の学説の意図により，不真正連帯債務を

包摂できる連帯債務規定に変更し，合意でそれと異なる連帯債務とすることを認めればよいという考えで（441条但書参照），改正がなされた。絶対効を満足事由など最低限のものに限定し，また，求償要件も不真正連帯債務にあわせようとしたが，後者は審議中に挫折し一部弁済でも求償を認めることに変更された。この点で不真正連帯債務とは若干の齟齬が残された。

　不真正連帯債務が解釈論として認められるかどうかは後述するとして（☞4(2)），改正法は免除の絶対効の規定を削除したため，免除も原則通り相対効になった（441条本文）。そのため，Dは単独債務になったまま，Cの分の代金まで払わされる関係が続き，AはCを免除しつつもDから1000万円の支払を受けられることになる。

## (2) 求償について

### (a) 求償を認めた

　　(ア)　求償権の成立要件は充たしていない　　本問ではCが債務免除を受けたことにより，CDの連帯債務は解消され，Dだけの単独債務になった。それでもDが自分の代金500万円（1/2の持分取得の代金）の支払義務だけになればよいが，Cの代金分まで負担したまま単独債務になる。そのため，Dが1000万円を支払っても442条1項の求償権の要件である「共同の免責」をCに与えていない。Dが1000万円を支払ってもCには求償できない。しかし，本来Cに求償しえたのに，債権者Aの免除によりDが不利益を受けるのは不合理である。

　　(イ)　特別の求償権を認めた　　そのため，改正法は，442条1項の求償権の要件を充たしていないにもかかわらず，445条を新設し，DのCに対する特別の求償権を認めたのである。この結果，DはCに500万円求償できることになる。しかし，それはAの意思に反する。つまり，実際にはAはDに500万円しか請求しないはずである——Aの債権者による代位行使や差押えは別——。

### (b) 債権者の意思を尊重した解決

　　(ア)　不訴求の意思表示であれば相対効でよい　　AがDからは1000万円を回収しようというのならば，Cを免除したのではなくCと不訴求の合意をしたに過ぎない。Cの債務は自然債務になるだけで消滅はしていない。この場合には相対効の結論は不合理ではない。

　　(イ)　本当の免除の場合には別段の意思表示による　　しかし，本問のように，

Cを本当に究極的に免責するつもりの場合には，Dの債務はDの支払う500万円の代金債務だけにするつもりのはずである。民法もこのような事例を予想して，連帯債務の規定を最低限の従前の不真正連帯債務の効果にあわせて規定しつつ，<u>自由に異なる合意ができることにし，この特約により妥当な解決を図る</u>つもりである。すなわち，441条但書は「別段の意思」を表示した場合にはそれに従うことを認めている。

441条但書を適用し，Aによる別段の意思表示があったものと認めれば——500万円についてはDも免除する絶対的免除なのか，Cの免除の効力がDに及ぶ絶対効を認める意思表示なのかは措く——，Cの負担部分について絶対効が認められ，Dの債務は500万円になる。また，Dが500万円を支払ってもCへの求償権を認めるべきではない。

> **【答案作成についてのコメント】** 本問では，免除の絶対効について改正法で大きく変わったこと，しかし，別段の意思表示が可能なこと，本問では改正法規定を適用するのは不都合であり，別段の意思表示を認めて相対効によるのが適切なことを論じるべきである。

## 2　［設問1］小問(2)について

> **【出題趣旨】**　［設問1］小問(2)は，連帯債務者の1人につき債権者と相殺適状があるのに相殺がなされていない場合，他の連帯債務者がその相殺を援用できるか，改正法がどう規定をしたかを確認してもらい，その上で，その他の法的主張ができないか，債権者代位権の転用まで検討してもらう問題である。

### (1)　連帯債務者の1人との相殺適状

（a）　**改正前は議論があった**　　AC間には相殺適状があり，もし相殺がなされれば，その分他の連帯債務者の債務も消滅する（439条1項）。ところが，相殺適状があるが相殺がなされていない場合には，旧規定は他の連帯債務者が「相殺を援用することができる」と規定していた（旧436条2項）。この規定の解釈として，相殺まで認めるのか（**処分権説**），それとも抗弁権に止めるのか（**抗弁権説**）の対立があった。前者では，DはCの相殺を援用した上で，500万円を提供するならば，Aの同時履行の抗弁権を阻止できることになる。

（b）　**改正法は抗弁権説を採用**　　この点，判例はなく学説の議論だけであったが，改正法は抗弁権説を採用した（439条2項）。この結果，DはAによる1000万円の支払請求に対して，Cが500万円の相殺ができるため500万円について支

払を拒絶できるだけになった。拒絶権しか認められないので，DはAの同時履行の抗弁権を阻止するためには，自ら1000万円を調達してこれを提供しなければならないことになる。

## (2) 代位権の転用の可否

債権者代位権については，特定債権の保全への転用が認められており，423条の7は登記請求権について規定を置いたが，転用の一般規定の導入が断念されただけで，従前の転用を否定するつもりはない——423条1項が従前通り根拠になろうか——。その転用を認める判例の中に，同時履行の抗弁権の行使を阻止するために，共同相続人に対する売主の移転登記請求権を代位行使することを認めた判決がある（最判昭50・3・6民集29巻3号203頁）。

これと同様に，DはAに対する引渡請求権を保全するために，AのCに対する相殺権を代位行為を認めるべきであろうか。類似しているのでこれを認めることも考えられ，確かにその必要性はあるが，事例が異なる。上記判例の事例は代位行使しか考えられない事例であるが，本問ではDは1000万円全額を提供すれば，Aの同時履行の抗弁権を阻止することができるのである。代位権が私的自治の原則に対する例外であり，439条2項が私的自治の尊重という趣旨にあることを考えれば，代位権の転用をここに認めるのは否定すべきか。

> **【答案作成についてのコメント】**相殺適状があっても相殺をするか否かはその連帯債務者の自由として，他の連帯債務者には抗弁事由にとどめた改正法を確認した上で，代位権の転用を認めるべきかどうかを検討すべきである。

## 3 ［設問2］小問(1)について

> **【出題趣旨】**［設問2］小問(1)は，共有物の修理代債務について，共有者につき連帯特約がされていない場合に，分割債務になるのか，それとも，賃料についての判例の趣旨を及ぼして不可分債務と認めるのかを議論してもらう問題である。

## (1) 分割主義の原則

民法は，私的自治の原則の多数当事者の債権関係への投影として，自己の負担部分だけ債務を負う，自己の取分についてだけ債権を取得するものとして，分割されることを債権また債務についての原則とした（427条）。その例外は，①債権

ないし債務の「目的」が不可分な場合（428条，430条），及び，②連帯特約ないし法規定により連帯と扱われる連帯債務である（432条）。

　本問では，ＣＤの修理業者Ｇに対する修理代金債務には連帯特約はなく，また，100万円は性質上不可分ではなく，分割主義が適用になりそうである。

## (2)　賃料についての判例を応用できるか

　(a)　**賃料債務**についての判例　　共同賃借人の賃料債務は金銭という可分な給付を「目的」としているが，判例はこれを「性質上之を不可分債務」と認定している（大判大11・11・24民集1巻670頁）。「賃貸人との関係に於ては，各賃借人は目的物の全部に対する使用収益を為し得るの地位に在ればなり」と説明するだけである。その後，不動産の共同賃借人の，賃借物返還義務不履行による損害賠償義務についても不可分債務とされているが（大判昭8・7・29新聞3593号7頁），この事例では共同不法行為的な考慮を持ち込むことで説明がつく。他方，賃料については，不可分的利得の償還や不可分的利益の対価たる給付は，原則として「性質上」不可分債務となるという基準が提唱されている。

　(b)　**本問**について　　共同購入の場合の代金債務については，分割主義が適用になり分割債務になる。共同賃借人の債務とは何が異なるのであろうか。そして，本問ではいずれの理論があてはまるのであろうか。

　代金は各買主が取得する持分の対価であり，持分を取得後に初めて共有法理によって，各共有者が共有物全部を利用できるようになるなどの共有理論が適用になる。代金については未だ共有理論の適用はない。ところが，共有また賃借権などの準共有が適用されると，共有ないし準共有の理論が適用になり，不可分的に共有物ないし準共有財産から利益を受けられるようになる（249条参照）。共有物の保存も，共有者全員に不可分的な利益を与えることになる。

　判例も，共有の山林について看守を依頼した看守料支払義務についても不可分債務と認めている（大判昭7・6・8裁判例6民179頁）。そうすると，共有物の修理は全員に不可分的に利益を与えることになるため，判例をあてはめれば不可分債務になるものと思われる。ＧはＣＤのいずれに対しても100万円の修理代の支払を請求することができる。改正法は不可分債務について，意思表示による不可分を否定し，「債権の目的」が「性質上不可分」の場合に限定したが，従前の賃料債務についての判例を否定する趣旨はなく，解釈にまかせたものである。

**【答案作成についてのコメント】** 共有物の修理代金支払義務について，連帯特約がされていない場合に，分割主義の原則を適用するのか，それとも，賃料についての判例の趣旨を応用して不可分債務とできるのか，後者だとして改正法はこの点判例を否定するものではないということを議論すればよい。

## 4 ［設問2］ 小問(2)について

**【出題趣旨】** ［設問2］小問(2)においては，EFは共同不法行為者として，判例によれば損害賠償義務についていわゆる不真正連帯債務を負担することになる。他方，被害者は共有者CDでありその損害賠償請求権の関係も確認をした上で，不真正連帯債務における求償要件，改正法の規定（442条1項）の確認，そして，本問への適用について考えてもらう問題である。

### (1) 共同不法行為者の損害賠償義務

(a) **EFの責任**　EFは共同で乙ヨットを操縦し，両者の過失により甲ヨットに衝突しており，EFは719条1項前段の共同不法行為者として連帯して賠償義務を負う。この結果，EFは100万円全額を連帯して賠償する義務を負うが，甲ヨットはCDの共有であり誰にどのようにいくら賠償義務を負うのであろうか。次にみてみたい。

(b) **CDの損害賠償請求権**

㋐ **それぞれの持分権の侵害に過ぎない**　被害者は，甲ヨットの共有者CDであり，それぞれの持分権の侵害による損害が問題になり，修理費用100万円はCDの折半による負担なので50万円ずつの損害賠償請求権になるかのようである。そうすると，CDのそれぞれの50万円の損害賠償請求権につき，EFがそれぞれ50万円の連帯債務を負担することになる。

㋑ **しかし，損害は両者とも100万円？**　ただ［設問2］小問(1)でみたように，CDの最終的な負担は折半で50万円であるとしても，Gに対して100万円の不可分債務を負担している。そのため，CDがEFに対して100万円の不可分債権（ないし連帯債権）を取得するということも考えられないわけではない。

### (2) 求償について

(a) **不真正連帯債務と求償**　判例では，不真正連帯債務においては，本来他人の債務を弁済する保証債務ではなく，全部自分の賠償義務であるため——全部義務といって連帯債務と表現でも区別する主張もある——，本来は求償は認められないが，公平の観点から特別に解釈上求償を認めている（最判昭41・11・18

民集 20 巻 9 号 1886 頁，最判平 10・9・10 民集 52 巻 6 号 1493 頁）。しかし，判例は，特に理由の説明をしていない。また，自己の負担部分を超えた賠償をしたことが要件になり，また，その超えた金額のみが求償できるに過ぎない（最判平 3・10・25 民集 45 巻 7 号 1173 頁）。

(b) 改正法との関係

(ア) 負担部分を超えた出捐は求償の要件ではない　　改正法は，不真正連帯債務概念を否定して連帯債務規定に取り込むため，従来，不真正連帯債務について認められていた内容を連帯債務の基本規定とし，特約の認定により異なる扱いをすればよいという考えで立法をしようとした。しかし，求償については負担部分を超えた支払という従前の不真正連帯債務に適用される要件は導入せず，逆に負担部分を超えた出捐をしたことは必要がないことが明記された（442 条 1 項）。そのため，不真正連帯債務が問題となる事例では特約でこの適用を排除することはできないので，不真正連帯債務概念を認めて，442 条 1 項の適用を排除するしかなくなった。

(イ) 不真正連帯債務はどうなるか　　この点，規定上は不真正連帯債務概念を認めるか認めないかについて，改正法は改正前同様に何も言及しておらず，解釈にまかされている。これまでの議論を見ると，①不真正連帯債務概念を否定したものと解して，本問のような事例にも <u>442 条 1 項を適用する</u> 考えと，②これを肯定し，従前通り判例は妥当し，<u>本問の事例には 442 条 1 項は適用されず</u>に，負担部分を超えた賠償をすることを必要とする考えとが対立している。

(c) 本問ではどう考えるべきか

(ア) ＣＤの分割債権だとすると　　ＣＤそれぞれの 50 万円の分割債権だとすると，ＥがＣに 50 万円賠償したのは全額の賠償になり，上記いずれの考えでもＥはＦに 25 万円求償できることになる。残りのＤに対する 50 万円の賠償義務については，ＥＦが連帯して負ったままである。

(イ) ＣＤの不可分債権（連帯債権）だとすると　　これに対して，ＣＤはいずれもＥＦに対して 100 万円の損害賠償請求権を取得しているとすると，ＥはＣに対して 100 万円の賠償義務を負担しているので 50 万円の賠償では負担部分を超えた賠償にはならない。(b)(イ)の①説ではＥはＦに 25 万円求償できるが，②説では，いまだＦに対して 25 万円の求償権は認められないことになる。

【答案作成についてのコメント】本問については，改正法の下で不真正連帯債務概念を認めるか，それとの関連で本問に 442 条 1 項の適用を認めて自己の負担部分を超えた賠償を必要とするかを論じて，その上で，ＣＤの損害賠償債権の分析をしてあてはめを考えるべきである。かなり考えさせる問題であり，問題点に気が付いただけで合格である。

## 5 ［設問 3］小問(1)について

【出題趣旨】［設問 3］小問(1)は，賃料債権について反対債権の特約があるので連帯債権になるが，それが共同相続されたらどうなるか，また，共有物の損傷による損害賠償請求について，今回は既に修理代金は支払済みのため，分割債権になりそうであるが，契約上の連帯特約がここにも及ぶのかを考えてもらう問題である。

### (1) 賃料債権について

(a) 連帯特約あり　　改正前から解釈により認められていたが，連帯債務の裏返しで連帯債権という特約が可能である。債権者がバラバラに債権回収しなくて済むという利点もあるが，分配されない不利益・リスクの方が大きく，連帯債務が債権者側の事情で特約されるのに対して，連帯債権は債務者がバラバラに支払うのは面倒であり，誰か 1 人に支払えばよいという形にして債務者の便宜を図るためという意味が大きい。その趣旨であれば，分割債権としつつ，全員に全債権の弁済受領権を認める特約だけで目的を達することができ，現実の事例ではいずれなのかの認定は必要になる。しかし，本問では連帯債権と明記してあるので，連帯債権であることを前提に考えてもらってよい。

(b) 共同相続があるとどうなるか　　本問では賃料債権成立後に，Ｄが死亡しＩとＪが共同相続をしている。ＩＪの取得する連帯債権は共同相続によりどうなるのであろうか。

(ｱ) 連帯債務についての判例　　連帯債務については，例えばＡＢが 100 万円の連帯債務を負担していて，Ｂが亡くなりＣＤが共同相続したならば，判例によればＣＤは 50 万円ずつのＡとの連帯債務の関係になると考えられている（最判昭 34・6・19 民集 13 巻 6 号 757 頁）。100 万円の連帯債務者を 2 人としたのに，連帯債務者が共同相続により 3 人に増えることはなく，1 人分の連帯債務が共同相続により分割帰属することになる。

(ｲ) 連帯債権はどう考えるべきか　　本問の連帯債権はどうであろうか。連帯債務とパラレルに，ＩＪは 10 万円ずつの連帯債権を取得すると考えるべきであろうか。分割主義の理念を貫くとそうなるかもしれない。ただ分配されないリス

クを冒してまで，債務者の債権者の1人に支払えば足りるという利益を保障したことを考えると，債務者のこの利益を，相続という偶然事により奪ってよいのかは疑問になる。連帯債務とは異なり，ＣＩＪ全員が20万円の連帯債権のままという解決もありえないわけではない。

## (2) 損害賠償請求権について

(a) **特約がなければ分割債権**　甲ヨットの損傷による損害賠償請求権については，既に修理代金を支払っているので，ＣＤがそれぞれ10万円の損害につき5万円の損害賠償請求権を取得しており，Ｄの5万円の損害賠償請求権をＩＪが2万5000円ずつ相続していると考えることができる。

(b) **連帯債権特約が及ぶか**　ただ，本問では賃料と返還遅滞による損害賠償について連帯債権とする特約がされており，この2つは例示であり，賃貸借契約上の債権について，規定がされていない債権も含めて連帯債権とする特約の効力が及ぶと解釈する可能性はある。

まず，目的物につき賃借人は善管注意義務を負い，Ｈはその従業員の過失について利用補助者としての責任を負うことが考えられる。善管注意義務違反による損害賠償義務は415条1項の損害賠償義務であり，417条により金銭賠償義務となる。改正法は，621条において賃借人の過失による損傷についてのみ原状回復義務を認めている。本来，原状回復義務は付合せしめた物の撤去，損耗の回復など賃借人に違法性ないし帰責事由のない事例が本来念頭におかれていたが，過失による損傷事例も含められ——というかこの場合に限定された——，金銭賠償主義の原則に対する例外規定になった。

原状回復義務は賃貸借契約上の債権であり，契約上の賃借人Ｈが誰か1人支払えばよいという利益を保障する特約はこれに及ぶと考える可能性はある。賃貸人は，原状回復義務によらず金銭賠償を選択でき——賃貸人が修理業者に修理させる——，ここにもパラレルに連帯債権の特約が及ぶと考えることができる。

> 【**答案作成についてのコメント**】連帯債権についての特約の意味を探り，その趣旨からして，連帯債権者に共同相続があった場合にはどうなるのか，賃料だけでなく目的物損傷による損害賠償請求権にも及ぶのかどうかを検討すべきである。

## 6 ［設問3］小問(2)について

> **【出題趣旨】**　［設問3］小問(2)は，まずαの受領が代理権の濫用になるのでCのαへの弁済が有効なこと，また，その後のJの弁済が443条2項によりJにより有効とみなすことができることを確認し，その場合の効果を，CJ間の求償，Iへの求償そしてKに対する不当利得返還請求について検討してもらう問題である。最後のKに対する不当利得返還請求については，αが横領しているので利得がないのではないかという点にも言及が求められる。

### (1) Cの弁済について

　甲ヨットの共有者CIJは，共同でKに甲ヨットの塗装を依頼し，塗装代20万円について連帯して支払うことを約束しており，CIJは20万円の連帯債務を負担している。そのCが，Kの従業員で受領権限のあるαに20万円を支払ったので，これは有効になるはずである。しかし，αは代金横領の意図を有していたため，受領代理権の濫用が問題になる。この点，改正法は107条に規定を設け，Cがαの横領の意図について悪意または有過失でない限り，弁済の効力は否定されないことになる。

### (2) Jの弁済について

　(a)　**本来は無効**　連帯債務において弁済は絶対的効力事由であり，Cの弁済によりCIJの連帯債務は全て消滅する。そのため，Jがその後になした弁済は債務がないのになされたことになり，無効のはずである。そうすると，CからIJにそれぞれ5万円の求償ができ，JはCIに求償はできず，弁済が無効なのでKに対して20万円の不当利得返還請求——Kは善意なので703条による——をするしかない。

　(b)　**民法の特別規定**　この点，民法は，Jを保護する特別規定を設けている。即ち，連帯債務者の1人が弁済したのにそのことを他の連帯債務者に通知せず，弁済を知らずに——無過失は要件にはなっていない——他の連帯債務者が事前の通知をした上で弁済をした場合には，本来無効である自己の弁済を「有効であったものとみなすことができる」ことになっている（443条2項）。

　本問のJはこの要件を充たしている。そのため，JはCの弁済を無効とし，自分の弁済を有効とみなすこができる。しかし，その効果の内容については争いがある。この点を議論することが本問では求められている。

⑶ 443条2項の効果について

(a) **絶対的効果説**　この点，すべての者との関係で，Jの弁済が有効——Cの弁済が無効——になると考えるのが，**絶対的効果説**である。CはIJに求償できず，JがCIに求償できることになる。そして，Cの弁済が無効になるので，CがKに対して不当利得返還請求権を取得することになる。

KはCの請求に対して，αによる横領を理由に利得喪失の抗弁を主張することになる（703条）。ただし，利得喪失につきKに過失があったり，またはその従業員の横領のように，自己の引き受けるべきリスクの範囲内における利得喪失の場合にまで，利得喪失の抗弁を認めるべきなのかは疑問がある。

(b) **相対的効果説**　判例（大判昭7・9・30民集11巻2008頁）は，「当事者間の相対的関係に於てのみ第二の免責行為を有効なりしものとして求償関係を整理せしむるものなり」と「解するを以て妥当なり」と，443条2項の効果をCJ間に制限する。学説の多くもこの立場である。Cの弁済のJへの対抗不能にも似た制度として，最低限の例外に止めることになる。

この考え（**相対的効果説**）では，CJ間では，CからJへの求償はできず，JからCへの求償が可能になる。Iへの求償はCができることになるが，CJ間ではIに本来求償できるのはJであるため，CがIに求償できることを不当利得としてJはIの分もCに対して求償できることになる。Kへの返還請求であるが，Kとの関係では，Cの弁済は有効で，Jの弁済が無効になる。ところが，Jは自分の分5万円を負担しCから15万円を取り戻せるので損失はない。損失があるのは弁済がJ以外の者との関係では有効とされるCである。不当利得の因果関係は社会通念上の因果関係で足りるので，CにKに対する不当利得返還請求権を認めることは可能である。ただし，利得喪失の問題があることはここでも同じである。

> **【答案作成についてのコメント】**ここでは，Cの弁済について代理権濫用を論じた上で，443条2項の適用について，その効果をめぐって議論をすることが必要である。Kについては，従業員αによりその受け取った代金が横領されているため，利得の現存が問題となり，この点まで言及しておくことが望ましい。

## ■ No.5 参考答案構成 ■

1 ［設問1］ 小問(1)について

(1) 連帯債務者の1人の免除の効力

(a) 免除は相対効

①改正法は債務免除の絶対効を否定し相対効にした（441条本文）。

②Cは免除により債務を免れる。

③しかし，Dは1000万円の債務を負担したままである。連帯債務ではなく単独の債務になる。

(b) DのCへの求償

①Dは単独債務者になり，その1000万円の弁済はCについての共同の免責ではない。

②従って，442条1項のCに対する求償権の要件は充たしていない。

③しかし，自分の関わり知らない債権者による免除により，Dが求償できない不利益を負担するのは酷である。

④そのため，民法は445条により，DにCへの求償を認めた。

⑤ところが，それはAの意思に反する。

(2) 免除の効果についての特約

①そこで，再度，免除の効力について検討してみるべきである。

②AはDにはその負担する500万円しか支払請求をするつもりはないはずである。

③そこで，Aにつき，441条但書の別段の意思表示を認めるべきである。

④すなわち，AのCの免除はその負担部分についての絶対効を認める趣旨と解することができる。

⑤この結果，Dは500万円のみの債務となり，DからCへの求償も避けられる。

2 ［設問1］ 小問(2)について

(1) AC間の相殺

①AC間には相殺適状（505条1項）があり，相殺がされるとDの債務も500万円分消滅する（439条1項）。

②DはCの相殺を援用できるか。

③改正前は議論があったが，改正法はDに抗弁権を認めるにとどめた（439条2項）。

④この結果，Dは500万円の支払を拒絶し500万円のみ提供をすれば履行遅

滞の責任は免れる。

⑤しかし，Aの同時履行の抗弁権を阻止するには，1000万円を提供しなければならない。

(2) **Aの相殺権の代位行使**

①Dは500万円の提供では，Aの同時履行の抗弁権の対抗を受ける。

②AはCに対して相殺の意思表示をしていない。

③では，DはDに対する引渡請求権を保全するため，Aの相殺権を代位行使できると考えるべきか。

④否定すべきである。

　ⓐ439条2項は，抗弁権に止め，相殺をするかどうかの私的自治の尊重の趣旨である。

　ⓑDはそもそも1000万円の連帯債務を負担しており，全額の提供を要求しても酷ではない。

## 3 [設問2] 小問(1)について

(1) **分割主義の原則**

①民法は分割主義を原則としており（427条），例外を主張する者がその主張・証明責任を負う。

②Gは修理を引き受ける際にCDと修理代につき連帯特約をしていない。

③100万円の支払は可分である。

④以上より，CとDは50万円ずつの修理代債務を分割債務として負担することになりそうである。

(2) **不可分的利益の対価の支払である**

①ところが，共同賃借人の事例では，判例は賃料債務を不可分債務とする。

②賃料は金銭であり可分であり，その趣旨は不可分的な利益の対価であることに求められている。

③共有物の保存費用についても，共有者全員に不可分的に利益を与える。

④従って，Gの甲ヨットの修理代金債務もCDの不可分債務になる。

## 4 [設問2] 小問(2)について

(1) **共同不法行為者の損害賠償義務**

　(a) **EFの責任**

①EFは共同で乙ヨットを運航していて，EF両者の過失により甲ヨットに衝突させている。

②EFは719条1項前段の共同不法行為者になる。

③そのため，被害者に対してEFは連帯して損害賠償義務を負う。

(b) ＣＤの損害賠償請求権

①ＣＤはそれぞれ持分を有する甲ヨットを侵害されている。

②ＣＤのヨットの修理代債務は 100 万円の不可分債務である。

③しかし，ＣＤは負担を折半することになり，損害は 50 万円と考えられる。

④よって，ＣＤは，それぞれ 50 万円の損害賠償請求権を取得する。

⑤ＥＦは，ＣＤに対してそれぞれ 50 万円を連帯して賠償する義務を負う。

(2) ＥＦ間の求償

(a) 不真正連帯債務と求償

①改正法でも不真正連帯債務（全部義務）は認められるべきである。

②そして，442 条 1 項は不真正連帯債務への適用を否定すべきである。

③不真正連帯債務では，負担部分を超えた賠償をしてその超えた金額のみ求償できる。

(b) あてはめ

①ＥＦは共同で操縦しており過失割合により負担割合が決められ，これが不明であれば平等の負担となる。

②Ｅは，100 万円の賠償義務で 50 万円しか賠償していない。

③しかし，ＥはＣに対する 50 万円の賠償義務については全額を賠償している。

④従って，ＥはＦに 25 万円の求償が可能となる。


# 5 ［設問3］小問(1)について

(1) 賃料債権について

(a) ＣＤの賃料債権

①Ｈとの賃貸借契約によりＣＤの賃料債権は連帯債権とされている。

②結局は分配されるので，債権者側の連帯についての利益は大きくない。

③むしろ，連帯特約の趣旨は，債務者が債権者の 1 人に全額支払えるようにすることにある。

(b) ＣＩＪの賃料債権

①Ｄの連帯債権をＩＪが 1/2 の相続分で共同相続した。

②ＩＪは 1/2 の 10 万円ずつ連帯債権を取得するのであろうか。

③連帯債務の共同相続とは異なる。債務者の 1 人への弁済で済むという便宜を重視すべきである。

④ＣＩＪは 20 万円の連帯債権のままで，Ｈは誰に対してでも全額を支払える。

(2) 損害賠償義務について

(a) Ｈの責任

①Ｈは賃借物について善管注意義務を負う。

②Hはその従業員の過失について責任を負う（415 条 1 項）。

③賠償義務は金銭賠償による（417 条）。

④原状回復義務も認められる（621 条）。

(b) **損害賠償請求権の帰属**

①既に 10 万円の修理代が支払われている。

②CIJの持分に応じた分割債権になるのか。

③本件賃貸借契約における連帯特約の趣旨は，この損害賠償義務にも及ぶと考えるべきである。

④CIJの 10 万円の連帯債権としての損害賠償義務と考えるべきである。

6 ［設問3］ 小問(2)について

(1) **Cの弁済について**

①CIJは 20 万円の塗装代について連帯債務を負担。

②Cは，Kの受領権限ある従業員αに 20 万円を支払った。

③Kの従業員αは横領の意図があり，代理権濫用が問題になる。

④Cはαの横領の意図を知らずまた知り得なかったので，弁済は有効である（107 条）。

(2) **Jの弁済について**

①債務がないのになされたので無効な弁済のはずである。

②しかし，443 条 2 項が適用になる。

　ⓐCは弁済したことをIJに通知していない。

　ⓑJは事前にCIに確認をしてから弁済をしている。

③よって，Jは自分の弁済を有効とみなすことができる。

(3) **Jの弁済が有効とみなされる効果**

①CJ間では，Jの弁済が有効と扱われるに過ぎない（相対的効果説）。

②CJ間ではJがCに 10 万円求償できる。

③Iに対しては，Cが 5 万円求償できるに過ぎない。

④しかし，本来はCJ間ではIに求償できるのはJなので，JはIに求償できる 5 万円をCに請求できる。

⑤Kへの 20 万円の不当利得返還請求はCが取得する。

　ⓐJには損失はない。

　ⓑCのKへの弁済は有効であるが，Kが 20 万円の利得を受け，Cが 20 万円の損失を受けている。

　ⓒ不当利得の因果関係は社会通念上の因果関係があればよい。

以上

## No.6　保証債務

次の文章を読んで，後記の **[設問 1]**，**[設問 2]**，及び **[設問 3]** に答えなさい。

### I

【事実】

1. 食品の製造販売を業とする株式会社である A は，B により 2018 年 10 月に設立され，B がその株式を 100％保有し，代表取締役に就任し A の経営を開始した。B 以外の役員は，B の家族が名目上就任しているだけで，経営にはかかわっていない。

2. 2020 年 4 月，A は，食材の問屋業を営む会社である C から食材を継続的に仕入れることを合意した（以下，「本件取引」という）。本件契約は契約期間を 1 年とし，更新可能とされている。

3. 本件契約と同時に，本件取引により A が C に対して負担する代金債務につき，B が期限を定めることなく極度額 400 万円で C と連帯根保証契約を締結すると共に，B の兄 D が，B に頼まれて極度額 100 万円でやはり期限を定めず連帯根保証契約を締結した。いずれも書面が作成されている。

4. B は，A の事業もうまくいっているため，D に迷惑をかけることはないと思っていた。AC 間で本件取引は 2021 年 4 月にもう 1 年更新されたが，同年 5 月に，A はその生産している食品の原料の表示が間違っていたことから，製品の回収を命じられかなりの損害を生じた。

5. 本件取引の代金の支払は，週ごとに代金を決済していたが，同年 6 月の 2 週目に初めて代金が決済されなかったため，C は A に支払を催促した。これに対して，B は必ず代金は支払うので取引を継続してくれるよう頼みこみ，C は保証人が 2 人いることもあるので，取引を継続した。

6. ところが，翌週も代金の支払がなく，2021 年 6 月 24 日に，C は A に対する 2 週間分の代金債権 100 万円を，債権回収業を営む会社である E に譲渡し，C は本件譲渡を内容証明郵便により A に通知をし，これは翌日 A に配達さ

れた。B及びD宛てには譲渡通知はされていない。

7. その後も，AC間では本件取引に基づく食材の供給取引は続けられ，Aは新たにCに対して100万円の代金債務を負担し，これも支払われていない。

[設問1] 【事実】1から7までを前提として，EによるDに対する，EがCから譲渡を受けた100万円の代金債権の支払請求につき，Dからの反論も踏まえて検討しなさい。本件取引の更新に際して，CがDから根保証を継続することについて，書面により同意を得ていた場合と，同意を得ていなかった場合とを考えなさい。また，DがEに100万円を支払った場合の，Bに対する求償についても検討しなさい。

Ⅱ
【事実】1の後に，以下の事実があった。
【事実】

8. 2021年1月，Aは食品生産のため，Fに甲機械を特注で製造してもらった。製造代金200万円の支払は同年7月末とされた。Fは，Aに対して保証人を2人立てることを求め，Bは，兄Dに頼んで連帯保証人になってもらうと共に，妻の父親Gに頼んで連帯保証人になってもらった。いずれも書面で連帯保証の約束がなされている。

9. Aが甲機械の引渡しを受けて使用してみたところ，操作中にときどき不具合が起き，機械が突然停止する事態が起きることに気が付いた。そのため，AはFに連絡をして確認をしてもらったが，部品の不具合が原因であることが判明した。

10. Fが部品の交換をするなど修理を試みたが，結局不具合は改善されなかった。その後も，Fは修理を試みたがこれ以上は無理であるとして，それ以上の修理を拒否した。突然停止することはなくなったが，生産能力が契約通りではないままであり，Aはやむを得ず甲機械をそのまま使用している。

11. この話を聞きつけ，DはFに対してクレームを述べ，保証債務を免責するように迫った。Fは，保証人がもう1人いることから，これに応じてDの保証債務を免除した。

12. Aは，修理中甲機械が製造に使用できなかったことから，営業上の収入

減による損害を 50 万円程度受けている。また，機械は性能に問題があるため 20 万円程度は代金の減額を求めることができる。

[設問 2] 【事実】1 及び 8 から 12 までを前提として，7 月末の代金支払期日が到来した場合に，F の保証人 G に対する 200 万円の代金の支払請求に対して，G はどのような法的主張ができるか検討しなさい。

## Ⅲ

【事実】1 の後に，以下の事実があった。

【事実】

13. 2020 年 1 月，A は，100％出資の子会社としてタピオカミルクティー専門の飲食店舗を経営する H を設立し，B がその代表取締役を兼任することになった。H は，その営業資金として，同年 4 月，I 信用金庫から 200 万円の融資を受け，本件債務について A 及び B が連帯保証をした。

14. しかし，すでにタピオカブームは下火になっており，H の経営する店舗は，開店当初から経営不振が続いた。同年 6 月の返済期日に，I は H が借入金の支払をしないため，H を被告として訴訟手続きを取り，H が何ら争わなかったため H に支払を命じる判決が出され，これが確定した。

15. その後も，H は借入金の返済ができず，結局は閉店してしまい，法人も借金を残したまま解散した。法人の解散また清算に際しては，A は I に対して，親会社として必ず責任をとるという約束をした。ところが，A も支払をすることなく，判決確定から 5 年が経過した。

[設問 3] 【事実】1 及び 13 から 15 までを前提として，I による A 及び B に対する法的請求について，A 及び B からの反論も踏まえて検討しなさい。

## ○ 言及すべき点及び論点 ○

**1 [設問1] 前段について**
(1) 個人根保証の要件
①極度額の設定（重要度B）
②確定期日の設定（重要度C）
③書面による合意（重要度A）
(2) 債権譲渡について
①主債務者には通知がされている（重要度A）
②保証人への通知の要否
　ⓐ随伴性による移転（重要度B）
　ⓑ随伴性による移転への467条の適用（重要度B）
(3) Dの抗弁
(a) 根保証の期間（重要度B）
①AC間の契約期間が保証についての期間の合意にもなるか（重要度B）
②根保証の更新には書面が必要か（重要度B）
(b) 根保証の法的性質──確定時の将来債務の保証か（重要度A）

**2 [設問1] 後段について**
(1) 共同保証人間の求償（重要度A）
(2) 確定前の求償についての要件（重要度B）
(3) 個人経営者への求償
①法人と一体として全面的負担か（重要度B）
②黙示の特約（重要度B）

**3 [設問2] について**
(1) 他の連帯保証人の免除
①免除の絶対効（重要度A）
②504条の適用（重要度A）
(2) Aの抗弁の援用
①保証人は主債務者の主張しうる事由を援用できる（重要度A）
②50万円について相殺を抗弁としうる（重要度A）
③20万円について
　ⓐ代金減額──相殺規定の類推適用（重要度B）
　ⓑ損害賠償請求権を認めて相殺の抗弁（重要度B）

**4 [設問3] について**
(1) 債務免除
①付従性による保証債務の消滅（重要度B）
②Aにつき独立債務の負担（重要度B）
③ABにつき不訴求の合意（重要度B）
(2) 法人解散
①主債務の消滅（重要度B）
②保証債務の存続（重要度B）
(3) 消滅時効
①確定判決により時効期間は長期化（重要度B）
②保証債務への効力（重要度A）

## 解説及び答案作成の指針

## 1 [設問1] 前段について

**【出題趣旨】** [設問1] 前段は，まず個人根保証の有効要件を確認した上で，根保証とはどういうものなのか，即ち確定前に保証債務が成立していて，確定前に被担保債権が譲渡されたならば保証債務も随伴して移転するのか，債権譲渡につき保証人へも譲渡通知が必要なのかを検討してもらう問題である。

⑴ 個人根保証の有効要件

　Eは，CからAに対する100万円の代金債権の譲渡を受けており，Dの保証債務もその随伴性によりEに移転したことを主張し，Dに対して保証債務の履行を請求することになる。そのためには，Eは，保証債権（保証債務）の成立を主張・立証する必要があり，個人根保証の有効要件が充たされていることが必要である。

　①まずは保証一般の要件として書面の作成が必要であり（446条2項），②次に個人根保証の有効要件として極度額が設定されていることが必要になる（465条の2第2項）。この点，本問ではいずれも充たされている。③Dの根保証の確定期日（保証期間）については，定められていないが，貸金等根保証でなければ465条の3は適用にならないので問題にならない。

　以上より，Dの根保証契約が有効に成立したことが認定できる。

⑵ 根保証の内容──確定前に個別保証債務が成立しているか

　⒜ 2つの根保証　　次に，Dは，根保証の内容を争う法律上の主張をして，Eの請求を拒絶することが考えられる。根保証契約にも次の2つが考えられ，本問のAD間の根保証は❷に分類されると主張するのである。

　❶ 継続的保証（個別保証集積型）　　まず，主債務が発生するごとにそれに対応する個別保証債務が成立し，確定によりそれ以降は保証債務が成立しなくなるという内容の根保証契約がある。この根保証では，債権者は確定前でも保証債務が成立しているためその履行を請求でき，また，主債務について債権譲渡がされると，保証債務も随伴して移転することになる。

　❷ 狭義の根保証（根抵当権類似型）　　他方で，根抵当権（398条の2以下）と同様に，確定時の将来債務の担保であり，確定までは保証債務は成立しておらず，確定の時に存在していた主債務に対応する保証債務が成立するという内容の根保証契約も考えられる。この場合，確定までは保証債務は成立していないので，確定前には保証人に履行請求はできず，主債務について債権譲渡があると根保証の対象からはずされることになる。

　⒝ 判例は個別保証集積型と推定　　最判平24・12・14民集66巻12号3559頁は❶の継続的保証と推定すべきであるとした。「根保証契約を締結した当事者は，通常，主たる債務の範囲に含まれる個別の債務が発生すれば保証人がこれをその

都度保証し，当該債務の弁済期が到来すれば，当該根保証契約に定める元本確定期日（……）前であっても，保証人に対してその保証債務の履行を求めることができるものとして契約を締結し，被保証債権が譲渡された場合には保証債権もこれに随伴して移転することを前提としているものと解するのが合理的である」という。判例の事例は事業者根保証であるが，一般論として述べられている。

そうすると，Dが反証をあげない限り，本問でも❶と認定されることになる。

### (3) 根保証契約の期間について

(a) **AD間には期間の合意がある**　継続的保証だとしても，Dからは確定後の債務であり保証の対象外であるという主張がだされることが考えられる。

本問では，AD間の根保証契約の期間（確定期日）は定められていないが，主債務を発生させるAB間の継続的供給契約については1年という期間が定められている。そのため，根保証も同じ1年という期間が黙示的に合意されており，本件取引の更新に際して，Dが書面により更新後も保証人としての責任を負うことを認める同意をしていない限り，1年の経過により根保証は確定したと考える余地がある。もしそのように考えることができるのであれば，Eに譲渡された債権はその後の契約によるものなので，Dの根保証の対象ではないことになる。

(b) **根保証契約の契約解釈の問題である**　大判昭9・6・9裁判例8民142頁は，継続的供給契約上の債務の保証につき，その定められた1年分の債務を保証したに過ぎないとした。その後，最判平9・11・13判時1633号81頁は，賃貸保証が更新後の賃料についても及ぶことを認めている。正当事由がないと賃貸人が更新拒絶できないという事情もあるが，上記判決が根拠にしている根拠は，賃料という形で債務額が確定していること，及び，実務上賃貸借は更新するのが普通であり更新後の債務も保証するというのが「当事者の通常の合理的意思に合致する」ということである。

では，本問ではどう考えるべきであろうか。保証人の立場も考慮すべきであり，Bは経営者として更新後も責任を負う趣旨であるといえるが，Dは1年ならばと思っていたかもしれない。また，主債務も賃料のような定額ではない。しかし特別の事情がないと更新されるであろうと予測していたともいえる。肯定・否定いずれの評価も可能である。

## ⑷ 債権譲渡の対抗要件

更新後の債務について保証人の責任が認められるとしても，Eは債権の譲渡を受けているため，Dが債権譲渡についての対抗要件不具備の抗弁を主張することが考えられる。

債権譲渡には債務者に対する対抗要件が必要になるが（467条1項），Cは譲渡通知を主債務者Aに対してのみ行っている。そのため，Dは法律上の議論として，保証人がいる場合には保証人にも譲渡通知が必要だという主張をすることが考えられる。

しかし，保証債務に対応する債権は譲渡により移転しているのではなく，随伴性により移転しており467条の直接適用はない。また，類推適用の必要性もない。なぜならば，保証人は弁済前に主債務者に対する確認を義務づけられるため（463条1項参照），主債務者にのみ通知を要求しておけば十分だからである。従って，Dによる債権譲渡の対抗要件不具備の主張は認められない。

> 【答案作成についてのコメント】本問では，個人根保証の有効要件充足を確認した上で，確定前に保証債務が成立していて，債権譲渡に随伴して移転するのかを検討する。付随的な論点として，根保証の保証期間の点——本件取引で当初予定されていた1年に限定するか否かは両論ありえるのでいずれで書いてもよい——，また，主債務者への譲渡通知以外に保証人への譲渡通知が必要なのかも検討するならばさらに良い。

## 2 ［設問1］後段について

> 【出題趣旨】［設問1］後段は，共同保証人間の求償について，これが認められていること，またその要件について確認し，根保証の確定前であり，また，個人会社の経営者が共同保証人になっている場合の特殊性も含めて検討することも求められている。

## ⑴ 共同保証人間の求償権

**(a) 共同保証人間の求償を認めた——その根拠** 共同保証人の1人が保証債務を履行すれば，その保証人は主債務者に対して求償権を取得する（461条）。しかし，保証人が履行するような状況である以上，主債務者への求償は期待できない。そうすると，共同保証人の中で弁済をした者が，主債務者からの求償不能のリスクを一身に負担することになり，公平ではない。そのため，民法は，共同保証人間に求償権を認めて，<u>共同保証人が公平に負担を分かつようにした</u>（465条1項）。共同保証人の誰が弁済しても，主債務者からの求償不能のリスクを共同保

証人間で公平に負担させたのである。

### (b) 共同保証人間の求償の要件

**❶ 全額の支払義務の負担**　　共同保証人間の求償権が認められるためには，まず主債務が不可分であるかまたは各共同保証人が全額の弁済をすべき旨の特約があることが要件になる。後者には，保証連帯の場合だけでなく，連帯保証の場合も含むものと考えられている。

**❷ 負担部分を超えた弁済をしたこと**　　そして，全額または自己の負担部分を超えた額の弁済をしたことが必要である（465 条 1 項）。「自己の負担部分」がどう決められるのかについては，何も規定されていない。保証人間で自由に決められるが，受けた利益によるのが公平である。それが不明な場合は平等ということになる。

## (2) 本問について

### (a) 共同根保証である

**❶ 極度額を考慮すべき**　　本問の特殊性は，まず共同根保証であることである。確定前でも保証債務が成立する個別保証集積型の事例でなければならないが，極度額が B 400 万円対 C 100 万円とされており，負担を覚悟した金額が異なる点は考慮して，4 対 1 の負担割合と考えるべきである。

**❷ 確定前の求償**　　また，確定前であるため最終的母数が分からない──ちなみに確定後は債権が複数あっても合計額を基準として考えるべきである──。465 条は根保証を考えて規定されてはいないので，確定まで待たせることなく，問題の債務ごとに考えてよいものと思われる。そうすると，100 万円の債務について 4/5 について B に求償ができ，80 万円の求償権が認められるべきである。

### (b) 個人保証の経営者保証である　　次に，受ける利益という点を考えると，B と D とでは全く異なっている。B は A の経営者として，A が融資を受けることにより利益を受けるが，D にはそのような事情はない。更にいえば，法人格否認が認められるほどの個人企業であるならば，A＝B とでもいうべき法律関係である。実質的には保証人は D 1 人とさえいってもよい。このことから，解釈により B に 100％の負担部分を認める，または，B が 100％負担する黙示の特約──B が D に保証人になることを依頼する際には，絶対に迷惑をかけないからといった説明をしているのが普通──を認めることが考えられる。そうすると，D は B に

対して 100％ ＝ 100 万円全額の求償が可能となる。

**【答案作成についてのコメント】** ＢＤ間の求償については，まず民法の共同保証人間の求償規定を確認した上で，根保証の特殊性，更には経営者保証ということを考慮した解決をはかるべきである。少なくともそのことを意識した解決をしようとする姿勢を見せることが必要である。


## 3 ［設問 2］について

**【出題趣旨】** ［設問 2］は，共同保証人の 1 人が債権者により免除を受けた場合における，他の共同保証人の保護について考えてもらう問題である。また，あわせて保証人が主債務者の主張できる事由を援用できることを，担保責任について検討してもらう問題である。

### (1) 共同保証人の 1 人の免除

(a) **問題点** 先にみたように，共同保証においては，主債務者からの求償不能のリスクにつき，共同保証人間に求償権を認めることにより公平な負担が保障されている。ところが，債権者が，共同保証人の 1 人を免除すると，自己の関わり知らない一事により，残された保証人が不利益を受けることになる。というのは，もはや共同保証人がいなくなるため，連帯保証の 442 条 1 項と同様に，共同の免責をさせたわけではなく，共同保証人間の求償権が認められなくなるのである。

類似の事例としては，担保負担者間の弁済者代位につき，債権者が抵当権や保証人を免除することにより代位の期待を害することになるため，残された保証人や物上保証人らは免責を受けることになる（504 条）。ところが，465 条に関しては，504 条のような免責制度による共同保証人の保護は用意されていない。

(b) **共同保証人の保護**

(ア) **改正前** 改正前は，連帯債務について免除の絶対効が認められていたため（旧 437 条），この規定を共同保証人間に適用（流用ないし転用）して，残された共同保証人の保護を図ることができないかが検討された。しかし，判例は，この点，共同保証人間に連帯関係──いわゆる保証連帯──がなければ，旧 437 条は共同保証人間には適用されないとして，共同保証人の保護を否定した（最判昭 43・11・15 民集 22 巻 12 号 2649 頁）。

(イ) **改正法** 改正法は，旧 437 条を削除し，連帯債務における免除の絶対効を否定した。類推適用ないし転用を考えていた頼みの綱もなくなったのである。

万策尽き，ウルトラＣ級の解決として504条の類推適用をしなければならなくなったのであろうか。そうではなく，改正法に弁済者代位の規定に従前の通説を明文化する規定が置かれ，それにより容易に解決が可能になったのである。

弁済者代位について，501条2項括弧書は共同保証人間においても弁済者代位——債権者が他の共同保証人に対して有する保証債権の代位取得——ができると認め，被保全債権を主債務者に対する求償権ではなく，共同保証人間の465条1項の求償権にしたのである。

いずれにせよ，弁済者代位ができるのであるから，504条は改正前から直接適用できたのである。この結果，Ｇの保証債務は，ＤＧ間の負担部分が平等であるとすると，100万円免責され，100万円の保証債務になる。

### (2) 主債務者の抗弁の援用

(a) **主債務者の権利**　ＦＡ間の製作物供給契約——請負と分類しておく——において引き渡された甲機械に不適合があったため，注文者Ａは請負人Ｆに対して担保責任を追及することができる（559条，562条以下）。

担保責任に基づいて，ＡはＦに対して修理を求めることができるが（559条，562条），Ｆがこれ以上は修理できないと拒否をしている。そのため，直ちに代金減額請求が可能である（559条，563条2項2号）。代金減額請求権は形成権であり，この行使により追完請求権と代金減額の選択関係であったのが，代金減額の効力が発生し追完請求権は消滅——いわば一部解除——することになる。また，実は選択肢は2つではなく3つであり，買主は修補に代わる損害賠償請求権も取得する（559条，564条）。この3つの権利が，不適合のある目的物の給付がなされると同時に成立するのか，売主の追完権保障のため，催告して相当期間経過などの時点で初めて成立するのか——損害賠償請求権は同時履行の抗弁権（533条括弧書）が認められるので既に成立していると考えられる——などは問題になる。

(b) **保証人による援用**　保証人は，主債務者が主張できる抗弁をもって債権者に対抗でき（457条2項），ただ相殺権，取消権また解除権については，それにより主債務者が債務を免れるべき限度において，履行を拒絶できるだけである（同3項）。代金債務との関係であるが，不適合が軽微でなければ，修補との同時履行の抗弁権を主張でき，損害賠償請求権については，相殺と同時履行の抗弁権を主張できる。

収入減による損害 50 万円は修補に代わる損害賠償請求権ではないので，相殺を援用して支払を拒絶することができるだけである。他方で，代金減額 20 万円については，相殺の抗弁のように，主債務者が代金減額請求をできることを抗弁として援用することも可能である（457 条 3 項類推適用）。この結果，①504 条により 100 万円に保証債務自体が減額され，②残された 100 万円の保証債務についても合計 70 万円（50 万円＋20 万円）は支払を拒絶でき，G は残りの 30 万円を支払えばよいことになる。

【答案作成についてのコメント】共同保証人の 1 人が免除されたことの問題点をまず確認して，G の保護について検討をする。改正法では弁済者代位が確認的に規定されたので，504 条による免責を論じるべきである。その上で，残った 100 万円の保証債務について，主債務者が持つ損害賠償請求権や代金減額請求権について，主債務者の主張できる事由を援用できることを論じるべきである。

## 4 ［設問 3］について

【出題趣旨】［設問 3］は，主債務の確定債務化の保証債務への効力，また，主債務者の免除，主債務者の解散による法人格の消滅，これらの保証債務への効力を検討してもらう問題である。

### ⑴ H の解散・法人格の消滅

(a) **問題点**　H が解散して法人が消滅すれば，H に帰属していた権利・義務は清算された上で消滅する。そうすると，付従性により保証債務も消滅しそうである。こうして，まず，A B は，付従性による保証債務の消滅を援用することが考えられる。しかし，まさにそのようなときのための保証であり，主債務者が倒産して，物上保証人の設定した抵当権や保証債務が付従性で消滅するということは，債権者の想定していないことである。しかし，結論はそうだとしても，法人は消滅してしまっているので，どう保証債務の存続を説明するのかが問題になる。

(b) **支払約束をした A について**　まず，支払約束をした A については，主債務者を免除する際に保証人が必ず支払うことを約束した事例についての判例が参考になる。最判昭 46・10・26 民集 25 巻 7 号 1019 頁は，「免除部分を含む債務全額につき X に対しその履行をなすべき債務を負担する旨の意思表示をしたものと解しうべく，また右意思表示の効力を否定すべき理由も存しない」，「主たる債務につき免除があった部分につき付従性を有しない独立の債務を負担するに至ったものというべく，同人が負担していた連帯保証債務は右の限度においてその性質

を変じた」という。Ａについては，この理論が当てはまる。

(c) Ｂについて——学説の状況　　最判平 15・3・14 民集 57 巻 3 号 286 頁は，「会社が破産宣告を受けた後破産終結決定がされて会社の法人格が消滅した場合には，これにより会社の負担していた債務も消滅するものと解すべきであり，この場合，もはや存在しない債務について時効による消滅を観念する余地はない」と判示している。主債務が残っていると主債務の時効が問題になるが，主債務は消滅しているのでその時効は問題にできないというのである。それにもかかわらず，付従性により保証債務が消滅しないことが前提になっているが，その理論的な説明はされていない（既に，大判大 11・7・17 民集 1 巻 460 頁）。

学説は，法人は残債務の主体たる範囲で法人格が存続し，保証債務は存続すると考える立場が有力である。しかし，判例のように主債務の消滅を認めつつ，保証債務の存続を認める立場もある。保証債務はいざというときには独立債務に形を変えて存続するものと考えることになる。いずれにせよ，ＡＢの付従性による保証債務の消滅の主張は認められない。

## (2)　保証債務の消滅時効の援用

(a) 完成猶予・更新についてのみ規定あり（457 条 1 項）　　主債務者 H については確定判決があり，5 年の時効期間（166 条 1 項 1 号）が，確定債権として 10 年の時効期間に変更された（169 条 1 項）。しかし，保証人ＡＢは被告にはなっておらず，保証債務に対応する保証債権については確定債権化されていない。そうすると，時効の完成猶予また更新は，相対効が原則であり（153 条 1 項〜3 項），規定はないが確定債権化も同様である。主債務についての時効の完成猶予及び更新については，相対効の原則に対する例外として保証債務にも及ぶことが規定されている（457 条 1 項）。ところが，確定債権化はそこに列挙されていないため（2017 年改正法も同様），その時点から再進行したＡＢの保証債務の時効期間は 5 年のまま，5 年の経過により完成していることになりそうである。そこで，ＡＢは，保証債務の時効を援用することが考えられる。

(b) 457 条 1 項の趣旨より解釈により保証債務も確定債権化　　しかし，最判昭 43・10・17 判時 540 号 34 頁は，「457 条 1 項は，主たる債務が時効によって消滅する前に保証債務が時効によって消滅することを防ぐための規定であり，もっぱら主たる債務の履行を担保することを目的とする保証債務の付従性に基づくも

のであると解されるところ，民法 174 条の 2〔旧法。改正 169 条〕の規定によっ
て主たる債務者の債務の短期消滅時効期間が 10 年に延長せられるときは，これ
に応じて保証人の債務の消滅時効期間も同じく 10 年に変ずるものと解するのが
相当である」と判示する。

　被担保債権が残っているのに，そのための担保だけ独立して先に消滅すること
を認めないという趣旨が 457 条 1 項にはあり，これは抵当権についての 396 条の
趣旨でもある。判例の解決はいわば 457 条 1 項の類推適用であり，学説にも異論
はない。そうすると，ＡＢは 10 年過ぎなければ保証債務の時効を援用することは
できず，Ｉの請求は認められることになる。

　【答案作成についてのコメント】本問については，主債務者が法人であり法人が解散して消滅したら
　　保証債務はどうなるか，また，主債務が確定債権化した場合に，その効力は保証債務にも及ぶのか
　　ということを論じるべきである。

6

保証債務

## ■ No.6 参考答案構成 ■

1 ［設問1］前段について
 (1) 根保証契約は有効か
   ①Eが有効に債権譲渡を受けられるためには，Dの根保証が有効なことが必要である。
   ②書面はある（446条2項）。
   ③個人による根保証である。
    ⓐ極度額の設定があるので有効である（465条の2第2項参照）。
    ⓑ期間の定めは必要ではない。465条の3も適用にならない。
    ⓒ賃金等債務の保証ではないので，保証意思宣明証書は不要である（465条の6）。
 (2) 確定前に保証債務は成立しているか
   ①根抵当権のように確定時の債務を保証する根保証もある。
   ②他方で，主債務が発生するごとに保証債務が個別に発生する根保証もある。
   ③確定前に保証債務付きで債権譲渡ができるのは②でなければならない。
   ④民法にはいずれと推定する規定はなく，契約解釈によって解決されるべきである。
   ⑤当事者の合理的な意思としては，②の合意と考えるべきである（判例）。
   ⑥従って，EはDの保証債務付きで債権を取得できる。
 (3) 根保証の期間満了による確定
   ①保証については期間の合意はないが，AC間の供給契約は1年と期間が合意されている。
   ②ところが，AC間の契約は更新され，Eが取得した債権は更新後のものである。
   ③では，Dの根保証もAC間の取引の1年と合意されていると考えるべきか。
   ④経営者Bとは異なり，取引が続く限り責任を負う意思はDにはない。
   ⑤Dは1年だと思って根保証をしたと考えるべきである。
   ⑥そうすると，書面により根保証も更新することを承認していない限り，Dの根保証は確定している。
   ⑦EがDの保証債務を担保として取得できるのは，Dが書面で更新の同意をしている場合に限られる。

2 ［設問1］後段について
 (1) 共同保証人間の求償権が認められる

①主債務者からの求償不能のリスクを共同保証人間に公平に負担させるべきである。

②そのため，民法は弁済した保証人に他の保証人への求償権を認めた（465条1項）。

③公平の観点から認められた特別の権利であり，要件は2つである。

ⓐ各保証人が全額弁済すべき特約が必要であり，連帯保証も含まれる。

ⓑそして，自分の負担部分を超えた弁済をしたことである。

(2) **本問ではどう考えるか**

(a) **確定前の根保証である**

①総額は確定しなければ分からないので，とりあえず問題の債務ごとに求償を認めるべきである。

②負担部分については公平の観点から考え，極度額を基準とすべきである。

(b) **Bは個人会社の経営者保証人であること**

①しかし，BはAの個人経営者であり，Aが融資を受けることにより利益を受けている。

②DはBの兄に過ぎず，Aの経営には無関係である。

③公平の観点から，Bが100％負担すべきである。

④BはDに依頼する際に迷惑をかけないと説明していれば，上記のような負担部分の合意と認められる。

⑤Dは100万円を支払ったならば，AだけでなくBにも全額の求償が可能である。

## 3 ［設問2］について

(1) **FによるCの債務免除による免責**

(a) **共同保証人間の求償権がなくなる**

①Gは200万円を支払ったならばDに100万円の求償ができたはずである（465条1項）。

②ところが，Dが免除されるとGが単独保証人になる。

③その後にGが弁済しても，共同保証人ではないので，Dに求償できない。

(b) **Gの保護の必要性**

①Gは主債務者Aからの回収不能のリスクは100万円のみと考えていた。

②ところが，自分の関わり知らない債権者Fの行為により，全面的な負担にさせられるのは酷である。

③Gを保護する必要がある。

(c) **G保護の方法**

①2017年改正法以前は，旧437条（連帯債務の免除の絶対効の限定）の適

用が議論されていた。

②しかし，旧437条は削除されている。

③ＤＧ間では，501条2項括弧書により弁済者代位が可能。

 ⓐ物上保証人は保証人に対する債権を代位取得でき保証債権も代位の対象になりうる。

 ⓑ被保全債権が共同保証人に対する求償権になるという特則があるに過ぎない。

④そうすると，ＦのＤに対する免除によりＧは保証債務につき100万円を免責される（504条）。

(2) 主債務者の抗弁の援用

 (a) 保証人は主債務者の主張できる抗弁を援用できる（457条2項）

 (b) 主債務者ＡのＦに対する権利

  ①Ｆが拒絶はしているが履行不能ではないので修補請求できる（559条，562条）。

  ②Ａは修補まで代金の支払を拒絶できる。信義則上軽微かどうかは微妙。

  ③Ｆが拒絶はしているので，即時に代金減額請求ができる（559条，563条2項2号）。

  ④更に損害賠償請求もできる（559条，564条）。

   ⓐ収入減による損害50万円の賠償請求が可能（416条1項）。

   ⓑ修補に代わる20万円の損害賠償請求も可能（416条1項2号）。

 (c) 保証人Ｇの権利

  ①修補がされるまで免責を受けた残額100万円の支払を拒絶できる。

  ②損害賠償できる20万円について533条括弧書より同時履行の抗弁権を対抗できる。

  ③50万円の損害賠償請求権について主債務者が相殺しうるため支払を拒絶できる（457条3項）。代金減額にも類推適用してよい。

4 ［設問3］について

(1) Ｈの法人格消滅による主債務の消滅

 (a) 付従性による保証債務消滅の主張

  ①Ｈは解散し法人格を失っている。もはや債務の帰属主体にはなりえない。

  ②主債務が消滅し，付従性により保証債務は消滅するのか。

 (b) Ａについて

  ①Ａは必ず自社が責任をもって支払うことを約束している。

  ②このことによりＡは付従性のない独立した債務を負担したと考えるべきである（判例）。

③従って独立債務なので，主債務者Hが解散しても影響はない。

(c) Bについて

①BはHの解散に際して独立債務を負担する約束をしていない。

②しかし，そもそも保証債務は初めからこのような事態のための債務として約束されている。

③従って，保証債務自体本質的に危機的事態において独立債務として存続することを本質としていると解される。

④H解散後もBの保証債務は主債務なしに存続する（判例）。

(2) **消滅時効の援用について**

(a) **時効の完成猶予及び更新**

①主債務について訴訟提起・判決の確定により，完成猶予・更新の効力が生じている（147条1項2項）。

②その効力は保証債務にも及ぶ（457条1項）。

(b) **確定債権化について**

①IのHに対する債権は確定債権化している（169条1項）。

②457条1項は完成猶予と更新についてしか規定していない。

③では，保証債務には主債務の確定債権化の効力は及ばず5年の経過で時効が完成しているのか。

④しかし，担保だけ時効により消滅することを否定する趣旨が457条1項には認められる。

⑤396条も同趣旨である。その趣旨は確定債権化にも及ぶ。

⑥Aの独立債務も含め確定債権化の効力は，ABの保証債務に及ぶと解すべきである（判例）。

⑦以上より，AB共に自己の保証債務（独立債務）の時効の援用は認められない。

以上

## No.7　債権譲渡

次の文章を読んで，後記の［設問1］，［設問2］，及び［設問3］に答えなさい。

### I

以下の事実があった。

【事実】

1. A（株式会社）は土地と共にその地上の甲建物（5階建て鉄筋コンクリート）を所有しており，2020年4月1日，甲建物を，B（株式会社）に同年4月から2年間と定めて賃貸した（以下，「本件賃貸借」という）。賃料は月200万円とされ，前月末の支払と約束されている。

2. Aは，同年5月15日に，4000万円の借入金のあるC（株式会社）に，本件賃貸借の5月末支払日の6月分の賃料から1年8カ月分の賃料債権を譲渡し（以下，「本件債権譲渡」という），AからBに対して本件債権譲渡につき，内容証明郵便により同日の日付で譲渡通知が出され，翌日にこれはBに配達された。譲渡通知には，翌6月分の賃料からは，Cの口座に賃料を振り込むよう指示がされている。

3. 本件賃貸借においては，Bから求められて，賃料債権の譲渡また質入れを禁止する条項（以下，「譲渡禁止特約」という）が置かれている。Cは，本件債権譲渡に際して，Aから賃貸借契約書のコピーを受け取って読んでおり，譲渡禁止特約が付けられていることを知っていた。しかし，Cは民法改正で譲渡禁止はできなくなったと聞いていたため，譲渡を受けたものであった。

4. Bは，譲渡禁止特約があるので，譲渡通知を受けたにもかかわらず，6月分の賃料をAの従前の口座に振り込んだ。これに対して，CはBに対しては異議を述べ，7月分からはCの指定口座に振り込むよう求めた。

5. 同年6月下旬，Aに対し2000万円の金銭債権を有するDは，AのBに対する賃料債権を2000万円にみつるまで支払を受けるために差し押さえてきた（民事執行法151条）。差押通知は，AまたBに到達した。DがAの債権

者としてBに対して7月分の賃料の支払を求めたため，Bは7月分の賃料
をDに支払った。

[設問1] 【事実】1から5までを前提として，本件賃貸借における6月分の
賃料，7月分の賃料，更に，8月以降の賃料について，Cは，ABまたDに
対してどのような法的主張をすることができるか検討しなさい。

Ⅱ
【事実】1及び3の後に，以下の事実があった。【事実】4～5は考えなくて
よい。
【事実】
6. Aは，Cへの本件債権譲渡と同日の5月15日に，2000万円の借入金のあ
るE（株式会社）に，5月末を支払期日とする6月分の賃料から1年4カ月
分の賃料債権を譲渡し，AからBに対してEへの債権譲渡につき，同日の
日付の内容証明郵便により譲渡通知が出され，これは翌日にBにCへの譲
渡通知と共に配達された。2つの譲渡通知は引受時刻証明が残されており，
その時刻は同一である。
7. Eも，本件賃貸借には賃料債権につき譲渡禁止特約があることを知ってい
た。Bは，Cから6月分の賃料の請求を受けたため，Eへの譲渡通知も受け
ていたが，Cが先に自分が譲り受けたと主張するので，Cに6月分の賃料
200万円を支払った。
8. Eは，二重譲渡の事実また6月分の賃料が既にCに支払われた事実を知り，
Bに対して7月分からは必ず自分に支払うよう求めた。これに対して，Bが，
Eは譲渡禁止を知っていたことを理由に拒絶をしたため，Eは再度，Bに対
して7月以降はAに賃料を支払うよう求めた。
9. しかし，Bは，7月分の賃料をCに支払った。そのため，Eは，内容証明
郵便により，Bに対して7月分の賃料を自分に支払うこと，また，8月分以
降の賃料は必ず自分に支払うことを求めた。そのため，Bは，8月分の賃料
から毎月の賃料を供託所に供託をしている。

[設問2] 【事実】1から3及び6から9までを前提として，本件賃貸借にお

ける，7月分の賃料についてのEのBまたCに対する請求が認められるか，また，Bが供託をした8月分以降の賃料について，CEの差押えが競合した場合の法律関係について検討しなさい。

Ⅲ

【事実】1及び3の後に，以下の事実があった。【事実】4〜9は考えなくてよい。

【事実】

10．Bは，6月分の賃料からCに賃料を支払っている。Bは事業を縮小するため，甲建物での営業を取りやめることにしたが，将来また事業状況がよくなればまた甲建物での事業を再開することを考えて，同年7月に，甲建物をF（株式会社）に2年の期間でもって月額賃料22万円で同年8月から賃貸（転貸）する契約を締結した。

11．BF間の賃貸借契約には賃料（転貸料）債権の譲渡禁止特約は付けられていない。Bは事業資金を獲得するために，G（信用金庫）から，1000万円の融資を受け，その担保としてBのFに対する9月以降の賃料債権2年分を譲渡する約束をした。

12．BのGに対する賃料債権譲渡については，BからFに内容証明郵便により譲渡通知がなされ，これは翌日に到達した。この譲渡通知には，GによるFへの譲渡担保権の実行通知がなされるまでは，Bが賃料の受領権を付与することが付記されている。

13．9月の賃料分から，Fは，債権者Gに対する債務となったが受領権限が認められたBに賃料の支払をしている。他方，同年12月の賃料からBがCに賃料の支払を滞納するようになった。

14．2021年1月にBはGに対して借入金の返済ができず，GはFに対して譲渡担保権の実行通知をして，2月分の賃料からは自分に支払うよう求めた。

[設問3]　【事実】1から3及び10から14までを前提として，GによるFに対する譲渡担保権の実行通知前の既払い転貸料と実行通知後の未払い転貸料とに分けて，Cが，BF間の転貸借契約における転貸料債権について，BF及びGに対してどのような法的主張をすることができるか検討しなさい。

## ◯ 言及すべき点及び論点 ◯

1 ［設問1］について
(1) 将来債権の譲渡
　①将来債権譲渡の有効性（重要度A）
　②将来債権譲渡の構成（重要度C）
　③将来債権譲渡の対抗要件（重要度A）
(2) 譲渡禁止特約について
　①譲渡禁止特約の効力
　　ⓐ債権的効力はある・債権者固定の利益（重要度A）
　　ⓑ物権的効力はなく，悪意の譲受人も債権取得（重要度A）
　②悪意の譲受人について
　　ⓐ債務者の履行拒絶権（重要度A）
　　ⓑ譲渡人を債権者とみなす権利（重要度A）
　　ⓒ譲受人の権利——譲渡人への支払請求権とその効果（重要度A）
(3) 劣後する差押債権者との関係
　(a) 対抗関係
　　①債権譲渡が優先する（重要度B）
　　②債務者は悪意の譲受人への拒絶権あり（重要度B）
　(b) 差押債権者に対する権利
　　①差押債権者には譲渡禁止の効力は及ばない（重要度B）
　　②差押債権者への弁済は譲渡人への支払と同視されるか（重要度B）

2 ［設問2］について
(1) 債権の二重譲渡の優劣
　①対抗要件は何か（重要度A）
　②証書の日付と到達のいずれが基準か（重要度A）
(2) 優劣決定ができない場合
　①譲受人間では優劣は決められない（重要度A）
　②いずれもそれ以外の第三者また債務者には対抗できる（重要度A）
　③債務者はいずれに支払っても免責される（重要度B）
　④支払後の分配請求権（重要度B）
(3) 供託金について
　①供託の有効性
　②差押えが競合した場合の法律関係

3 ［設問3］について
(1) 転貸料債権への効力
　①613条の直接訴権（重要度B）
　②314条の先取特権（重要度B）
(2) 転借人の主張しうる権利
　①悪意の譲受人への拒絶権（重要度B）
　②譲渡人Aに支払えるのか（重要度B）
(3) 転貸料債権の譲受人との関係
　①613条の直接訴権との対抗関係（重要度B）
　②314条の先取特権との対抗関係（重要度A）

---

## 解説及び答案作成の指針

## 1　［設問1］について

【出題趣旨】　［設問1］は，譲渡禁止特約付きの債権が譲渡された場合の法律関係について考えてもらう問題である。あわせて将来債権の譲渡について，有効性また対抗要件具備について確認をすることが求められている。基本的には改正法に規定が置かれているので，その確認をしてもらい，残された問題について検討することも求められている。

(1) 将来債権譲渡の有効性・対抗要件具備

(a) 有効性　AがCに譲渡したのは，AのBに対する将来の賃料債権である。将来の債権を発生前に予め譲渡することができることは，既に改正前から解釈により認められており，改正法はこれを明記した（466条の6第1項）。しかし，将来債権が有効なことを明記しただけで，有効になるための要件については明記せず，解釈に委ねられている。

　かつて判例により，特定の基準が定められていること，発生の確実性，また，それほど遠い将来の債権ではないことといった3つの要件が設定されていたが（最判昭53・12・15判時916号25頁），この点はその後に変更され，特定に必要な基準が設定されていればよいことになった（最判平11・1・29民集53巻1号151頁）。必要ならば公序良俗違反（90条）で規制すればよいことになっている。この判決は，改正後も先例価値が認められる。

(b) 対抗要件具備──譲渡の法的構成　また，未だ発生していない債権を発生前に譲渡する意味は，先に包括的に対抗要件を具備しておくことにある（467条1項括弧書）。対抗要件具備も，将来債権譲渡の法的構成の理解により異なる。

　❶　個別債権の譲渡　467条1項また2項の債務者また第三者に対する対抗要件は，当初の包括的な債権譲渡──集合物は1つの物とされるが，集合債権は1つの債権とはされない──により，包括的な対抗要件具備が認められる。個々の債権は，将来発生すると同時に移転するが，その移転につき仮登記のように先に順位保全が認められるのである。

　❷　個別債権の発生の元となる権利の譲渡　他方，債権を発生させる源となる権利を想定してその移転を認める考えもあり，その元になる権利が譲受人に移転しているため，譲受人の下で個々の債権が発生していくことになる。従って，将来個別債権の移転ではなく，その発生の元となる権利の譲渡について対抗要件具備を認めることになる。

　判例は明確ではなく，最判平13・11・22民集55巻6号1056頁は，「将来生ずべき債権を一括して……する……譲渡について第三者対抗要件を具備するためには，指名債権譲渡の対抗要件（民法467条2項）の方法によることができる」というだけである（❷ではないといえる）。改正法も「発生した債権を当然に取得する」と規定するだけで（466条の6第2項），この点は解釈にまかされている。

(c) 本問へのあてはめ　本問では，甲建物の賃料で6月分の賃料から1年8

カ月分と特定されているので，特定性の要件を充たしている。そして，特に公序良俗に違反している事情は認められない。従って，本件債権譲渡は有効である。また，内容証明郵便により債権譲渡通知がされており，第三者また債務者対抗要件は具備されている（467条1項，2項）。

## (2) 譲渡禁止特約

(a) **物権的効力はない**　ところが，本件債権譲渡の対象である賃料債権については，ＡＢ間の賃貸借契約において，債権譲渡を禁止する条項が規定されており，Ａはこれに違反して債権譲渡をしたのであり，債務不履行をしていることになる。しかし，譲渡の効力については，改正法により劇的な変更が加えられた。

(ア) **改正前は物権的効力説**　改正前は，物権法定主義が適用になる所有権とは異なり，債権についてはその債権者にしか帰属しえない——相続性は否定されない——債権も合意で創造することができると考えられていた（物権的効力説）。そのため，譲渡がされても，物権的には無効であり，ただ取引安全のために特約の対抗不能という形で譲受人を保護していたに過ぎない（旧466条2項）。

(イ) **債権的効力説に変更**　ところが，改正法は，債権の給付内容については契約自由の原則（521条2項）があてはまるが，財産権の「帰属」またその処分については，帰属する者が自由にできるのが物権に限らず原則であり，債権的拘束力が認められるに過ぎないという考え（債権的効力説）に転換した。即ち譲渡禁止特約があっても，譲渡の効力には影響はないと規定された（466条2項）。この結果，Ｃは悪意であろうと有効に賃料債権を取得することになる。

(b) **譲受人が悪意の場合**

(ア) **債務者の受領拒絶権・譲渡人を債権者とする事由の対抗**　ところが，債務者の債権者を固定する利益を保護するために，改正法は，譲受人が譲渡禁止条項を知っていたかまたは重大な過失により知らなかった場合（悪意または善意重過失）には，債務者に2つの主張を認める。

❶ **履行拒絶権**　まず，債務者は，「譲受人その他の第三者に対して」その債務の履行を拒むことができる。譲受人の悪意または重過失は，債務者に証明責任がある。

❷ **譲渡人を債権者とする事由の対抗**　また，譲渡人に対する弁済その他の債務を消滅させる事由を，債務者その他の第三者に「対抗することができる」

ことにした（466 条 3 項）。譲渡人に弁済するだけでなく，譲渡人から免除を受ける，譲渡人と和解をする，混同，更には譲渡人の権利不行使により時効が完成する——譲受人は拒絶権の対抗を受けるが時効完成猶予措置は取れるというべきか——などの主張ができる。

　従って，B が，譲渡禁止特約の存在を知っていた C の請求を拒んで，A に 6 月分の賃料を支払ったのは有効である。

　　(イ)　**譲受人の権利——譲渡人への支払請求権**　　しかし，譲受人が悪意でも債権譲渡の効力は生じているので，もはや譲渡人が自己への履行請求をすることはできない。他方で，譲受人も自己への履行請求ができない。そうすると，債務者は誰にも支払わなくてよい状況になる。いわばデッドロックの状態に陥ることになる。

　そこで，改正法は，このデッドロックの状態を解消するために，譲受人に債務者に対して譲渡人への履行請求を認めた。即ち，譲受人は，債務者に対して，相当期間を定めて譲渡人への履行を請求することができ，その期間内に履行がなかったならば，債務者の 466 条 3 項の履行拒絶権・譲渡人を債権者とする事由の対抗といった効果が認められなくなるのである（466 条 4 項）。

　　(c)　**本問**について

　　(ア)　**6 月分の賃料**　　本問では，C が譲渡禁止条項を知っていたため，B は C の賃料の支払請求を拒絶して，A に支払うことができる。従って，A に支払った 6 月分の賃料債務については，弁済により消滅しており，C は，A に対して不当利得返還請求をするしかない。

　　(イ)　**7 月分の賃料**　　次に 7 月分の賃料であるが，B は，A の差押債権者 D に支払っている。これは有効であろうか。D は A の債権者として，A の債権について取立権また受領権を有している。そうすると，D への支払は A への支払と同視されそうであるが，他方で，C は第三者対抗要件を具備しているので（467 条 2 項），C は D に対しては，A の債権ではなく自己の債権であることを対抗できるのである。

　2 つの扱いを両立させることは可能である。B の D への弁済は有効であり，B は 7 月分の賃料の支払義務を免れる。しかし，C は D に対抗できるので，D に対して受け取った賃料を不当利得として返還請求ができると考えられる。466 条 3 項も，A の債権ではなく，C の債権であることの B への対抗まで否定するもので

はなく，債務者に特別の拒絶権そして譲渡人へのいわば弁済権——譲渡人には取立権・受領権はない——を認めているに過ぎないのである。

　　(ウ)　**8月分以降の賃料**　　では，8月分以降の賃料についてはどう考えるべきであろうか。CはBにより6月・7月分の支払を拒絶されているので，466条4項の催告をすることができる。では，この催告について，各月の賃料について466条4項の催告をする必要があるのか，それとも，一度催告すればそれ以降の各月の賃料についても効力が及ぶのであろうか。毎月催告させるのは煩雑であり，一度包括的に催告しておけば，毎月催告をしなくても，支払期日から相当期間を経過しても譲渡人に支払がなされなければ，466条3項の適用が否定されることになると考えられる。Bは毎月Dに支払うことも考えられるが，Dは受け取ってもCに対して不当利得返還義務を負うことになる。

　　また，Cの催告には相当期間が具体的に定められていないが，催告解除（541条）における催告同様に，その催告を無効にする必要はなく，取引通念上相当期間を経過したならば，466条4項の効果が生じると考えられる。

> **【答案作成についてのコメント】** 本問では，将来債権の譲渡が可能なこと，対抗要件を包括的に具備しうることを確認した上で，譲渡禁止特約について議論すべきである。この点，改正法によりかなり法的扱いが変わったので，改正法の知識の確認が中心となる。差押債権者との関係は応用になり，また，466条4項の催告について，包括的に行うことが許されるのかも言及することが好ましい。

## 2　[設問2] について

> **【出題趣旨】** [設問2] は，債権の二重譲渡における優劣決定の基準について，優劣決定ができない場合の法律関係，更に譲渡禁止特約がありいずれの譲受人も悪意である場合についての扱いを考えてもらう問題である。前者は典型論点であるが，後者を加味して応用問題を考える能力を試すことが意図されている。

### (1)　債権譲渡の優劣決定

　(a)　**確定日付ある証書を要求**

　　(ア)　**本来は裁判所による通知が必要**　　同一の債権について債権譲渡が重複して行われた場合，その優劣は確定日付ある証書により決められることになっている（467条2項）。民法の債権譲渡の対抗規定は，フランス民法の当初規定——2016年改正で変更されている——を参考にしたものであるが，当時のフランス民法の規定では，債権譲渡は裁判所の執達吏により債務者に配達してもらうことが「第三者」（債務者も含む）対抗要件とされていた。申立ができるのは譲受人であ

り，受付の際に債権譲渡の有無は裁判所によりチェックされ，通知到達は執達吏が日時を記録するので，いくつも譲渡通知があっても執達吏の配達記録記載の日時の先後により優劣が決められる。

　(イ)　**日本民法は大きく緩和した**　　日本民法は，裁判所による譲渡通知制度とはせず，譲渡の事実の裁判所によるチェックが入らないため譲受人による通知は認めていない。譲渡人により確定日付ある証書によりなすことを必要としつつ（467条2項），債務者に対する対抗については要件を緩和していかなる方式でもよいことにしている（467条1項）。本来は通知の債務者への到達の日付を要求し，証書の日付の先後により形式的に優劣を決定できるようにするつもりであったのである。この点は改正による変更はない。

　(b)　**優劣決定の基準**　　上記のごまかせないように到達日付を確定するという確定日付ある証書を要求した趣旨からは，配達された日時が証書に記載され，証書の記載だけで形式的に簡単に優劣が決定されるはずであった。そのためには，<u>証書により到達日付が確定される</u>ことが前提条件である。

　ところが，公正証書で公証人に譲渡通知書を作成してもらう場合，作成の日付は記載してもらえるが，その後の配達される日付を書き入れることはできない。そのため判例はこの点を妥協し，<u>証書の日付は作成日付でもよく</u>，作成日付の付された証書——到達の日付はない——による譲渡通知も467条2項の通知として有効とした（大連判大3・12・22民録20輯1146頁）。その結果，作成日付の付された証書でも第三者対抗要件を充たすことになったが，到達の先後を譲渡通知の書面により決めることはできないことになった。

　そのため，改めて優劣は別に証書の日付を離れて，その実際の到達の先後で決めるものとされた（最判昭49・3・7民集28巻2号174頁）。<u>この点は，改正法による変更はない</u>。

## (2)　**優劣決定ができない場合**

　(a)　**優劣を決定できない**　　証書の日付ではなく到達の先後により優劣が決められるため，CとEへの譲渡通知は同時に到達しているため，優劣が決められない。そのため，<u>CEは相互に対抗できないが，債務者及びそれ以外の第三者にはいずれも対抗できる</u>という，複雑な法律関係になる。連帯債権のように2つの債権が併存するのではなく，処分の対象である債権は物の処分同様に1つであり，

同一次元に2つの債権があるのとは異なる法律関係である。ただし，債務者は債権者の1人に弁済すればよいという点で，連帯債権に類似した関係になる。

(b) **債権者の権利行使と債務者の立場**

(ア) **いずれも権利行使を妨げられない**　最判昭55・1・11民集34巻1号42頁は，「各譲受人は，第三債務者に対しそれぞれの譲受債権についてその全額の弁済を請求することができ，譲受人の一人から弁済の請求を受けた第三債務者は，他の譲受人に対する弁済その他の債務消滅事由がない限り，単に同順位の譲受人が他に存在することを理由として弁済の責めを免れることはできない」「また，指名債権の譲渡にかかる確定日付のある譲渡通知と右債権に対する債権差押通知とが同時に第三債務者に到達した場合であっても，右債権の譲受人は第三債務者に対してその給付を求める訴を提起・追行し無条件の勝訴判決を得ることができる」という。

(イ) **債務者は二重弁済を強いられない**

❶ **二重の執行手続きは避けられる**　同判決は，「右判決に基づいて強制執行がされた場合に，第三債務者は，二重払の負担を免れるため，当該債権に差押がされていることを執行上の障害として執行機関に呈示することにより，執行手続きが満足的段階に進むことを阻止しうる」という。いずれかに弁済する等の満足事由があれば，他の債権も消滅すると考えるべきであるが，手続法レベルにおいても二重執行は避けられることになる。

❷ **強制執行手続きが競合すると分割債権になる**　では，強制執行手続きが競合するとどうなるのであろうか。滞納処分としての債権差押えの通知と確定日付のある右債権譲渡の通知の債務者への到達の先後が不明で，債務者が債権者不確知を理由に供託をした事例あるが，最判平5・3・30民集47巻4号3334頁は，「被差押債権額と譲受債権額との合計額が右供託金額を超過するときは，差押債権者と債権譲受人は，公平の原則に照らし，被差押債権額と譲受債権額に応じて供託金額を案分した額の供託金還付請求権をそれぞれ分割取得する」ものとした。連帯債権類似の関係であったのが，差押手続きが競合すると分割債権へと変容することになる。供託金だからなのか，供託がされていない事例でも分割債権になるのかは不明である。

⑶ **本問について**

(a) **7月分の賃料**　7月分の賃料はBによりCに支払われている。これは有効でありEに対抗できるのであろうか。

㋐ **弁済は有効なのが原則**　まず，CE共に譲渡禁止特約について悪意であるが，債務者は466条3項の拒絶権があるだけであり，これを行使するかどうかは自由である。また，CE共に債務者への対抗要件は具備しており，いずれも債務者に対しては権利行使ができ，債務者Bは，Eには拒絶しつつCには466条3項の拒絶権を行使せずに支払うことは自由である。従って，<u>BのCへの弁済は有効である</u>。EのCに対する分配請求権は認められない。

㋑ **EがAへの支払を催告した効果**　ただ，1つ問題になるのは，EがBに支払を拒絶されたので，譲渡人Aへの支払を請求していることである。この場合にも，BはAではなくCに支払うことが許されるのであろうか。2つの考えが可能である。

❶ **相対効説**　あくまでもEとの関係でのみAへの支払を義務付けられるに過ぎず——支払わなかった場合に466条4項の効果はEについてのみ認められる——，Cにはその効力は及ばず，BのCへの弁済は有効と考えることもできる。

❷ **絶対効説**　また，Eの催告はいわば絶対効がありCとの関係でも認められ——支払わなかった場合に466条4項の効果はCにも認められる——，Bは必ずAに支払わなければなくなり，BのCへの支払はEに対抗できないという考えも可能である。この考えでは，Eは，466条4項により，Bに対して7月分の賃料の支払を請求できることになる。❶が適切なように思われる。

(b) **8月分以降の供託された賃料**

㋐ **供託は有効か**

❶ **494条の供託原因はあるか**　二重譲渡の優劣が決められない場合には，債権者が不明（494条2項）ではなくいずれも債権者として扱われるのであり，債務者にとり債権者不明ではない。しかし，供託実務ではこの場合にも供託を認めている。また，債務者Bは466条3項により譲渡人Aに支払うこともできる。更には，Eによって，Aに7月以降に支払うよう催告されており，<u>466条4項の催告は，将来債権について包括に行うことを認めてよい</u>ので，この催告との関係も問題になる。

❷ **独自の供託原因を認めた**　このように供託原因をめぐっては議論が生

じるおそれがあるため，改正法は，494条の供託原因の有無を問わず独自の供託原因として，466条の2第1項に，譲渡禁止特約が付いた債権が譲渡された場合を規定した。譲受人が悪意であることは要件ではなく，債務者の債権者固定の利益を保障する制度として，譲受人の善意悪意を問わずに利用できる制度が用意されているのである。従って，Bの行う供託は有効であり，Eの譲渡人Aへの支払請求によりこれを阻止することはできない。

　　(イ)　**供託金還付請求権**についての**CEの権利**　　まず，供託の効果であるが，CEいずれも債権者と扱われるので，CEいずれにも供託金還付請求権が認められ，従前の権利関係がそのまま引き継がれることになる。ところが，最判平5・3・30民集47巻4号3334頁は既述のように二重譲渡の事例ではないが，差押えが競合すると分割帰属になるという。

　　なお，供託所は，債務者とは異なり債権者固定の利益を保障する必要はないので，466条3項の拒絶権は行使できず，譲受人のみが還付請求をすることができ（466条の2第3項），Aの還付請求は認められない。

　　この結果，CEいずれも全額の還付請求ができるが，差押えが競合した場合には，分割債権になり半分ずつの請求しかできないことになる。

> **【答案作成についてのコメント】**本問では，債権の二重譲渡の事例につき，その優劣決定について考え，優劣決定不能の事例なので更にその場合の法律関係を議論しなければならず，この点が本問の中心論点である。問題を更に難しくしているのが，譲渡禁止特約付きの債権であることであり，改正法の関連規定を指摘しつつ説明をしていくことが必要である。

## 3　〔設問3〕について

> **【出題趣旨】**　〔設問3〕は，転貸借があった場合の，賃料債権について認められている直接訴権や転貸料債権について先取特権に対する効力を，賃料債権の譲渡また転貸料債権の譲渡があった事例について考えてもらう問題である。かなり難易度の高いマニアックな問題である。更にあわせて譲渡禁止特約が付いていることから，転借人が譲受人の悪意を理由に466条3項を援用できるかという点も考えてもらう問題である。

### (1)　転貸借がされた場合の賃貸人の権利

　(a)　**直接訴権**　　まず，民法は，賃貸人に，転借人に対する直接の権利（直接訴権）を認めている（613条）。直接訴権の法的構成は議論されることが少ないが，3つに分かれる。

　　(ア)　**一般的理解（直接権利説）**　　賃貸人に転借人に対する直接の権利を直

接訴権として構成する考え（直接権利説）が，条文の文言に素直であり一般的な理解である。転借人に対して，<u>賃貸人の直接訴権と賃借人（転貸人）の転貸料債権とが連帯債権の関係に立つ</u>。その趣旨については，①直接支払うことで2度の支払を節約する便宜に過ぎないという理解もありえようが，②制度本来の趣旨は，賃料債権の保護のための制度（担保）である。

　（イ）　**直接訴権**についての異説

　❶　**権利移転説**　　他方で，賃借人（転貸人）の転借人に対する権利を取得することができる権利（形成権）を直接訴権と構成する考えもある（権利移転説）。この考えでは，賃借人（転貸人）の権利が賃貸人に移転することになり，賃貸人と賃借人（転貸人）とが連帯債権者の関係には立たないことになる。その後の関係については，①転付命令のように，これにより未だ転借人から支払を受けていなくても賃貸人の賃借人に対する賃料債権は消滅するという考えと，②賃貸人は賃借人に対する賃料債権と，転借人に対する転貸料債権を取得し，連帯債務類似の関係になるという考えとが可能である。

　❷　**排他権説**　　その他，賃貸人に，賃借人の転借人に対する権利についての排他的な権利行使を認めるものという考えもある（排他権説）。この考えでは，賃貸人の賃借人に対する権利，賃借人（転貸人）の転借人に対する権利が認められるだけで，前者の権利に基づいて賃貸人が後者の権利を，排他的・優先的に行使することになる。債権者代位権のように賃貸人に自己の名での権利行使を認めるが，担保制度であり賃借人の他の債権者に対して優先する排他的な権利行使が認められる。実質的には法定の担保権（債権への先取特権）に等しい。

　（b）　**先取特権**　　また，民法は，賃貸人の賃借人に対する賃料債権の担保のために，賃借人の転借人に対する賃料（転貸料）債権につき先取特権を認めている（314条）。構成としては，上記排他権説と同様であり，賃借人（転貸人）の転借人に対する賃料債権に先取特権の成立を認め，その優先的取立権を認めることになる。先取特権としては異例な債権に対する先取特権であり，債権質や物上代位と同様の関係になる。いわば法定の債権質であり，債権質同様に，先取特権に基づいて，賃貸人は転貸料債権を優先的に取り立てて賃料債権の回収を図ることができる。

## (2) 転貸料債権の譲渡——譲渡の有効性

BはFに対する転貸料債権をGに対して集合債権譲渡担保に供しており，これが有効なことは先に説明した。特定性は充たされており，本問では特に公序良俗に違反する事情はみられない。また，467条1項，2項の債務者・第三者対抗要件を具備している。また譲渡人Bに受領権限を認める旨が記載されていても，譲渡通知としての要件を充たす。なお　本件はいわゆる譲渡担保であるが，判例は，物の場合と同様に，「譲渡」という形式通りに，債権の移転を認めている。

## (3) 転貸料債権の譲渡と賃貸人の権利

(a) **直接訴権**　賃借人により転借人に対する転貸料債権が譲渡された場合，転貸料債権が賃借人以外の者に帰属することになるが，直接訴権にどのような影響がもたらすのであろうか。

①直接権利説では，賃貸人の賃借人に対する賃料債権回収のための制度であり，賃借人が転貸料債権を譲渡しても認められるのかが問題になる。議論はないが，転借人に対して，譲受人と賃貸人の直接訴権とが競合することになるものと思われる。②権利移転説では，第三者に移転しても権利をはく奪できるのかが問題になる。③排他権説でも第三者に帰属しても排他的に権利行使ができるのかということが問題になる。もしこれを肯定すれば，②③では直接訴権の第三者対抗要件が問題になるが，転貸借であることは分かるので，特に対抗要件不要ということになろうか。動産とは異なり，債権はそもそも取引安全が図られていないという事情もある。

(b) **先取特権**　314条の先取特権については，転貸料債権の譲受人Gが，転貸料債権を先取特権の負担付きで取得することになるが，対抗要件については何ら規定されていない。動産については，転得者に引き渡されると，動産先取特権は消滅するが（333条），債権の法定の担保権である先取特権については何ら規定がなく，法の欠缺ということができる。

①まず，法律により債権に担保権が成立するという点で，物上代位に類似しているため，304条1項を類推適用して差押えを必要とすることも考えられる。②他方で，転貸料債権だということは容易に分かるので，第三者に対する対抗要件不要という処理も考えられる。判例はなく，学説でも議論されることはない。②でよいように思われる。

(4) 賃料債権の譲渡と賃貸人の権利

(a) **直接訴権**　賃料債権がAからCに譲渡されても，賃貸人たる地位は依然としてAが保持している。613条を見ると，「賃貸人に対して」と規定されている。では，賃料債権を譲渡してもAは「賃貸人」のままなので，直接訴権はCは取得できずAが保持するのであろうか。

①直接権利説では，Aに帰属するという構成は不可能ではない。しかし，賃料債権回収のための制度であるのに，賃料債権を持たない譲渡人Aに直接訴権を帰属させるというのはどうみても不合理である。613条は通常の事例を考えたものであり，賃料債権が譲渡されたら，担保として随伴し譲受人に移転するということが考えられる。②権利取得説では，転付命令的制度として認めるものなので，賃料債権を持たないものに直接訴権を認めることはできない。③排他権利説でも，賃料債権の回収のための制度であるため，賃料債権を持たない譲渡人ではなく，譲受人に認められるのは当然である。要するに，賃料債権のための担保制度なので，賃料債権に対して随伴性が認められることになる。

(b) **先取特権**　314条の先取特権については全く問題がない。賃料債権が譲渡されれば，担保である先取特権が随伴するのは当然である。譲受人Cは，先取特権付きの賃料債権を取得することになる。

(5) **本問へのあてはめ**

(a) **Gの譲渡担保権実行前**　Gが譲渡担保権を実行する前は，所有権でいえば担保のための所有権に過ぎず，実行により本当の所有権を取得するのと同様に，給付を保持しうる本来の債権を取得するのは実行後に過ぎず，本問でも特約により実行まではBが受領できるものとされている。実際にも，転貸料債権は譲渡人であるBが受領している。

債権質に等しい関係であれば，直接訴権の第三債務者F及び第三者Gに対する対抗が問題になる。Cが譲り受けた賃料債権の直接訴権を債務者Fに対抗できれば，Bへの支払は無効になり，他方，債務者Fに対抗できなくても第三者Gに対抗できれば，Fの弁済は有効だがGに不当利得返還請求ができそうである。ただし，後者のように考えても，Bが転貸料を受領しGに渡していないので，<u>Bに対して返還請求ができるに過ぎない</u>。

(ア) **Fに対する請求**　①まず，直接訴権は，直接権利説（以下，他の学説

は省略）では連帯債権なので，ＦはＣＧ（Ｂ）のいずれかに支払えば他の債権も消滅するので，Ｃの直接訴権も消滅している。②問題は，先取特権であるが，先取特権を第三債務者に当然に対抗できるとすると，ＦのＧ（Ｂ）への支払はＣに対抗できないことになる。それはＦにとって酷であり，304条1項を類推適用して，Ｃによる差押えを財産債務者Ｆに対する対抗要件と考えれば，問題は解決される。

　　　(イ)　**ＢＧに対する請求**　　直接訴権は直接権利説ではＧやＢについては問題にならず，問題は先取特権である。Ｆには差押えが必要であるとしても，取引安全が保障されていない債権なので，第三者Ｇには当然に対抗できると考えるかどうかである。しかし，これを肯定したとしても，ＧはＢから転貸料を受け取っていないので利得はなく，Ｇに対する不当利得返還請求はできない。そして，Ｂについては，ＣはＢに対する賃料債権を有しているので，その他に不当利得返還請求権を認めても意味はない。

　　(b)　**Ｇの譲渡担保権実行後**　　Ｇが譲渡担保権実行の意思表示をＦに対して行った後の，2021年2月以降の賃料については未だ支払はなされていない。

　　　(ア)　**直接訴権について**　　まず，直接訴権については，直接権利説では，ＣはＦに対する直接訴権を取得し，ＧはＦに対する転貸料債権を取得し，両債権は連帯債権の関係になる。Ｆはいずれに支払ってもよい。Ｃの権利行使が優先し，Ｃに必ず支払わなければならないという拘束はない。ＣとＧの権利行使が競合した場合には，債権者平等の原則により半分ずつの配当がされることになる。この立場では，直接訴権の担保という趣旨は実現できず，それは次の先取特権によらざるをえないことになる。

　　　(イ)　**先取特権について**　　次に，先取特権については，Ｇが取得するＦに対する転貸料債権には，Ｃの賃料債権のための先取特権が付いており，第三者対抗力を認めれば追及力が認められることになる。また，第三債務者に対する対抗力が認められれば，ＦはＣに支払わなければならず，Ｇに支払っても対抗できないことになる。この点は，何度もいうが，議論は全くされておらず勿論判例もなく，ＧＦいずれに対しても304条1項を類推適用して差押えを対抗要件とする，または，Ｆに対してのみ304条1項を類推適用して差押えを対抗要件とするが，第三者Ｇに対しては対抗要件不要とするという解決が考えられる。

　　**【答案作成についてのコメント】**ＣのＦに対する権利として，直接訴権と先取特権の2つの権利が問題になることを確認した上で──いずれも落とす答案が出てくることが考えられる──，転貸料債

権の譲渡に対する直接訴権及び先取特権の効力を議論する必要がある。また，その前提として，直接訴権が賃貸人ではない賃料債権の譲受人Cに認められるのかを検討し，先取特権については随伴性により説明できることを確認しておく必要がある。難問であり手も足もでなかった者が多かったかもしれない。

## ■ No.7 参考答案構成 ■

1 〔設問1〕について
 (1) AのCに対する賃料債権譲渡の効力
  (a) 有効性
   ①民法は将来の債権も有効に譲渡できることを規定している（466条の6第1項）。
   ②しかし，有効要件については解釈にまかされている。
    ⓐ譲渡される債権の特定性は必要であり，本問はこれを充たしている（＋事案へのあてはめ）。
    ⓑ債権発生の確実性やそれほど遠い将来の債権でないことは必要ではない。
    ⓒ場合により公序良俗違反による調整がされればよく，本問はこの点でも問題はなく有効である。
   ③将来発生する債権は，発生と同時に譲受人が当然に取得する（466条の6第2項）
  (b) 対抗要件
   ①将来債権譲渡についても467条1項，2項の対抗要件具備が可能である（467条1項括弧書）。
   ②1つの集合債権の成立またその譲渡の対抗要件を考える必要はない。
   ③あくまでも個々の債権が発生と同時に移転することになり，その対抗要件を予め包括的に取得できる。
 (2) 譲渡禁止特約について
  (a) 債権譲渡の効力
   ①AのBに対する賃料債権には譲渡禁止特約があり，Cはそれを知って譲り受けている。
   ②しかし，民法は，債権譲渡禁止の物権的効力を認めず（466条2項），Cは有効に債権を取得する。

(b) **債務者の保護**

①一方，債務者は債権者固定の利益を有している。

②そのため，民法は債務者保護のために２つの保護を認めた。

③まず，譲受人が悪意または重過失の場合（466条３項）

  ⓐ譲受人に対する拒絶権

  ⓑ譲渡人を債権者としてこれと弁済等の行為をすることは有効となること

④また，譲受人の善意・悪意を問わず，供託ができる（466条の２第１項）。

(c) **譲受人の権利**　　譲受人には，デッドロックの状態を回避するための特別の権利が認められている。

①相当の期間を定めて譲渡人への支払を催告できる。

②その期間内に債務者が譲渡人に支払をしないと，拒絶権を失う（466条４項）。

(3) **Ｃの法的主張のまとめ**

(a) **譲渡人Ａに支払われた６月分の賃料**

①Ｃが悪意なので，ＢはＡに支払うことができる。

②弁済は有効であり，ＣはＡに対して不当利得返還請求をするしかない。

(b) **Ｄに支払われた７月分の賃料**

①Ｂは譲渡人Ａを債権者と扱うことができる。

②そのため，Ａの差押債権者Ｄに賃料を支払って債務を免れることができる。

③Ｃは第三者対抗要件を具備しているので（467条２項），Ｄには債権者であることを対抗できる。

④従って，ＣはＤに対して受領した賃料につき，不当利得返還請求ができる。

(c) **８月分以降の賃料**

①ＣのなしたＢに対するＡへの包括的な支払請求ができる（466条４項）。

②そのため，毎月個別に催告することなく，Ａに支払がなされなければ自分への支払請求ができる。

③催告には相当期間が定まっていないが，取引上相当な期間が経過すれば自己への支払を請求できる。

④Ｄには債権譲渡を対抗できるので，Ｂからの取立てを禁止できる。

## 2　〔設問2〕について

(1) **債権の二重譲渡の対抗関係**

①確定日付ある証書による譲渡通知が第三者対抗のためには必要である（467

条2項)。

②いずれの譲渡も作成日付のみが付いているが，作成の日付でもよくいずれも有効な譲渡通知になる。

③優劣は，債務者に到達した時点の先後により決定される。

④本問では譲渡通知が同時に配達されているため，優劣が決められない。

(2) **優劣決定しえない場合の権利関係**

①CE間では，いずれも他方に債権譲渡を対抗できない。

②しかし，債務者またそれ以外の第三者には対抗できる。

③連帯債権類似の関係になる。

　ⓐいずれも債務者に対して全額の支払請求ができる。

　ⓑ債務者はいずれかに支払えば債務を免れる。

　ⓒ強制執行が競合したならば，半分ずつしか債権回収はできない。

(3) **本問ではどう考えるか**

(a) **7月分の賃料**

①Cへの支払は有効であり，Eの債権も消滅する。

②Bは466条3項の拒絶権を有するが，これを行使するかどうかは自由。

③EによりBに対するAへの支払催告がされている点をどう考えるべきか。

　ⓐこれによりBはAに支払う義務が生じ，Cへの弁済は無効になるのであろうか。

　ⓑしかし，不安定な債務者保護の立場を保護する必要があり，Cへの弁済は有効と考えるべきである。

(b) **8月分以降の供託された賃料**

①494条の供託要件は充たしていない。CEとも債権者である。

②しかし，民法は，債務者保護のために，譲受人の善意・悪意を問わず供託権を認めた（466条の2）。

③従って，Bの供託は有効である。

④供託金還付請求権について，そのままCEが連帯債権類似の関係になる。

⑤CEの差押えが競合した場合には，供託金還付請求権は分割債権になる。

## 3 〔設問3〕について

(1) **転貸借がされた場合の賃貸人の権利**

(a) **直接訴権（613条）**

①賃貸人は，転貸人に対して賃借人に対するのと同じ権利を取得する（465条1項）。

②以下，Aの613条の権利を直接訴権という。

③転借人に対して，賃貸人の直接訴権と賃借人の転貸料債権が競合する。

④転借人はいずれに支払ってもよい。

(b) **先取特権（314条）**

①賃貸人は，賃借人の転借人に対する転貸料債権につき先取特権を有する（314条）。

②債権に対する担保権であり，法定債権質のような関係になる。

③そのため，債務者また第三者への先取特権の対抗が問題になる。

(2) **転貸料債権の譲渡について**

(a) **賃料債権の譲渡**　将来債権譲渡も有効であり（既述），本問でも有効である。

(b) **直接訴権への効力**

①転貸料債権が譲渡されても，直接訴権には影響はない。

②その結果，AのFに対する直接訴権とGのFに対する転貸料債権が連帯債権類似の関係に立つ。

③いずれの債権が優先するということはなく，債権者平等と扱われる。

(c) **先取特権の追及力**

①GはCの先取特権の負担の付いた転貸料債権を取得する。

②その対抗要件は規定がない。

ⓐ債務者Fに対する対抗については，304条1項を類推適用して差押えを必要と考えるべきである。

ⓑ第三者Gへの対抗については，転貸借であることは容易に分かるので差押え不要と考えるべきである。

(3) **賃料債権の譲渡について**

(a) **直接訴権はどうなるか**

①613条は「賃貸人」と規定されており，Cは賃料債権を取得するが賃貸人ではない。

②しかし，「賃貸人」というのは通常の場合を考えただけであり，直接訴権は賃料債権のための制度である。

③従って，賃料債権が譲渡されれば，賃貸人Aではなく譲受人Cが，Fに対する直接訴権を取得する。

(b) **先取特権について**

①先取特権は賃料債権のための担保権である。

②賃料債権が譲渡されれば，これに随伴する。

③債権譲渡の対抗要件具備があれば，先取特権について移転の対抗要件は不要である。

(4) **本問へのあてはめ**

(a) **Gの譲渡担保権実行前**

①BはCに賃料債務を2020年12月分及び2021年1月分を支払っていない。

②この間の転借料は，Fにより譲受人から受領権を認められたBに支払われている。

③直接訴権について

　ⓐ直接訴権はCGの連帯債権なので，FはCGのいずれかに支払えば他の債権も消滅する。

　ⓑFのG（B）への支払は有効であり，Cの直接訴権も消滅している。

④先取特権について

　ⓐ債務者Fに対抗するには差押えが必要である（304条1項類推適用）。

　ⓑ従って，FはCに対して弁済を対抗でき，債務を免れる。

　ⓒ第三者Gに対しては差押え不要と考えるべきである。

　ⓓしかし，受領したのはBであり，Gには不当利得はない。

　ⓔCはBに対しては賃料債権があるので，その他に権利を認めるまでもない。

(b) **Gの譲渡担保権実行後**　　2021年2月以降の賃料については未だ支払はなされていない。

①Cの直接訴権はGの取得した転貸料債権と債権者平等となる。

②先取特権が問題である。

　ⓐFに対する権利行使には差押えが必要である。差押えがない限りFのGへの弁済はCに対抗できる。

　ⓑしかし，Gに対しては差押えなしに先取特権を対抗できる。

　ⓒそのため，AはGの権利行使に対して異議を申し立てることができる。

　ⓓもしGが支払を受ければ，CはGに対して不当利得返還請求が可能になる。

以上

# No.8 弁済・相殺

次の文章を読んで，後記の［**設問1**］，［**設問2**］及び［**設問3**］に答えなさい。

## Ⅰ

【事実】

1. Aは，その所有する甲旅館（法人化していない）の経営を同居の息子Bに任せ，経営に必要な一切の代理権を与えた。甲旅館の建物には，Aが親戚のCから借りてロビーに飾っている乙画がある。

2. 2020年4月，Bは，乙画がC所有であることを知らず，これを売却して旅館の経営資金にするため，Aを代理して（甲旅館の名で）乙画を骨董品商を営むDに売却した。

3. Dは，かつてCと取引があったため乙画はC所有と知っていたが，AがCから購入したのであろうと考えて，Cに確認をすることなくこれを購入し，代金50万円の支払をして乙画の引渡しを受けた。

4. Dは，同年5月，知り合いの画商を営むEに乙画の販売を委託し，Eの名で販売する権限を与えてこれを引き渡した。Dは，Eに乙画の販売を委託するに際して，70万円以上で販売をすることという制限を設定していた。

5. Eは，乙画を自己の店舗に商品として陳列していた。同年6月，Eの店を来店した美術品の収集家Fは，乙画を見て気に入り，購入の交渉をした。Eはどうしても資金が入用な事情があったため，Fが65万円なら買うというので，Dには差額の5万円を賠償すればよいと思って，Fに乙画を65万円で販売し，現金65万円を受領し，乙画をFに引き渡した。

6. Eは，販売に際して，乙画はD所有でありDから販売委託を受けているという事情をFに説明していた。Fはこの説明を聞いて，乙画はD所有であり，Eは有効にDから販売授権を受けているものと考えて購入をしたものであった。

［**設問1**］　【事実】1から6までを前提として，Dが乙画購入につきCに確認

しなかったことが過失と評価される場合と，過失があるとは評価されない場合とを分け，CのFに対する乙画の返還請求について検討しなさい。また，AがBに対して，旅館の重要な財産の売却については，必ずAの承諾を受けなければならないという代理権への制限をしており，Dがこのような制限を知らずその点につき過失は認められない場合についても言及せよ。

Ⅱ
【事実】1から2の後に，以下の事実があった。【事実】3～6は考えなくてよい。

【事実】
7. Aは，乙画がなくなっていることに気が付き，Bに確認したところ，Dに売却して引渡しをし，Dが真作と確認をしてから代金を振り込むことになっているという話を聞いた。驚いたAは，直ちにCに乙画が誤ってBにより売却されたことを連絡し陳謝した。

8. Cはこれを聞いて驚いたが，Cは乙画をいつかは売ろうと思っていたので，直ちにDに連絡をして，実は乙画はC所有であり，Bがそのことを知らずに売ったのであるが，これを追認すると伝えた。そのため，Cは，Dに対して乙画の返還は求めないと述べ，代金50万円を自分に支払うように求めた。

9. 不安になったDは，Aに確認したところ，AはDに対して，乙画はC所有であり，Cが追認をしたので，代金は自分ではなくCに支払うように求めた。なお，その後，Dは乙画を真作と確認している。

［設問2］ 【事実】1から2及び7から9を前提として，以下の各問いに答えなさい。
(1) Dが代金50万円をCに支払った後に，Aに対して金銭債権を持つGが，AのDに対する乙画の代金債権を差し押さえてDに対して代金の支払を求めてきた場合に，Dはこれに応じなければならないか検討しなさい。
(2) DがCに対して50万円の金銭債権を有しているとして，①Cが，Aに対する不当利得返還請求権に基づいてAの代金債権を代位行使して，Dに対し代金の自己への支払を求めた場合に，DはCに対する債権を自働債権とする相殺をすることができるか，また，②Aの金銭債権者GがA

のDに対する乙画の代金債権を差し押さえた場合に，Cは，Aに対する不当利得返還請求権を自働債権としAのDに対する代金債権及びDのCに対する金銭債権を受働債権とする相殺をもって，Gの差押えを排除することができるか，検討しなさい。

## Ⅲ

【事実】1から2の後に，以下の事実があった。【事実】3〜9は考えなくてよい。

【事実】

10. その後，BがAの代理人として，Dから代金50万円を受領し，これを甲旅館の経営資金に使用した。Dには，A所有と信じたことに過失はないものとする。

11. 2020年4月に，CがHからCの事業のため100万円を借り入れるに際して，AはCに保証人になることを頼まれ，保証意思宣明証書を作成した上で連帯保証契約をHと締結しており，返済期日は2020年6月1日とされている。

12. 2020年5月10日，CはAに対して不当利得返還請求権（以下，「本件債権」という）50万円を有していると説明して，これをⅠに譲渡し，内容証明郵便によりCからAに本件債権の譲渡通知がなされ，これは翌日にAに配達された。

[設問3] 【事実】1から2及び10から12までを前提として，①CのHに対する借入金の6月1日の返済期日到来前，②到来後，Aが保証人としてHに支払う前，及び，③到来後かつ，Aが保証人としてHに100万円を支払った後とに分けて，ⅠのAに対する本件債権に基づく50万円の支払請求に対して，Aがどのような法的主張をすることができるか検討しなさい。

## ○ 言及すべき点及び論点 ○

1 [設問 1] について
(1) 代理行為について
①営業についての代理権あり（重要度A）
②他人物売買ではあるが有権代理（重要度C）
③代理権の制限がある場合には110条（重要度A）
(2) Dの所有権取得について
①他人物売買である（重要度A）
②即時取得の適用について
　ⓐ他人物占有者の代理人による場合（重要度A）
　ⓑ表見代理の場合でもよい（重要度A）
(3) Fの所有権取得について
　(a) 授権について
①処分授権の有効性（重要度B）
②処分授権の越権と110条の類推適用（重要度B）
　(b) 授権と即時取得
①授権の場合と即時取得（重要度B）
②越権授権と即時取得（重要度B）

2 [設問2] 小問(1)について
(1) Cの追認の効力——代金債権を取得するか（重要度A）
(2) 差押債権者Gに対するDの主張
①DのCへの弁済は債権がないのにされた弁済（重要度B）
②479条の適用の可否（重要度A）
③指図による弁済（重要度A）

3 [設問2] 小問(2)について
(1) 債権者代位権の行使
①無資力要件の要否（重要度C）
②自己への支払請求の可否（重要度B）
(2) 相殺の可否
①3者間の3つの債権の相殺（重要度A）
②差押債権者に対抗できるか（重要度A）

4 [設問3] について
(1) Aの不当利得
①Bが受領しAの営業に使用（重要度B）
②代理人を基準とするので善意の不当利得（重要度C）
(2) 債権譲渡
①債務者Aへの対抗要件具備（重要度C）
②Aによる抗弁の対抗
　ⓐ弁済期到来前（重要度B）
　ⓑ弁済期到来後——事前求償権による相殺（重要度B）
　ⓒ弁済期到来後——事後求償権による相殺（重要度A）

---

## 解説及び答案作成の指針

## 1 [設問1] について

【出題趣旨】 [設問1] は，他人物占有者の代理人または処分授権を受けた者が，他人物を処分した場合の即時取得の適用，また，権限を踰越した場合にはどうなるのかを検討してもらう問題である。

⑴　BによるA代理人としての売却

　(a)　代理の効果

　　❶　**有権代理の場合**　　まず，Bに特に代理権の制限がされていない場合には，有権代理であり，ＡＤ間に乙画の売買契約は<u>債権契約として有効に成立する。</u>ただし，他人物売買であるので，所有権移転という物権的効力が問題になるが，この点は，即時取得について(b)に後述する。

　　❷　**越権代理（無権代理）の場合**　　次に問題文後段の重要な財産については，Aの承認を受けることを必要としていた場合には，BがAの承認なしに乙画を売却したので無権代理になり，債権契約としてもAに効果が帰属しない。しかし，相手方DがBの代理権についてこれがあるものと信じておりその点に過失がなければ——Aに確認しなくてもよいと思われる事情がある——，110条の表見代理が成立することになる。

　(b)　**Dの所有権の取得**　　ＡＤ間の売買契約が債権契約として有効であっても，乙画はCの所有であり，他人物売買として契約は成立することになる。そのため，Cが追認をするか，または，外観法理の適用によらなければ，Dは乙画の所有権を取得できない。そこで，問題になるのが，即時取得である（192条）。

　　❶　**有権代理の場合**　　まず有権代理の事例について考えると，相手方は，代理人Bの占有を信頼するのではなく，<u>本人Aの占有＝乙画の所有者らしい外観を信頼する</u>ものであり，これは本人が自ら売却するのではなく，代理人によりその占有する動産を処分した場合にもあてはまる。従って，代理形式で行われたＡＤ間の乙画の売買も，DがA所有だと信じておりそのことに過失がなければ，即時取得が成立する（192条）。

　　❷　**越権代理（無権代理）の場合**　　次に，無権代理の場合について考えてみよう。

　　①　無権代理それ自体には即時取得は適用にならない。例えばα所有の物をβが販売を委託されてその占有を取得し，100万円以上で販売する代理権が与えられていたのに，βがγに80万円でαを代理して販売しても，γの保護は代理権への信頼保護（110条）によるべきであり，占有＝所有者という信頼を保護する即時取得によることはできない。

　　②　しかし，本問は無権代理ではあるが，<u>他人物の占有者を売主とする売買契約</u>という即時取得が適用される事例である。そのため，110条が適用になり取

引が保護されるのであるならば，即時取得の適用を認めてよい。

そうすると，表見代理が成立する場合を含めて，AD間の売買契約は，Dが乙画がC所有ということを知らず，A所有と信じたことに過失がなければ，Dには即時取得が成立することになる。

**【答案作成についてのコメント】**B による代理人としての売却は，前段では有権代理であり，他人物占有者を本人とする代理人による処分にも即時取得（192 条）が適用になること，後段でも表見代理により取引が有効になれば，やはり即時取得が適用になることを論じるべきである。

## (2) Eによる処分授権に基づくFへの売却

### (a) Dが即時取得する場合

Dが善意無過失でありDにつき即時取得が成立する場合には——代理権が制限されている場合には，更に110条の表見代理の成立が必要——，Dの即時取得の援用を要することなくDが所有者になる。その結果，Eは所有者Dから乙画の処分授権を受けたことになり，有効に乙画の所有権をFに譲渡——DからFへの移転になる——することができる。即時取得については，時効のように形成権が成立するのではなく，Dが援用していなくてもFが援用できるかといったことを問題にする必要はない。

Eが権限を踰越して処分した場合には，Fが権限内であると信じておりそれにつき過失がなければ，110条の類推適用を認めることが考えられる。

### (b) Dが即時取得しない場合

他方で，Dに過失があり即時取得が成立しない場合，または，Bの権限が制限されていてなおかつ表見代理が成立しない場合は，Dは所有権を取得していない。DからEへの授権も無効である。Eが売却しても，DからFへの所有権移転は認められない。

#### (ア) 授権の権限内の場合——即時取得の可能性

乙画はEが占有しており，もしEが自分の所有物として販売すれば，Eの占有への信頼に基づく即時取得を問題にできる。しかし，本問では乙画をEが占有しているが，FはEが所有者ではなくDが所有者で，所有者Dから処分授権がされていると信じていたのであり，Eの占有を信頼したのではなく，DからEへの授権，逆に言うとEが処分の権限を有することを信頼したに過ぎない。

そのため，占有者＝所有者という信頼を保護する即時取得制度は，Eの占有については直接適用のみならず類推適用も難しい。しかし，Fは，Eに占有させたDが所有者だと信じたのであり，(1)でBによる有効な代理行為につきAを占有者たる売主として即時取得の適用を認めることができるのとパラレルに，この場合

にも即時取得の適用を認めることも考えられる。

　　(イ)　**権限踰越の場合**　　他方，本問ではEがDから与えられた70万以上で売却するという授権の権限を越えて，65万円で乙画を販売しており，権限踰越である。この場合に，即時取得によりFを救済することはできない。債権契約としては有効であるが，所有権移転という物権的効果の点につき，まず権限踰越の点について110条の類推適用をして，その上で，D所有という信頼につき即時取得を適用することが考えられる。先の無権代理の場合に110条により取引行為の効力を認めた上で，即時取得を認めるのと同様である。

> **【答案作成についてのコメント】**本問では，まず，即時取得の効力は当然に効力が生じるので，Dにつき即時取得の要件を充たせば，その後のDの授権に依拠するEによる販売は物権的にも有効になること，従って，Dにつき，即時取得が成立しない場合が問題であることを確認した上で，Fの保護を考えるべきである。そのうえで，他人物占有者からの授権による自己の名での処分につき，相手方FがDの所有物と信じていた場合には即時取得が適用されてよいことを議論すべきである。そして，Eが授権を越権した場合には，110条の類推適用が認められるべきこと，そして，110条の類推適用を介して即時取得が可能なことは(1)と同様であることを論じるべきである。

## 2　[設問2]　小問(1)について

> **【出題趣旨】**　[設問2]　小問(1)は，他人物売買において所有者が追認した場合の効力，また，買主が代金を所有者に支払った後の法律関係について考えてもらう問題である。

### (1)　Cによる追認の効力

　(a)　**追認によって何が有効になるのか**　　Bが代理して行った乙画のAからDへの売買契約は，無権利の法理により，所有者ではないAよりDに所有権の移転はなく，この意味で物権的効力は認められないが，他人物売買でも債権契約としては有効である。他人物売買でも，有効にAはDに対する代金債権を取得する。債権的効力として発生する代金債権は，所有者がCであってもCに帰属することはなく，売主Aに帰属するのである。

　すなわち，所有者Cの追認によって有効になるのは，売買契約ではなく，売買契約の効力の1つである所有権の移転という部分のみである。Cの追認により，CからDへの所有権が移転するという物権的効力が発生するに過ぎない。

　(b)　**Cは追認しても代金債権は取得しない**　　そうすると，追認の有無にかかわらず有効な債権契約としての売買契約の部分については，所有者Cの追認が

あっても何ら変更はなく，代金債権は売主Ａに帰属したままである。このことは，**ぶなしめじ事件判決**（最判平23・10・18民集65巻7号2899頁）でも確認されている。すなわち，「無権利者を委託者とする物の販売委託契約が締結された場合に，当該物の所有者が，自己と同契約の受託者との間に同契約に基づく債権債務を発生させる趣旨でこれを追認したとしても，その所有者が同契約に基づく販売代金の引渡請求権を取得すると解することはできない」と判示されている。

　従って，Ｃは追認してもＡＤ間の代金債権を取得せず，もちろん売主たる地位を取得することはなく，売主としての責任を負うことはない。

> **【答案作成についてのコメント】** 本問では，まずは，所有者Ｃが追認をしても，Ｄが乙画の所有権を有効に取得するという効力が認められるだけで，売主たる地位また代金債権をＣが取得するものではないことを確認すべきである。

### (2)　ＤによるＣへの代金支払の効力

　以上のように，Ｃの追認があっても，代金債権はＡに帰属したままであるので，ＡＣＤの法律関係は，Ａ→Ｄの代金債権，Ｃ→Ａの不当利得返還請求権——Ｂを保管についての履行補助者だと考えると履行補助者の過失（が認められれば）を理由として債務不履行による損害賠償請求権も——が成立するだけで，Ｃ→Ｄ債権は成立していない。

　(a)　**478条による救済**　　そうすると，Ｃが追認したため，Ｃに代金債権が帰属し，代金はＣに支払われるべきであるという理解に基づいてＤがＣに代金を支払っても，無効であることになる。Ｃの追認により代金債権はＣに移転しているという誤信は，法解釈についての誤信であり，478条の適用が認められるのかは微妙である。Ｄの保護についてほかの構成が考えられるのであれば，そちらによるべきである。

　(b)　**479条による救済**　　ＤがＣに代金を支払ったのが，債権者ではない者への弁済であり無効であったとしても，債権者がこれにより「利益を受けた」ならばその限度で弁済としての「その効力」が認められる（479条）。この点，ＤがＣに支払っても，ＡがＣに対する不当利得返還義務を免れるという利益は受けていない。従って，479条も適用にならない。

　(c)　**Ａの支払指図**　　ところで，【事実】9によると，Ａは代金を自分ではなくＣに支払うようにＤに対して求めている。この事実から別の解決を導く可能性がある。Ｃ→ＡそしてＡ→Ｄの債権が成立しているだけであるとしても，<u>ＡがＤ</u>

から 50 万円を受け取ってこれを C に渡すのを省略して，直接 C に支払うよう指図（支払指図）をしたと評価することが考えられる。そうすると，法的には，D から A，そして，A から C への 50 万円の支払がされたことになり――そのような趣旨で弁済がなされる必要であり，その限度で弁済も法律行為――，A と C のいずれの債権も弁済により有効に消滅していることになる。

この結果，G の差押えはすでに弁済により消滅した債権の差押えとして無効であり，D は G への支払を拒むことができる。

> **【答案作成についてのコメント】** 478 条や 479 条も検討しつつ，最終的には支払指図があるので，2 つの弁済がされていると考えることができる。この意味で，弁済も，弁済者がどのような趣旨で行っているのかにその効力内容がかかわることになり，法律行為であるという分析も可能になる――ここまで言及しなくてもよい――。

## 3 ［設問 2］小問(2)について

> **【出題趣旨】** ［設問 2］小問(2)は，C → A，A → D，D → C と金銭の支払が連続して一周する債権関係になっている場合に，それぞれ 2 当事者間の相殺適状はないが，D または C から相殺ができるのか，できるとしても，差押債権者を排除するまでの効力を認めるべきなのかを検討してもらう問題である。

### (1) 債権者代位権の行使について

C は，A が無資力であれば，債権者代位権（423 条 1 項）に基づいて，A の D に対する代金債権を代位行使することができ，その場合に，C は D に対して自己に 50 万円を支払うよう求めることができる（423 条の 3）。なお，A が法人であり倒産した場合には，代償的取戻権（破産法 64 条）により，C に優先的地位が認められるが，民法上は C を保護する特別規定はない（直接訴権を認める法制度もある）。

しかも債権者代位権の行使には，たとえ訴訟により行使がされたとしても，差押え同様の支払禁止の効力は認められない（423 条の 5）。そのため，相殺を対抗できるかといったことを考える必要はない。D が A C D 間の相殺ができるのかさえ考えれば足りる。

### (2) D による三者間の相殺

(a) **相殺の可否** A C D 間では，それぞれ 50 万円を C が D に，D が A に，A が C に支払い合う循環的関係にあり，金銭の循環を省略する必要がある。代位

弁済的相殺のように，3者間に2つの債権があるに過ぎない事例を超えて，全員が循環的に債権を有しているのである。

判例は，相殺適状の1つの要件である「二人互いに」という要件を満たさないという理由で，簡単に3者間の相殺を否定している（大判昭8・12・5民集12巻2818頁）。これに対して，学説は，代位弁済の代わりに相殺を用いることについて，第三者弁済の474条1項を相殺へと拡大解釈することを認めるが，物上保証人や第三取得者などに限定する提案もある。本問のような循環的な資金の移動を省略する3者間の議論については，議論は乏しい。しかし，無駄な金銭の支払を省略するという相殺の趣旨はあてはまるので，相殺を認める余地がある（循環的相殺）。

(b) **相殺の代位債権者及び差押債権者への対抗**　相殺ができるとしても，511条を類推適用し，差押前の債権であれば差押えがされてもこれを排除することができるのであろうか。相殺を期待して取引を安心して行えるようにするという担保的機能──先取特権のような法定担保であり，弁済期の到来の有無は問わない──を，3者間についても認めるべきであろうか。

単なる代位弁済の代わりに相殺を用いる場合には，差押えを排除することまで認めるのは行き過ぎである。しかし，本問では，Gが差し押さえたがために，相殺で差し引きゼロにできず，AはCに50万円を支払うことになり，CはこれをAから回収し──回収しえないリスクを負担し──更にCからDに支払をしなければならないことになる。そうすると，3者間でも循環的相殺については，2者間の相殺に準じてDの相殺をGによる差押えに優先することを認める余地がある。

このように，差押債権者Gに対して相殺の対抗を認めるかは微妙である。しかし，少なくとも，小問(2)①のDは代位債権者Cに対しては，差押え同様の効力は認められないので，Dは相殺を対抗でき，また，それで特にCに不利益はない。

> 【**答案作成についてのコメント**】本問では，代位行使には差押え同様の効力が認められないこと，3者間の相殺，しかも循環的相殺が認められるかを議論し，そのうえで，循環相殺を認めるとしたら，差押えの事例では差押えを排除する効力（511条の類推適用）まで認めるべきかを論じることになる。

## 4 ［設問3］について

> 【**出題趣旨**】　［設問3］は，債権譲渡がされた場合の，債務者による相殺の抗弁の対抗を考えて

もらう問題である。改正法では，債権譲渡の対抗要件具備後に取得した債権でも，例外的に相殺を対抗できることが可能になったことを確認する問題である。

## (1) Aの連帯保証債務

主たる債務が事業のために負担した貸金等債務であるため，Aの連帯保証には465条の6以下の保証意思宣明証書の作成が義務づけられ，本問はその要件を充たしている。そのため，Aは契約と同時に連帯保証債務を負担する。そして，主債務の弁済期到来により，保証人Aには主債務者Cに対する事前求償権が成立し（460条2号），保証人が実際に弁済をすると事後求償権が成立する（459条）。

## (2) Iへの債権譲渡について

BがAの旅館業の運営資金として受領した代金を使用したので，CはAに対して不当利得返還請求権を取得する。確かに本人Aは，乙画はC所有と知っているが，Aの同意を得ることなくBが善意で乙画を売却したものであり，代理人Bを基準として善意悪意が検討されるべきであり——本人の指図があった場合は別（101条3項）——，善意の不当利得返還請求権（703条）が成立する。

CはこのイＣはこの不当利得返還請求権をIに譲渡し，CはAに対して内容証明により債権譲渡通知をしているので，Iは債務者Aに債権譲渡を対抗することができる（467条1項）。

## (3) Aによる相殺の対抗

(a) **債権譲渡と相殺**　判例は，改正前の511条についていわゆる無制限説を採用し，これを468条2項の解釈として債権譲渡にも採用した。債権譲渡前に債務者が譲渡人に対して債権を取得していれば，その弁済期の先後を問うことなく相殺をもって差押債権者に対抗することができると考えている。改正法は，この無制限説を明記すると共に（511条1項），債権譲渡の対抗件具備後に取得した債権であっても，例外的に債務者が債権譲受人に相殺を対抗できる新たな制度を導入した（469条）。

(b) **弁済期到来前**　借入金の弁済期が到来する前は，保証人Aは譲渡人Cに対していまだ債権を一切取得していない。しかし，Cが無資力である場合には，弁済期になれば結局は自分が支払うことになり譲渡人に対して求償権を取得し，求償権を自働債権とした相殺によりIに対する支払を免れることができるという

143

期待を有している。しかし、いまだ債権は成立していないので、相殺ができず債権譲受人Iに相殺を対抗することは考えられない。

とはいえ、Aには現在はいまだ求償権がないので相殺それ自体はできないが、将来の相殺の期待は成立しているので、将来の求償権により相殺できる限度で拒絶権を認めることが考えられる。ただ条文はないので、苦しいが469条2項の趣旨の類推とでもいうべきか。

(c) **事前求償権**　主債務の弁済期が到来すると、委託を受けた保証人には事前求償権が認められる（460条2号）。そうすると、AC間で債権債務の対立が認められるので、Aには当然に相殺が認められるかのようである。しかし、主債務者は事前求償権に対して担保を提供するよう請求でき（461条1項）、これは抗弁権を認めたものと考えられている。そうすると、規定はないが、<u>抗弁権の付いた債権を自働債権とすることはできない</u>と考えられているため、Aは相殺ができないことになる。ただし、(b)で拒絶権を認めるのであれば、ここでもAにつき譲受人Iに対する拒絶権を認めることができる。

(d) **事後求償権**　保証人AがHに弁済をした後には事後求償権が成立する。しかし、事後求償権が成立したのは債権譲渡の対抗要件具備後である。改正法は、469条に債権譲渡と相殺に特化した規定を設け、469条1項で無制限説を規定するとともに、同2項において2つの例外を認めた。本問で問題になるのは、第1号であり、「対抗要件具備時より前の原因に基づいて生じた債権」である。保証人の求償権は、保証契約に基づいて成立するのであり、保証契約の時に保証人は主債務者に対する債務と将来の求償権とを相殺することを考えているため、その期待を債権譲渡によって奪うことはできないものとしたのである。

この結果、事後求償権成立後は、Aは債権譲受人Iの支払請求に対して、求償権による相殺をもって対抗することができることになる。

> **【答案作成についてのコメント】**［設問3］では、債権譲渡と相殺の問題につき、改正法により債権譲渡の対抗要件具備後に取得した債権でも、例外的にこれを自働債権とする相殺が可能になったことを確認すればよい。新法確認問題に過ぎない。その上で、応用的に、相殺の期待を保護するために、求償権が成立して相殺自体ができるようになる前でも、拒絶権を暫定的に認めることができないかを検討することが求められる。この点は、問題に言及しただけで高い評価が受けられる。

## ■ No.8 参考答案構成 ■

1 ［設問1］について
(1) BによるAの代理人としての売却
(a) 代理の効果
①Bの代理権が制限されていない場合　他人物売買になるが債権契約としては有効である。
②Bの代理権が制限されている場合　110条の類推適用が認められれば，債権契約としては有効になる。
(b) Dによる所有権取得
①有権代理の場合
ⓐ代理人の占有への信頼には即時取得を問題にできない。
ⓑしかし，他人物占有者たる本人を売主とする契約なので，即時取得が適用可能である。
②越権代理（無権代理の場合）
ⓐ他人物占有者たる本人を売主とする契約であることは変わりがない。
ⓑそのため，110条により取引が有効として保護される限り，即時取得が適用されてよい。
(2) Eによる処分授権に基づくFへの売却
(a) Dが即時取得する場合
①Dの所有権取得の効果はDの援用を要せず当然に生じる。
②その結果，Eは所有者Dから授権を受けたことになる。
③明文規定はないが処分授権も有効であり，Fは有効に乙画の所有権を取得する。
(b) Dが即時取得しない場合
(ア) 授権の権限内の場合──即時取得の可能性
①Fは乙画がD所有でEは処分授権を受けていることを知っている。
②そのため，Eの占有について即時取得を問題にできない。
③しかし，他人物占有者Dが所有者Eに占有させ処分させているという信頼が成立している。
④そのため，この場合にも即時取得の適用を認めるべきである。
(イ) 授権の権限を越える場合
①Fを110条の類推適用により保護することが可能である。
②そうすると，無権代理の場合と同様に，即時取得が成立する。

8

弁済・相殺

2 ［設問2］小問(1)について
 (1) 所有者Cによる追認の効力
   ①AD間の売買契約は追認がなくても債権契約として有効である。
   ②Cの追認により，Dの所有権取得という物権的効力が補完されるに過ぎない。
   ③Cが追認しても，売主はAのままで代金債権もAに帰属したままである。
   ④この結果，Cは追認しても代金債権を取得しない。
 (2) DによるCへの代金支払の効力
   ①C→A，A→Dの債権が成立しているに過ぎない。
   ②従って，Dが代金をCに支払っても，債権者でない者への弁済になり無効である。
   ③法解釈を誤り，Cを代金債権者と誤信した場合には478条は適用にならない。
   ④①の債権関係は残ったままであり，Aが利益を受けていないので479条も適用にならない。
   ⑤しかし，Aの指図が問題になる。
     ⓐAのCへの支払指図は，2つの弁済を省略するものである。
     ⓑDがCに支払うと，法的にはDからA，AからCの2つの弁済があったことになる。
     ⓒこの結果，DはAに対する代金債務を弁済したことになり，代金債務は消滅する。
     ⓓ従って，Gの差押えは消滅した債権の差押えであり無効。
   ⑥DはGへの支払を拒むことができる。

3 ［設問2］小問(2)について
 (1) 債権者代位権の行使について
   ①Aが無資力であれば，CはAのDに対する代金債権を代位行使できる（423条1項）。
   ②CはDに対して自己への支払を求めることができる（423条の3）。
   ③代位行使がされても，債務者の処分または への弁済は妨げられない（423条の5）。
 (2) Dによる3者間の相殺
   (a) 相殺の可否
     ①判例は2当事者以外には相殺適状を認めず，相殺を否定する。
     ②しかし，本件の場合には資金が循環するのを省略できる。
     ③505条1項を類推適用して相殺を認めるべきである。

(b) 相殺の代位債権者及び差押債権者への対抗

①代位行使には弁済等を禁止する効力はないので，相殺は可能である。

②差押えについては問題である。

ⓐ単なる支払の省略だけであれば，担保的機能まで認めることはできない。

ⓑ循環的相殺の場合には，自分は支払わされ債権が回収できないという不公平の回避の必要性がある。

ⓒ2当事者間の相殺同様に，相殺を差押債権者に優先すべきである。

ⓓ511条1項を類推適用し，差押前に取得していた債権による循環的相殺を認めるべきである。

4　［設問3］について

(1)　Aの連帯保証債務

①保証意思宣明証書も作成されている。

②特に錯誤等の事由はない。

③従って，有効に成立している。

(2)　Iへの債権譲渡について

①CのAに対する不当利得返還請求権が成立している。

②代理人を基準とし，Bが善意なので703条が適用になる。

③内容証明郵便による譲渡通知があるので，債務者Aに対する対抗要件は具備されている（467条1項）。

(3)　Aによる相殺の対抗

(a)　事後求償権成立後

①469条1項は債権譲渡の対抗要件具備時までに成立した債権による相殺のみを認めている。

②しかし，同2項は例外として，それ以前の「原因」により生じた債権ならば相殺の対抗を認める。

③本件では，Aは保証に際して自分が支払うことになったとしても主たる債務者に対する債務と事後求償権とを相殺できると期待している。

④従って，合理的な将来の相殺の期待を保護する必要性もある。

⑤結論として，事後求償権による相殺を，AはIに対抗可能である。

(b)　弁済期前

①弁済期前には，AはCに対して債権を有していない。

②しかし，(a)に述べたように，将来の相殺による求償不能のリスクの回避という期待が成立している。

③そのため，469条2項1号の趣旨を類推して，AにIに対する拒絶権を

認めるべきである。

**(c) 弁済期到来後弁済前**

①事前求償権が成立する（460条2号）。

②しかし，主債務者CはAに対して担保を提供するよう抗弁権が認められる。

③規定はないが，抗弁権の付いた債権を自働債権として相殺はできない。

④ただし，(b)と同様にこの場合にもAの譲受人Iに対する拒絶権を認めることは可能である。

以上

# No.9 弁済提供・弁済供託

次の文章を読んで，後記の［**設問1**］，［**設問2**］，及び［**設問3**］に答えなさい。

## I

【事実】

1. A（株式会社）は，家電メーカーであるB（株式会社）と，Bが生産する家電用の部品αをAが生産してBに供給する基本契約を，2020年4月に締結した（以下，「本件契約」という）。本件契約では，同年5月より，毎週月曜日の午前中に部品α1万個をBの甲工場で引き渡すことになっている。

2. 本件契約の契約期間は2020年5月から2年間とされ，更新可能となっている。交渉に際しては，何も問題がなければ更新されるのが普通であると，Bから口頭でAに説明されている。代金の支払は，1カ月ごとにその月の代金をまとめて月末に支払うものとされている

3. Aは，同年5月の製品の納品開始に間に合わせるため，5000万円をかけて部品αの生産に必要な機械をAの工場に設置した。その際，設備投資のための資金については，信用金庫から5000万円の融資を受けた。

4. 製品の納入が開始されてから3カ月目に当たる2020年7月の第2週目に，Bが同年4月から影響が現れていた新型コロナウィルスによる不況で商品が売れなくなったことを理由に，8月からは，週1万個ではなく5000個の供給でよい，それ以上は受け取れないと伝えてきた。本件契約には，Bが供給量を変更できることを根拠づける条項はない。

5. Aは，設備投資をしておりそのための借入もしたので，週5000個の供給では投下資本の回収が難しいため，Bに約束通り週1万個を受け取ってくれるよう求めた。しかし，Bは5000個しか受け取れない，生産調整しないとBの経営が傾くと言い張るだけであった。

6. 協議が整わないまま，Aは，8月の第1週も部品αを1万個生産し，Bの甲工場に持参し提供をした。しかし，Bは5000個しか受け取れないと主張

するため，Aは，やむを得ず5000個のみを引き渡し，残り5000個を持ち帰り，自社の倉庫で保管している。

7. Aは直ちに，Bに対して，残り5000個も受け取るように求め，請求があればいつでも引き渡す旨を伝えると共に，8月の第2週以降についても1万個を受け取るよう求めたが，Bはこれを拒絶する。そのため，Aは，第2週供給分については1万個を生産をして持参したが，やはりBが5000個しか受け取らず5000個の引渡しのみを求めたため，Aは一切の引渡しをせず，1万個全部を持って帰った。

8. その後，Aは再度Bに1万個の受取りを催告したが，Bは5000個のみしか受け取らないこと，また5000個を期日に持って来るよう求めるだけであるため，8月の第3週については，1万個を生産したがBの工場に持参せず，1万個を受け取るのであれば持参すると電話で催告しただけであった。

9. 同月の第4週については，Aは1万個を生産したが，Bに受取りを催告せず，部品がなくなってBが折れてくることを期待していた。同年9月の第1週以降は，部品αはBの製品用であり汎用性はなくほかに販売することはできないため，生産して不要になっても困るので，Bが請求してきたら生産すればよいと考えて，Aは全く生産をしなかった。

[設問1] 【事実】1から9までを前提として，以下の各問いに答えなさい。
(1) BはAに対して，どのような法的請求ができるか，理由を付して解答しなさい。
(2) AはBに対し，どのような法的請求をすることができるか，理由を付して解答しなさい。

Ⅱ
　【事実】1から3に加え，以下の【事実】10から13までの経緯があった。
【事実】
10. Aは，2020年5月から部品αを生産して，Bに供給を始めたが，本件契約で求められていた品質を満たしていなかったため，同年6月に，部品αを用いて生産したBの家電βについて，ユーザーがその使用中に部品αを原因とする不具合が発生した。

11. そのため，Bは，それまでに生産した家電βをリコールにより回収し，A
に対して契約通りの品質を満たした部品αの生産を求めた。Aは陳謝してこ
れに応じて，直ちに契約通りの品質の部品αをリコールに必要な分を生産し
てBに引き渡した。

12. Bは，このリコールによって生じた損害を1億円と算定して，Aに対し
て損害賠償を求めた。しかし，Aは，Bの主張する算定根拠には合理性がな
いとこれを争い，Bの算定根拠として相当な項目だけを認めて，約5000万
円を賠償金として支払う和解案を提示すると共に，5000万円を用意しBに
受取りを催告した。

13. BはこれにA納得せず，Aに対して1億円の賠償を求める訴訟を提起した。
同年の10月に第1審裁判所の判決があり，5000万円が損害として認定され，
5000万円の支払を命じる判決が出された。そのため，AはBに対して5000
万円を提供し受領を求めたが，Bが受領を拒絶して控訴をしたため，Aは
5000万円を供託した。

[設問2] 【事実】1から3及び【事実】10から13までを前提として，控訴審
の裁判官が損害は7000万円であると認定して，第1審判決を変更する判決
を出そうと考えている。控訴審裁判所としてはどのような判決を言い渡すべ
きか，遅延損害金を含めて検討しなさい。

Ⅲ
　【事実】1から3に加え，以下の【事実】14から16までの経緯があった。
【事実】

14. Aは，部品α生産用の機械の製作をC（機械の生産を業とする株式会社）
に依頼し，Cは機械γを製作し，Aの工場に納品した。その製作代金5000
万円については，4月から5回に分けて各月末に1000万円ずつ支払うこと
が合意されている。

15. Aは，機械γにより部品αを生産し，Bに供給していたが，機械γには
設計上の不具合があり，2020年4月15日に，Aの従業員Dが機械γを操作
中に，機械γの不具合により事故が発生し，Dが負傷し入院した。

16. Aは，就業規則に基づいてDに治療費・入院費等を支払った。Dは1カ

月入院したが，やはり就業規則に基づいてその間の給料を全額支払っている。そのため，Aは支払った合計額につき，Cに対して損害賠償金の支払を求めた。

[設問3] 【事実】1から3及び【事実】14から16までを前提として，AのCに対する損害賠償請求の法的根拠について検討しなさい。また，Cから機械γの代金債権との相殺が主張された場合，これは認められるか検討しなさい。

問
題

## ○ 言及すべき点及び論点 ○

1 [設問1] 小問(1)について
  (1) 事情変更の原則
    ①事情変更の原則の認否（重要度B）
    ②あてはめ（重要度B）
  (2) 履行遅滞の有無──確定期日債務（重要度B）
    ①現実の提供（重要度A）
    ②口頭の提供（重要度A）
    ③口頭の提供も不要
      ⓐ口頭の提供は必ず必要か（重要度B）
      ⓑ準備は必要か（重要度B）

2 [設問1] 小問(2)について
  (1) 提供の有効性
    ①[設問1] 小問(1)と共通（重要度B）
    ②5000個のみの受領遅滞か（重要度B）
  (2) 受領遅滞
    ①増加費用の請求（重要度B）
    ②受領義務の認否（重要度A）
    ③契約解除（重要度A）
    ④損害賠償（重要度A）
    ⑤受領遅滞の解消（重要度C）

3 [設問2] について
  (1) 契約不適合責任の確認
    ①契約不適合（重要度C）
    ②損害賠償義務は期限の定めなき債務，催告により遅滞（重要度C）

  (2) 一部提供・一部供託
    ①提供・供託は債務の本旨に従わなければならない（重要度A）
    ②一部提供・一部供託も例外的に有効になる
      ⓐ第1審判決が出された場合（重要度A）
      ⓑ判決は必ず必要か（重要度A）
      ⓒあてはめ──差額2000万円のみ賠償命令またその遅延損害金（重要度B）

4 [設問3] について
  (1) CのDに対する責任
    ①不法行為責任（重要度B）
    ②信義則上の義務違反による債務不履行責任（重要度C）
    ③相殺の受働債権にしえない（重要度A）
  (2) CのAに対する責任
    ①不適合物給付責任（重要度C）
    ②不適合物責任による損害（重要度B）
  (3) 代位取得
    ①弁済者代位が適用されるか（重要度B）
    ②賠償者代位（重要度A）
    ③賠償者代位の類推適用──給与支払（重要度B）
    ④相殺禁止は被害者でないと認められないのか（重要度A）

## 解説及び答案作成の指針

## 1 [設問1] 小問(1)について

**【出題趣旨】** [設問1] 小問(1)は，Aに提供による免責の要件が充たされているか，提供の要件を検討してもらう問題である。民法は口頭の提供は最低限必要としているが，それさえ不要な場合を認めるか，その要件をどうするか，その場合には履行の準備さえも不要なのかということを論じることが求められている。

(1) 事情変更の原則

(a) **ＢからＡに対する法的請求**　Ｂからは，Ｂの通知により契約内容が週1万個の供給から5000個の供給に変更されたこと，そして，その5000個の供給が8月の第2週からされておらず，履行遅滞にあり，催告しても引渡しがされていないので履行遅滞解除（541条本文），そして，履行遅滞による損害賠償請求（415条1項）をしてくるものと考えられる。

(b) **事情変更の原則が適用されるか**

(ア) **事情変更の原則自体は認められる**　まず，その前提のＢの変更権については，契約に規定があれば別であるが，この点の条項はないので，民法の規定または判例法理によるしかない。そうすると，事情変更の原則は民法に規定はなく解釈により認められているが，契約後の事情変更があるだけでは足りず，それが，①契約時に予見できなかったこと，②その者の帰責事由によるものではないこと，③そのまま契約内容を強制するのでは信義則に反するほど酷といえる程度の事情の変更があることなどの要件を充たすことが必要である。

(イ) **本件へのあてはめ**　契約を締結した2020年4月であればコロナウィルスの影響が既に現われていたので予見できないとはいえず，また，契約拘束力の原則の例外を認めるほどの契約後の事情変更とまでは認められないと思われる。Ｂに契約を破る自由を認めて受領義務を否定したとしても，残り5000個の履行利益の賠償義務は免れないのが原則である。

> **【答案作成についてのコメント】**まずは，Ｂによる週1万個の供給から5000個の供給への変更の意思表示は無効であり，ＡＢ間には週1万個の供給という契約関係が存続していることを確認すべきである。

(2) Ａの履行遅滞の認否

(a) **客観的には履行遅滞になっている**　Ｂによる契約変更が無効であるとすると，Ａとしては8月の第1週は5000個の引渡義務を期日が過ぎているのに履行をしておらず，第2週以降は1万個全部について期日を過ぎても履行をしていないことになる。そうすると，412条1項を適用すると，債権者の催告を要することなく履行遅滞になる。

Ｂは，【事実】4の通知により5000個の引渡しに契約内容が変更されたので，8月の第2週以降の5000個の引渡義務の不履行を問題にする主位的主張をし，契約内容の変更が認められなければ予備的に上記のような履行遅滞の主張をするこ

とが考えられる。当然，これに対しては，Aからは提供による免責の主張がなされることになる。そこで，以下には提供について検討する必要がある。

(b) 提供がされているもの

(ア) **8月第1週分の未引渡しの5000個**　まず，8月の第1週の残りの5000個については，Aが現実の提供をして，Bが5000個の受領を拒んだために引渡しができなかったのであり，492条，493条本文により現実の提供が認められ，Aは不履行による一切の責任を免れる。

(イ) **8月第2週分の1万個**

❶ **5000個のみの受領拒絶**　8月の第2週分については，Aは1万個の現実の提供をしているので，やはり492条，493条本文により不履行の責任を免れそうである。ただここで問題になるのは，Bは全部の受領を拒絶しているのではなく，5000個は受け取るといってその引渡しを求めていることである。Aは，受領拒絶がされていない5000個については引き渡さなければならず，履行遅滞になるのであろうか。

❷ **残りの5000個は権利行使あり？**　この点，履行の提供・供託の場合には，全部ではないと債務の本旨に合致せず一部提供は一切無効になるのと同様に，一部のみを受け取るというのでは受領意思の表示としての効力は認められないと考えられる。連帯債権や連帯債務では，全部の履行請求ではなく一部の履行請求もでき（432条，436条），債権の数量的一部の権利行使もできるが，これは，一部の履行では債務の本旨に合致しないが，債権者がそれを了解すれば履行また提供と認められるという意味に過ぎないと考えるべきである。AはBが全部の受領をするのでなければ，一切引渡しを拒絶できて然るべきである。

そうすると，Aは1万個全部について提供による免責の効果が認められることになる。

(ウ) **8月第3週分の1万個**　このように，「5000個だけしか受領しない」という受領の意思表示の効力は認められないので，Bが1万個全部を受け取ると意見を変えない以上は，受領拒絶と扱われる。そのため，Aは事前に受領拒絶がされている事例として，口頭の提供をすれば足りることになる（492条，493条但書）。従って，8月の第3週の1万個分についても提供の効果により，Aは債務不履行の責任を免れることになる。

(c) **提供がされていないもの——8月第4週以降**　ところが，8月第4週以

降は口頭の提供もしていない。そのため，民法では，上記の通りあらかじめ受領拒絶がされていても口頭の提供は不可欠とされているので，Aは履行遅滞の責任を免れないのであろうか。

　(ア) **8月第4週分の1万個**　　まず，8月第4週分の1万個については生産して準備をしていたが，口頭の提供さえもせず，債権者から請求されるのを待っていたに過ぎない。口頭の提供をしていない以上は責任を免れないのであろうか。

　最判昭32・6・5民集11巻6号915頁は，賃貸借の事例で賃貸人が契約の終了を主張して確定的に受領を拒絶している事例で，「債務者が言語上の提供をしても，債権者が契約そのものの存在を否定する等弁済を受領しない意思が明確と認められる場合においては，債務者が形式的に弁済の準備をし且つその旨を通知することを必要とするがごときは全く無意義であって，法はかかる無意義を要求しているものと解することはできない。それ故，かかる場合には，債務者は言語上の提供をしないからといって，債務不履行の責に任ずるものということはできない」という。

　提供の効果を認めるというのではなく，提供してはいないが，信義則上債権者は債務者の責任を追及できないというのである。492条の免責の要件を，493条を原則として考え，解釈により準備さえすれば口頭の提供さえも不要であるという例外を認めるに等しい。

　(イ) **9月第1週分以降の1万個**　　ところが，9月第1週分以降の1万個については，Aは，無駄になることを恐れまた倉庫での保管もばかにならないため——すでに3万5000個が保管されている——生産自体をしなかった。

　最判昭44・5・1民集23巻6号935頁は，上記(ア)の判決を認めつつ，「このことは，賃借人において言語上の提供をすることが可能なことを前提としているものであって，経済状態不良のため弁済の準備ができない状態にある賃借人についてまでも債務不履行の責を免かれるとするものではない」，として賃貸人による解除が有効としている。これは「債権者が経済状態の不良のため弁済の準備ができない状態にあるときは，そもそも債権者に協力を要求すべきものではない」ことが理由とされている。

　この判例の射程が，金銭債務ではない本事例のAの債務に及ぶのかは問題となる。Aは部品αを生産するための機械を処分するなどしない限り，部品αの生産は可能である。他方，部品αはBの製品以外に汎用性もなく既に3万5000個が

156

保管されていることからも生産を控える合理的な理由もあるといえる。例外の適用を否定する上記判例の射程は本件には及ばないと考えるべきである。

　以上のように考えると，BはAに対して履行遅滞の責任を問うことはできず，受領遅滞の状態を解消して，過去の分の受領をすることまた今後は1万個を受領することを明確に伝えない限りは，Aの履行遅滞の責任を問うことはできない。

> **【答案作成についてのコメント】** BからAに対する契約解除や損害賠償請求について，Aからは提供，更には提供を不要とする特段の事情の存在の主張がなされ，その検討がされるべきである。そして，Bからは，Aが生産して準備をしていつでも引渡しができる状態にしていることが必須の前提であるという主張が出されるため，この点についても更に検討すべきである。

## 2　[設問1]　小問(2)について

> **【出題趣旨】**　[設問1]小問(2)は，同じ事例を債務者の側から検討してもらう問題である。受領遅滞についての債権者の責任，債務者に与えられる法的保護を検討することが求められている。

### (1)　代金債務の不履行

　(a)　**契約解除について**　　Aとしては，このままでは埒が明かないので，契約解除して，設備投資が無駄になったことにつき損害賠償を請求したいと考えるはずである。その根拠としては，まず，Bは各月の代金を支払わないと思われるので，代金債務の不履行が考えられる。この点，Aの引渡義務が未履行なので同時履行の抗弁権により履行遅滞にならないということが考えられるが，<u>明確に受領を拒絶している場合には提供なくして同時履行の抗弁権の主張を排斥できるので</u>（最判昭41・3・22民集20巻3号468頁），提供なく催告解除は可能である。この解除は，<u>各月の代金未払い分の一部解除ではなく，基本契約自体の解除</u>が認められるべきである。

　(b)　**損害賠償について**　　問題は，基本契約についての設備投資が無駄になった損害の賠償請求である。代金債務（金銭債務）の不履行を理由に，このような賠償請求ができるのであろうか。金銭債務の賠償内容は制限されているからである（419条）。しかし，ここでは，545条4項の解除がされたがための損害の賠償請求がされているのであり，上記損害の賠償請求を認める余地がある。そうすると，損害賠償については，これで問題が解消されるが，債権者が受領をしない，基本契約のいわば協力義務の違反が本質的に問題になっているのであり，受領義

務違反を理由とする主張を次に検討してみたい。

> **【答案作成についてのコメント】**本問のメインは受領遅滞をめぐる問題であるが，代金債務の不履行を理由に契約解除また投下資本が無駄になった損害賠償の請求が認められることも，言及しておくことが好ましい。

## (2) 債権者の受領義務違反

### (a) 受領義務の認否

　(ア)　**改正法は解釈にまかせた**　　2017年改正前は，旧413条に債権者が受領遅滞について「責任を負う」旨の規定があった。この規定の理解を握るカギは，債権者に受領義務を認めるか否かにあった。①これを認めない**法定責任説**では，そもそも義務違反が考えられないので契約解除や損害賠償請求は認められなかった。②他方，これを認める**債務不履行責任説**では，債務不履行があるので契約解除も損害賠償請求も可能とされていた。

　改正法はこの点につき解決することなく，解釈にまかせる趣旨で，413条には受領拒絶について異論なく認められていた効果のみを規定することに変更した。そのため，従前の判例が改正後も先例として残されることになる。

　(イ)　**従前の判例**　　判例は，かつての通説である法定責任説を採用し（大判大4・5・29民録21輯858頁，最判昭40・12・3民集19巻9号2090頁），それを正面から変更することを宣言することなく，最判昭46・12・16民集25巻9号1472頁は，Xが採掘する硫黄鉱石の全量を年最低4000トンをYに売り渡す契約がなされたが，市況悪化のためYが途中で引取りを拒絶した事案で，XのYに対する損害賠償請求を認めた原判決を支持した。同判決は，「信義則に照らして考察するときは，Xは，右約旨に基づいて，その採掘した鉱石全部を順次Yに出荷すべく，Yはこれを引き取り，かつ，その代金を支払うべき法律関係が存在していた……，Yには，Xが採掘し，提供した鉱石を引き取るべき義務があったものというべきであり，Yの前示引取の拒絶は，債務不履行の効果を生ずる」と説明する。

　あくまでも，信義則を介して受領義務を契約内容として認める——そのような黙示の合意を認める（補充的解釈を認める立法ならば，裁判官による契約内容の補充）——に過ぎない。信義則上の義務として受領義務を認めるものではない。

　(ウ)　**本問について**　　本問は，毎週1万個の部品の生産・供給であり，どの程度の部品かは明確ではないが，上記判例ほどの大規模な事例ではない。しかし，

受領してもらわないと債務者 A は困り，また，設備投資が無駄になるという点では共通している。そうすると，本問でも，A は B の受領義務違反を理由に，本件供給契約を解除し（541 条［催告解除］，541 条 1 項 2 号［即時解除］），また，設備投資の損害を含めて損害賠償を請求することができる（545 条 4 項）。

(b) **受領遅滞のその他の効果**　また，A は，受領遅滞と相当因果関係のある損害として，受領を拒絶された部品 α の保管費用の賠償請求も可能であろうが，受領義務の認否にかかわらず認められる効果として，改正 413 条 2 項に，受領拒絶または受領不能により履行費用が増加したならば，その費用は債権者が負担することが規定された（485 条の確認規定）。従って，A は受領遅滞中の保管費用を413 条 2 項に基づいて償還請求することもできる。

なお，B が 5000 個を受け取るという意思を表示しているが，1 万個全部の受領遅滞として扱われることは先に述べた通りである。

(c) **受領遅滞解消の要件**　B が契約解除を免れまた解除による莫大な損害賠償義務を免れるためには，受領遅滞を解消する必要がある。この点，最判昭 45・8・20 民集 24 巻 9 号 1243 頁は，建物の賃貸借の事例で，「X［賃貸人］は，<u>賃貸借の終了を理由とする賃料の受領拒絶の態度を改め</u>，以後 Y［賃借人］より賃料を提供されれば確実にこれを受すべき旨を表示する等，自己の受領遅滞を解消させるための措置を講じたうえでなければ，Y の債務不履行責任を問えない」と判示する。

本問でいえば，B が週 5000 個の供給契約に変更されたという主張を撤回して，過去の分も含めて 1 万個を受け取る旨を A に通知して初めて受領遅滞が解消されることになる。

**【答案作成についてのコメント】**受領義務について，判例の解釈また判例の射程がどこまで及ぶかを中心論点として議論すべきである。落としても構わないが，受領遅滞の解消にも言及しておくと加点されるものと思われる。

## 3　［設問 2］について

**【出題趣旨】**　［設問 2］は，一部提供・一部供託の効力について考えてもらう問題である。原則として，全部でないと債務の本旨に従っておらず一切提供・供託の効力が認められないが，債務者が債務の全部だと信じている場合，それがやむを得ない場合にまで全部無効という原則を貫いてよいのか，例外について検討してもらう問題である。

⑴ 一部提供・一部供託についての原則

弁済提供は「債務の本旨に従って」しなければならず（493条），これは現実の提供，口頭の提供に共通の要件である。金銭であれば全額，物の引渡しであれば全数量をそろえて提供しなければならず，この要件をも充たさない限り，一部提供また供託は，その一部を含めて全部無効となる。ただし，その後に追加して全額供託がされた時点で供託の効果が生じる（最判昭46・9・21民集25巻6号857頁）。

【答案作成についてのコメント】まず，提供・供託は債務の本旨に従う必要があり，一部提供や一部供託は全面的に無効であることを確認して，問題提起をすべきである。ただし，金額が分かっていて一部提供・供託をしているのではなく，金額が分からず全部提供・供託だと思っている場合には，保護の必要性があることを指摘して，問題提起をすべきである。

⑵ 僅少の不足プラス善意の場合は例外的に有効

(a) 492条，493条以外の事例　①提供や供託された金額の不足額が極めてわずか（＝僅少な不足）であり，かつ，②不足について債務者が善意である場合には，その金額の支払を要件とする制度の効力が認められている。例えば，買戻しのための提供がされた事例（大判大9・12・18民録26輯1947頁），譲渡担保における担保物件の引渡請求を拒否するための提供・供託の事例（大判昭10・6・8判決全集19号3頁）などである。買戻しが有効となるためには，代金と契約費用を「返還」して解除をする必要があり，代金および契約費用の返還が解除の有効要件になっている。契約費用が2万円なのに1万9000円と計算間違いをして提供した場合，解除は無効ではなく有効とされる。契約費用の返還の効力は不足分については生じておらず1000円の返還義務が残る。

(b) 492条，493条について　弁済提供また供託についても，上記と同様の原則が適用されている。例えば，代金1万円の提供で100円不足した場合（大判昭9・2・26民集13巻366頁），804円95銭に対し7円40銭不足した場合（大判昭13・6・11民集17巻1249頁）などで，一部提供も有効とされている。判例はないが，損害賠償義務にもあてはまり，僅少の不足ならばその金額の限度で有効となると考えられる。

しかし，本問では損害が7000万円に対して5000万円の提供・供託（第一審判決後）なので，2000万円の不足であり僅少の不足ではない。では，Aの5000万円の提供・供託は全部無効なのであろうか。損害が不明で裁判所によって決めて

もらうための訴訟が提起されているのに，判決を予測してその金額に僅少の不足となるような金額での提供・供託を要求するのは，債務者にとってはいかにも酷である。

**【答案作成についてのコメント】**原則については，債務者が全部提供・供託だと信じていて，そして，不足額が僅少である場合には，例外的に提供の効果が認められることを確認し，しかし，僅少でなければならないということを再度問題提起すべきである。

## (3) 僅少の不足ではなくても例外が認められるか

(a) **明文規定があれば可能**　賃貸人の賃料増額請求が裁判により認められた場合に，特別規定が立法される前は，差額が僅少ではない場合には全部無効とされていた（最判昭 40・12・10 民集 19 巻 9 号 2117 頁）。しかし，それでは賃借人に酷なので，判決の翌年＝昭和 41 年の借地法，借家法の改正により，賃貸人の賃料増額請求の場合には，賃借人は自分の相当と思う額を支払えばよいとされる規定が置かれた（現在の**借地借家法 11 条 2 項，32 条 2 項**）。ただし，差額については年 10 パーセントの利息を支払うという責任を加重することによりバランスがとられている。修正したのは僅少という部分だけであり，賃借人が提供した金額を相当と思っていなければ例外的保護は認められない（最判平 8・7・12 民集 50 巻 7 号 1876 頁）。

(b) **明文規定がない場合はどう考えるべきか**　本問の損害賠償義務のように「損害額」が判決や和解により初めて確定される債務の場合には，特別の扱いが認められるべきであろうか。

最判平 6・7・18 民集 48 巻 5 号 1165 頁は，交通事故による損害賠償請求訴訟において，「加害者は……判決が確定して初めて自己の負担する客観的な債務の全額を知るものであるから，……加害者に対し難きを強いること」，また，「被害者は，右提供に係る金員を自己の請求する損害賠償債権の一部の弁済として受領し，右供託に係る金員を同様に一部の弁済として受領する旨留保して還付を受けることができ」ることから，「加害者が被害者に対し，第一審判決によって支払を命じられた損害賠償金の全額を任意に弁済のため提供した場合には，その提供額が損害賠償債務の全額に満たないことが控訴審における審理判断の結果判明したときであっても，原則として，その弁済の提供はその範囲において有効なものであり，被害者においてその受領を拒絶したことを理由にされた弁済のための」提供また供託は有効としている。

(c) **本問へのあてはめ**　本問では，第 1 審判決により 5000 万円の賠償を命じる判決が出されており，判決後の A の B に対する 5000 万円の提供また供託は 5000 万円の限度で有効となり，供託（494 条）が有効なので残額 2000 万円の支払を命じ，遅延損害金については請求から第 1 審判決後に 5000 万円の提供があるまでの 7000 万円を元本とした遅延損害金，また，それ以降の残額 2000 万円についての遅延損害金の支払が命じられることになる。

問題は，必ず判決が必要なのかということである。訴訟前に，A は 5000 万円での和解を提案しており，結局はそれが第 1 審判決の認容額と等しかったのである。A の提案が合理的であったことになるが，結果論に過ぎず，判決は必須なのであろうか。この点，上記最判平 6・7・18 が根拠とした「公平」という根拠に基づいて判断がされるべきであり，一部提供の効力を認める余地はある。

> 【答案作成についてのコメント】損害賠償義務については，判例が，第一審判決が出されていることを条件として僅少という要件を不要としていること，そして，その本問へのあてはめをした上で，判例の射程につき，判決が出されるまでは一切，一部提供・供託は効力を認められないのかを議論すべきである。

## 4　［設問 3］について

> 【出題趣旨】　［設問 3］では，まず請負人が不適合物を製作した場合に，従業員である D への賠償金の支払や就労していないのに給料を支払ったことを相当因果関係にある損害とみるかどうかを確認する必要がある。また，D について不法行為と債務不履行に基づく損害賠償義務を認めることができ，これに対して C は相殺をなしえないことを確認し，それが D の損害賠償請求権を代位取得する A にも承継されるのかを検討する必要がある。A については，弁済者代位なのか賠償者代位なのか，賠償したのではなく給料を支払った場合はどうなるのかも検討すべきである。

### (1)　C の損害賠償義務

(a) **A に対する債務不履行責任**　まず，C は A との間に製作物供給契約があるので，不適合物を制作して引き渡したのは債務不履行になる。559 条，564 条，415 条 1 項により，損害賠償を請求できる。その賠償範囲については，416 条により規律され，人身事故が生じた点は 416 条 2 項の特別事情ということができるが，不具合があればその結果として予見できる事故であれば，本件事故による損害も賠償範囲に含まれる。

また，A には事故についての過失はなく賠償義務を負わないのに，就業規則に

より賠償金を支払いまた就労できなくても給料を支払っており、この点も予見可能であれば、Ａのこれらの支払による損害も賠償請求が可能になる。

(b) **Ｄに対する責任**　Ｃは欠陥製品の製造者として、Ｄに対して製造物責任を負い（製造物責任法3条）、また、過失があれば、民法709条の責任を負う――従業員の製作上のミスであれば715条1項――。また、ＡＣ間の機械γ製作の請負契約に付随する信義則上の義務をＣＤ間に拡大する余地があり、もしこれを肯定すればＣはＤに対して債務不履行責任も負い（415条1項）、請求権競合となる。

【答案作成についてのコメント】まず、ＣのＡ及びＤに対する損害賠償義務について確認をしておくべきである。

## (2) 相殺の受働債権とすることができるか

改正前は不法行為による損害賠償請求権は一般的に相殺の受働債権とすることが禁止されていた（旧509条）。改正法はこの点を随分と変更した。

①まず、Ａの損害賠償請求権は、不法行為による損害賠償請求権ではなく、改正前後を問わず相殺の受働債権とすることができる。ＣのＡに対する責任を不法行為と構成することは無理であろう。

②次に、ＣのＤに対する損害賠償請求権は、不法行為責任とも債務不履行責任とも構成可能であり、請求権競合が認められる（☞(1)(b)）。2017年改正法では、不法行為債権というだけでは相殺禁止とはならず、①「悪意」――故意よりも悪質性が高いことが必要――による不法行為、または、②生命または身体を侵害する不法行為であることを相殺禁止の要件とした（509条1号、2号）。他方で、生命・身体侵害については、安全配慮義務違反など債務不履行の場合にも相殺禁止を拡大している（509条2号）。

こうして、Ｃは、Ａの損害賠償請求権を受働債権とする相殺をすることができるが、Ｄの損害賠償請求権を受働債権とする相殺はできないことになる。

【答案作成についてのコメント】不法行為債権の相殺禁止は改正で大きく変わったので、改正規定を確認して、Ａには適用にならず、Ｄには適用になることを確認すべきである。

## (3) ＡによるＤの損害賠償請求権の取得と相殺禁止

(a) **損害賠償金の支払――入院・治療費など**　Ａは、ＣのＤに対する損害賠償義務を代わりに支払ったのではなく、第三者弁済による求償権を取得するものではない。従って、弁済者代位を問題にすることはできない（499条）。

しかし，就業規則により，就労中の事故につき損害賠償義務を引き受けており，自己の損害賠償義務の履行として賠償金を支払ったのである。不真正連帯債務者間の求償関係ともいえるが，<u>422条の賠償者代位を認める</u>ことが考えられる。そうすると，Ａは，Ｄの不法行為（また製造物責任法）上の損害賠償請求権及び債務不履行による損害賠償請求権を，代位取得することになる。求償権（442条）であれば，一般の消滅時効（166条1項）が適用になりまた遅延損害金は請求時以降のものに限られるが（412条3項），不法行為債権を取得するので，不法行為法規定また法理の規律を受けることになる。

　(b)　**給料の支払——休業損害**　本来ならば，Ｄは就労することができずＡから給料を受けられないため，それを損害としてＣに賠償請求ができたはずである。ところが，就業規則に従い就労中の事故による就労不能としてＡはＤに給料を全額支払っている。これにより，Ｃが休業損害の賠償義務を免れるのは適切ではない。判例は，「民法422条を類推して使用者に第三者に対する求償を認めるべきである」という（最判昭36・1・24民集15巻1号35頁）。「求償」というが，ＡＣ間の固有の求償権を認めるのではなく，422条の類推適用を問題にしており，賠償をしたわけではないが，ＤのＣに対する損害賠償請求権を代位取得することを認める趣旨と考えられる。

　(c)　**相殺禁止の承継の認否**

　　(ア)　**債権の属性は承継される**　　以上のように，ＡがＤの損害賠償請求権を取得するとしても，相殺禁止という属性を承継するのであろうか。Ｄの損害賠償請求権は不法行為債権であり，消滅時効は724条また724条の2により規律され，また，遅延損害金の発生時期，弁護士費用の賠償請求の可否など不法行為債権の属性は失われない。相殺禁止により現実賠償を確保するという点はどうであろうか。Ａが自分の損害として賠償請求をする余地もあるが，それは債務不履行による財産損害の賠償請求権となり相殺禁止の保護を受けない。

　　(イ)　**租税債権は論外だが，労働債権の保護は代位取得者に承継される**　　弁済者代位についてであるが，租税債権については，代位弁済者は代位取得できないという下級審判決があるが（東京高判平17・6・30金法1752号54頁），労働債権は代位取得が認められ，労働者でない代位取得者につき労働債権としての保護が認められている（最判平23・11・22民集65巻8号3165頁）。後者については，学説には反対もあり，また，弁済者代位では求償権保護が趣旨であり事情が

異なる。しかし，賠償者代位について同列には考えられないとしても，参考にすることができる。

　　(ウ)　509 条について──但書の射程　　ここで気になるのが，509 条柱書但書である。被害者自身ではなく，被害者から損害賠償請求権を譲り受けた者には，509 条の保護は適用されないのである。つまり，509 条の保護は被害者限りとされているのである。代位取得については，①一身専属的保護であることを確認する規定として 509 条但書を類推適用すべきか，それとも，②債権譲渡に限定されており，自由に譲渡するかどうか選択できる事例とは異なり，相続人には承継され一身専属性はないので，代位取得では但書の類推適用を否定すべきか，解釈にまかされることになる（②を支持すべきように思われる）。

> 【答案作成についてのコメント】最後に，D の損害賠償請求権を A が取得することを，その法的構成と共に確認する。そして，不法行為債権の相殺禁止という保護が A に承継されるのかを検討すべきである。

## ■ No.9 参考答案構成 ■

1　［設問 1］小問(1)について
　(1)　B の A に対する法的請求
　(a)　法的請求の前提としての 5000 個の供給への契約内容の変更
　　①B は事情変更の原則により，5000 個の供給への変更が有効であると主張する。
　　②B は 5000 個の供給に契約内容は変更され，A が 1 万個の受領を主張することはできないと主張することになる。
　　③8 月第 2 週以降は変更された 5000 個の引渡しをしておらず，A は履行遅滞にあると主張する（412 条 1 項）。
　　④そのため，B は契約解除（541 条本文），また，損害賠償請求（415 条 1 項）をすることになる。
　(b)　契約内容の変更は認められるか
　　①予見できない事情の変更ではない。

②契約拘束力の原則に対する例外を認めるほどの事情の変更ではない。

③この結果，Bによる変更は無効であり，従前通り1万個の供給内容のままである。

④そうすると，8月の第1週の残り5000個，翌週以降の1万個が引き渡されていないことになる。

(2)　Aの履行遅滞について

(a)　**確定期日債権である（412条1項）**

①毎週月曜に1万個を供給するという確定期日が定まっている。

②催告がなくても期日を経過すると履行遅滞になる（412条1項）。

③提供など遅滞を免れる事由がないと遅滞の責任が生じる。この点，以下に検討する。

(b)　**提供による免責**

(ｱ)　**8月第1週分の未引渡しの5000個**　現実の提供があり（493条本文），Aは免責される（492条）。

(ｲ)　**8月第2週分の1万個**

①Bは5000個は受領するといっており，残りの5000個だけの受領遅滞か。

②しかし，受領は全部でなければならず，一部の受領拒絶は全部拒絶として扱われる。

③従って，Aは1万個全部を提供した上で引渡しをしないことができる。

④よって，Aは1万個全部について履行遅滞の責任を免れる。

(ｳ)　**8月第3週分の1万個**

①あらかじめ全部受領拒絶と扱われる。

②口頭の提供（493条但書）により1万個全部につき履行遅滞の責任を免れる。

(c)　**提供がないものについて**

(ｱ)　**8月第4週分の1万個**　明確に拒絶しているため口頭の提供なしに，Aは遅滞の責任を免れる（判例）。

(ｲ)　**9月第1週分以降の1万個**

①判例は，賃借人につき，履行できない場合には遅滞の責任を免れることはできないという。

②本件は物の生産である。

　ⓐ生産設備は維持されており，いつでも生産できる。

　ⓑ保管などを考えると生産を控える合理的理由がある。

　ⓒよって，生産さえしていなくても(ｱ)同様の保護が与えられるべきである。

2 ［設問1］小問(2)について
(1) 代金債務の不履行について
　①Bは代金も支払わないと思われるので，AはBの代金債務の不履行を問題
　　にすることが考えられる。
　②Aは部品αの引渡しをしていないので，Bは同時履行の抗弁権を援用する
　　ことが考えられる。
　③しかし，Bが明確に受領を拒絶していれば，Aは提供なくして同時履行の
　　抗弁権の主張を排斥できる。
　④この結果，Bは代金債務について履行遅滞となる（月末支払という確定期
　　日）。
　(a) 契約解除
　　①Aは催告解除（541条）が可能である。
　　②Bが支払を拒絶したら即時解除が可能になる（542条1項2号）。
　　③解除は不履行代金部分ではなく，基本契約そのものにつき可能である。
　(b) 損害賠償請求
　　①金銭債務の不履行である。
　　②しかし，419条は適用にならず，545条4項により解除のために生じた損
　　　害の賠償請求ができる。
　　③そうすると，Aの設備投資が無駄になった損害を賠償請求できる。
(2) 受領遅滞について
　(a) 受領義務の認否
　　①判例は原則として受領義務を認めない。
　　②しかし，鉱山の開発のような大規模な事例は別である。
　　　ⓐ信義則を根拠に契約上受領義務の合意を認める。
　　　ⓑ本件はそこまで大規模ではないが，判例の射程範囲であると思われる。
　　　ⓒ従って，Bの受領義務を認めるべきである。
　(b) 受領義務違反の効果
　　①541条により催告解除，542条1項2号により即時解除ができる。
　　②545条4項により，無駄になった投下資本の賠償など損害賠償請求がで
　　　きる。
　　③413条2項により保管費用を増加費用として賠償請求ができる。
　　④Bは契約変更を撤回し，過去の分も含めて週1万個受領する旨を伝えれ
　　　ば，受領遅滞を解消できる。

3 ［設問2］について
(1) 一部提供・供託は全部無効

①提供また供託は債務の本旨に従わなければならない（493条，494条）。

②提供・供託された一部についても効力は認められない。

③しかし，金額が不明の場合には問題である。

　ⓐ法は不能を強いることできない。

　ⓑ債務者としても遅延損害金の発生を止めたい。

(2) 例外は認められないか

(a) 善意かつ僅少の不足の場合

①金額が不明な場合に，債務者が全部提供・供託と信じている場合には保護すべきである。

②判例も，僅少な不足であれば信義則上一部について有効とする。

③しかし，本問の場合には2000万円の不足であり，僅少の不足ではない。

(b) 損害賠償義務についての更なる例外

①判例は不法行為による損害賠償請求権については例外を緩和している。

　ⓐ判決で確定するまで金額が分からない。

　ⓑ債務者に僅少の不足での金額の提供・供託を求めるのは不能を強いることになり酷である。

　ⓒ債権者は賠償金の一部として留保して受領また供託金の受取りをすることができるのであり，不利益はない。

②判例が認めたのは，第1審判決が出されその金額による提供・供託の場合に過ぎない。

　ⓐそのため，Aが第1審判決後に判決内容に従って5000万円提供・供託したのは有効である。

　ⓑ判決としては残額の2000万円の賠償のみが命じられることになる。

　ⓒまた，遅延損害金は2000万円を基準として，支払までということになる。

③第1審判決以前の提供はどう考えるべきか

　ⓐ公権的に確定された金額であることが必須であれば，無効になる。

　ⓑしかし，第1審判決と同額であり，それは合理的なものであったことが分かる。

　ⓒ微妙であるが，債務者保護を考えて有効であったと考えるべきである。

　ⓓそうすると，事実12の訴訟前の提供は有効となる。

　ⓔそれ以降の2000万円の遅延損害金だけが支払を命じられることになる。

4 ［設問3］について

(1) Cの損害賠償義務

(a) Ａに対する債務不履行責任

①Ｃが不具合のある製品を製作しており，債務不履行責任を負う（559条，562条以下）。

②ＡがＤに対して支払った賠償金や給与を損害として賠償請求が可能（416条2項）。

③不具合があればこのような事故が発生し，そのような支出が生じることは予見可能である。

(b) Ｄに対する損害賠償義務

①不法行為責任を負う。

　ⓐ製造物責任法3条の責任を負う。

　ⓑまた，過失があれば民法709条，715条1項の責任を負う。

②債務不履行責任も考えられる。

　ⓐＡＣ間の請負契約の信義則上の付随義務はＤに拡大されるべきである。

　ⓑそうすると，ＤはＣに対して債務不履行責任（415条1項）も追及できる。

③請求権は競合しＤはいずれを選択してもよい。

(2) 相殺の受働債権とすることができるか

①Ａの債権は債務不履行による財産損害であり，509条の適用はなく相殺の受働債権となる。

②Ｄの損害賠償請求権は，不法行為・債務不履行いずれについても相殺の受働債権とすることはできない（509条2号）。

(3) ＡによるＤの損害賠償請求権の取得

(a) 賠償金の支払

①第三者弁済ではなく，求償権は成立せず，弁済者代位（499条）は成立しない。

②賠償者代位（422条）が適用になり，治療費等の損害賠償請求権をＡが取得する。

(b) 就労していないのに支払った給料

①Ｄに休業損害はないことになるが，これによりＣを免責する必要はない。

②422条を類推適用し，Ｄの休業損害による損害賠償請求権をＡが取得すると解すべきである。

(c) 509条の適用について

①ＡがＤの損害賠償請求権を取得するが，Ａは身体侵害を受けた被害者自身ではない。

②民法 509 条も柱書但書で，債権の譲受人には相殺禁止の適用を否定している。

③しかし，債権譲渡を受けるか否かが自由な事例とは異なり，A には選択の余地がない。

④賠償者代位に 509 条の柱書但書を類推適用すべきではない。そもそも相続は認められ一身専属性はない。

⑤よって，D は A の賠償請求につき，509 条 2 項により相殺が禁止される。

以上

# No.10 弁済者代位 1

次の文章を読んで，後記の［**設問1**］，［**設問2**］，及び［**設問3**］に答えなさい。以下の問題につき，利息については考えなくてよい。

## I
【事実】
1. 2020年4月に，○○温泉においてホテル業を経営するA（株式会社）は，B（銀行）から5000万円の融資を受けるに際して，Aの経営者（代表取締役）Cは親戚Dに保証人になることを依頼した。Dはこれに応じて，本件貸金債権（以下，「α債権」という）につき連帯保証人になった。Dは連帯保証契約締結の1カ月以内に保証意思宣明証書作成の手続きを経ている。
2. Cは，自らもα債権について連帯保証人になると共に，連帯保証債務を被担保債務としてC所有の甲地に抵当権を設定し，その旨の登記を経ている。甲地には，これ以外に登記された抵当権などの担保物権は存在しない。
3. 同年10月，AはBに追加融資として5000万円の融資を求め，Aが同年9月に取得していた乙地に抵当権を設定することが約束され，今回の貸金債権（以下，「β債権」という）と共にα債権を被担保債権として，乙地に抵当権が設定され，その旨の登記がなされた。両債権の返済期日は2021年4月1日とされている。
4. その後，コロナウィルスによる不況が長引き，Aの業績は芳しくなかったため，2021年4月1日の返済期日に，Aは返済ができなかった。そのため，Dは，保証人としてα債権について5000万円を支払った。β債権については一切返済がされていない。
5. Aはその後も業績が改善しないため，2021年10月から休業することに決めた。そのため，BはAの再建を断念し，同月，β債権に基づいて乙地の抵当権の実行を裁判所に申し立てた。この競売手続きには，Dも配当加入している。裁判所は乙地を競売し，5000万円が配当金とされた。

**[設問1]** 【事実】1から5までを前提として，以下の各問いに答えなさい。

(1) Dが配当要求をできる法的根拠について検討し，配当金5000万円がBDにどのように配当されるべきか検討しなさい。

(2) DはCに対してどのような法的主張ができるか，甲地の抵当権の実行も含めて検討しなさい。

Ⅱ

【事実】1に加え，以下の【事実】6から9までの経緯があった。

【事実】

6. Cは，自らもα債権について連帯保証人になると共に，α債権を被担保債権としてC所有の甲地に抵当権を設定し，直ちにその旨の登記を経ている。甲地には，これ以外に登記された抵当権などの担保物権は存在しない。

7. CD間では，CがDに連帯保証人になることを依頼するに際して，Aが支払不能の場合の不利益は全部Cが負担し，もしDが支払ったならば全額Cの抵当権に代位できる旨を約束した。Dはこの際のやり取りを録音していた。

8. その後，コロナウィルスによる不況が長引き，Aの業績は芳しくなくなり，2021年4月1日の返済期日に，Aは返済ができなかった。そのため，Dは，保証人としてα債権について5000万円を支払った。

9. Dは，甲地の抵当権に代位の付記登記をした上で，これを実行することを裁判所に申し立てた。裁判所は甲地を競売し5000万円が配当金とされた。配当手続きには，Bの抵当権設定後に，Aに対する5000万円の債権を被担保債権として甲地に抵当権を設定しているE（後順位抵当権者）が配当加入してきた。

**[設問2]** 【事実】1及び【事実】6から9までを前提として，裁判所は，配当金5000万円について，DEにどのように配当をなすべきか，理由を付して解答しなさい。

Ⅲ

【事実】1に加え，以下の【事実】10から13までの経緯があった。

【事実】

10. Cは，Bから保証人をもう1人出すことを求められたため，Dとは別に知人のFにも保証意思宣明証書を作成の上，α債権につき連帯保証人になってもらった。

11. Aのホテルは業績が芳しくなく，2020年10月に，Aは同業者のGにホテルの土地建物を売却することとし，α債権については，ABGの合意でAを免責しGがこれを引き受けることにした。その際に，Fには保証人を続けてもらうことの意思確認をしたが，Dに対してはこの意思確認をしていない。

12. 同月，Gの代表者Hが，α債権について，保証意思宣明証書を作成することなくBと連帯保証契約を締結している。

13. 2021年4月1日のα債権の返済期日が到来したが，GはAから買い取ったホテルの営業が思ったよりも改善せず，支払ができなかった。そのため，Bは，Fに対して5000万円の支払を求めた。

[設問3] 【事実】1及び【事実】10から13までを前提として，BのFに対する5000万円の連帯保証人としての履行請求について，Fから出される反論またBからの再反論も踏まえて検討しなさい。

## ○ 言及すべき点及び論点 ○

**1　［設問 1］小問(1)について**
(1) 保証契約の効力
　①保証意思宣言証書が作成されている（重要度 B）
　②無効・取消し原因はない（重要度 B）
(2) 弁済者代位
　①弁済者代位制度（重要度 A）
　②一部代位
　　ⓐ一部代位も可能か（重要度 A）
　　ⓑ債権者との関係 1──原則（重要度 A）
　　ⓒ債権者との関係 2──複数の債権が 1 つの抵当権で担保されている場合（重要度 A）

**2　［設問 1］小問(2)について**
(1) 共同保証人間の求償権
　①465 条 1 項により共同保証人間の求償権が認められる（重要度 A）
　②負担割合を超えた出捐をしたことが要件になる（重要度 B）
(2) 弁済者代位
　①D は B の C に対する保証債権を代位取得できるか（重要度 B）
　②501 条 2 項括弧書（重要度 A）
　③甲地の抵当権も取得する（重要度 A）

**3　［設問 2］について**
(1) 保証人と物上保証人を兼ねた者の負担部分
　①1 人と計算するか（重要度 A）
　②1 人だとしても 2 つの資格で負担（重要度 A）
(2) 負担割合の特約による変更
　①変更合意の有効性（重要度 A）
　②変更合意の後順位抵当権者への対抗（重要度 A）

**4　［設問 3］について**
(1) 免責的債務引受
　①免責的債務引受の可能性（重要度 B）
　②免責的債務引受の要件（重要度 B）
(2) 免責的債務引受の効果
　①新債務の負担と旧債務の免除（重要度 A）
　②担保への効力（重要度 A）
(3) 担保保存義務違反
　①D の承認を得ずに免責的債務引受に同意したことの担保保存義務違反（重要度 B）
　②その後に H が連帯保証人になった
　　ⓐ保証意思宣言証書がなくてよいか（重要度 C）
　　ⓑ担保保存義務違反が治癒されるか（重要度 A）

## 解説及び答案作成の指針

## 1　［設問 1］小問(1)について

**【出題趣旨】**　［設問 1］小問(1)は，弁済者代位の問題について，制度の趣旨また一部代位についての改正法の規定を確認した上で，抵当権の被担保債権が複数ありその 1 つの保証人になった場合に例外を認めることができるかを考えてもらう問題である。

(1) 弁済者代位の主張

(a) **保証契約の効力**　Dは，Aの事業上の借入金債務について連帯保証をしており，保証意思宣明証書の作成手続きが必要になる（465条の6以下）。本問では，Dはその手続きを踏んでおり有効に保証債務を負担している。

(b) **弁済者代位の効力**

(ア) **求償権の取得**　上記のように，Dはα債権について有効に連帯保証人になり，保証債務の履行としてBに5000万円を支払っている。そのため，Dは主債務者であるAに対して5000万円の求償権を取得している（459条）。民法は，この求償権を保護するために，**弁済者代位制度**（499条）を認めている。

(イ) **原債権の取得**　弁済者代位の効力は，債権者が債権の効力及び担保として有していた一切の権利を「行使することができる」ことである（501条1項）。代位して「行使」というが，423条の代位行使とは異なり，債権者が有していた権利を取得するのであり代位「取得」である。そのため，第三者の弁済は，債権（原債権という）の消滅原因ではなく債権の移転原因に過ぎないことになる（最判昭59・5・29民集38巻7号885頁）。

本問では，DはAに対して5000万円の求償権を取得し，その担保のために，債権者Bが有していたα債権を取得し，合わせてα債権の担保のための乙地の抵当権も取得することになる。

【**答案作成についてのコメント**】まずは，弁済者代位制度を確認した上で，一部代位について問題提起をすべきである。

(2) **一部代位の問題**

乙地のBの抵当権は，α債権だけでなくβ債権も担保している。そのため，α債権が弁済者代位によりDが取得するとしても，Bは依然としてβ債権を有している。この結果，乙地の抵当権は，Dの取得したα債権とBのβ債権を共に担保することになる（抵当権については準共有となる）。乙地の配当金は5000万円であり，被担保債権はBのβ債権5000万円と，Dのα債権5000万円であるため，配当金では全額を満足させることはできない。では，配当はどのようになされるべきなのであろうか。

(a) **原則としての債権者優先**　弁済者代位制度は，本来，第三者の弁済により消滅すべき原債権を例外的に存続させて，保証人らが求償権回収のために用いることを可能にしたものである。債権者またその他の第三者に特に不利益をもた

らさないため，本来消える権利を存続させているのである。このような前提に基づく例外的制度であるので，債権者を害することはできない。

改正前の502条の解釈として，最判昭60・5・23民集39巻4号940頁は，「抵当権が実行されたときには，その代金の配当については債権者に優先されると解するのが相当である。けだし，弁済による代位は代位弁済者が債務者に対して取得する求償権を確保するための制度であり，そのために債権者が不利益を被ることを予定するものではなく，この担保権が実行された場合における競落代金の配当について債権者の利益を害するいわれはないからである」と，**債権者優先主義**を採用した。改正法は502条3項で，この結論を明文化している。

(b)　**本件では例外が認められている**　　ところが，判例は，複数の債務を同一の抵当権で担保していて，その1つのみについて保証人がいる場合には例外を認めている。原則的事例では，保証人が1億円全額につき保証し，5000万円のみ一部弁済をしただけの事例であり，いまだ債権者に対して5000万円の保証債務を負担しているので，保証人を債権者と平等というのは違和感がある。

ところが本問の事例では，保証人はα債権について全額保証債務を履行し，債権者に対してもはや責任を負担していないのである。そのため，最判平17・1・27民集59巻1号200頁は，この場合には「抵当権は債権者と保証人の準共有となり」，「売却代金につき，債権者が有する残債権額と保証人が代位によって取得した債権額に応じて案分して弁済を受ける」と，保証人と債権者を平等として扱う。その理由については，「保証人が自己の保証していない債権についてまで債権者の優先的な満足を受忍しなければならない理由はない」という。

ただし，学説には，残額につき保証債務を負担するかどうかではなく，本来弁済により消滅することに対して例外を認めることを根拠として判例に反対し，ここでも債権者優先主義によるべきとの主張もある。改正法はこの点を変更することは意図しておらず，解釈にまかせており，判例が依然として変更されていないため，ＢＤは平等になり2500万円ずつの配当を受けることになる。

【答案作成についてのコメント】原則は債権者優先主義が採用され，改正法もこれを502条3項で明記したが，本件のような事例は例外を認めるのが判例であり，その点について議論がされるべきである。

## 2 ［設問1］小問⑵について

【出題趣旨】 ［設問1］小問⑵は，共同保証人間における求償権，そして，その求償権保全のための弁済者代位について検討してもらう問題であり，甲地の抵当権を実行することができるという利点があることを確認してもらう必要がある。

### ⑴ 共同保証人間の求償権

（a） **弁済者代位についての規定の欠缺**　改正前の501条には，保証人・物上保証人間，また，物上保証人間については代位の負担割合についての規定があり（改正法では501条3項），保証人に対する債権も代位取得の対象となることが認められている。ところが，保証人間についての代位の規定はなく，頭数に応じて保証人間でも代位ができ，他の保証人に対する債権を代位取得することを認める規定がなかった。

（b） **固有の求償権が別個に規定されている**　債務者からの求償不能のリスクを公平に分担する必要性は，保証人・物上保証人間，また，物上保証人間に限らず，保証人間にも当てはまるはずである。それなのに，旧501条が保証人間の代位を規定していなかったのは，別個に保証人間に固有の求償権を認め，それにより公平な負担を分かつようにしているためである。

それが，465条1項（改正なし）であり，保証人間に連帯特約がある場合のみならず，保証人が連帯保証であり全額を支払わなければならない事例にも適用が認められる——要するに分別の利益が認められない場合——。保証人間の求償権が501条と異なるのは，弁済者代位では一部の弁済でも負担割合に応じた代位が可能であるが，負担部分を超えた出捐をした場合であることが必要とされ，その超えた部分のみの求償ができるに過ぎない点である。

（c） **弁済者代位の必要性は残される**　しかし，465条1項では無担保の求償権が認められるだけである。本問では，BのCに対する保証債権には甲地について抵当権が設定されており，弁済者代位が認められればこの抵当権による回収が可能になる。そのため，共同保証人間の求償権ではなく，弁済者代位を認める必要がある。

ところが，旧501条によると，主債務者Aに対する求償権が被保全債権になり一部弁済でも代位ができてしまい，465条1項の負担部分を超えた出捐をすることを要件にしている趣旨が没却されてしまう。

**【答案作成についてのコメント】**共同保証人間の固有の求償権が認められていることと，共同保証人間の弁済者代位との関係について問題提起をすべきである。

## (2) 改正法は明文規定を置いて解決した

この点，2017 年改正法は，501 条 2 項括弧書を設けてこの問題を解決した。

弁済者代位においては，原則として，「自己の権利に基づいて<u>債務者に対して求償をすることができる範囲内</u>」につき，同 3 項の負担割合に応じて代位することが認められる。一部弁済でも負担割合に応じて代位できることになる（501 条 2 項）。

他方，保証人間については，2 項括弧書で，「保証人の一人が他の保証人に対して債権者に代位する場合には，自己の権利に基づいて<u>当該他の保証人に対して求償をすることができる範囲内</u>」で代位ができることを明記した。同 3 項に負担割合が規定されていないが，465 条 1 項の求償権を被保全債権とするということで必要な調整は尽きているからである。一部弁済について負担割合に応じた代位を問題にする必要はなく，本問でいえば，例えば D が 3000 万円の弁済をしたとすれば C に対して 1500 万円ではなく 500 万円（3000 万円 − 2500 万円）の代位しかできないのである。これにより，465 条 1 項の趣旨が没却されないようになっている。

本問では，D は $a$ 債権につき全額を支払っているので，A に対する 5000 万円の求償権（459 条）とは別に，共同保証人 C に対する 2500 万円の求償権を取得している（465 条 1 項）。<u>これを被保全債権として</u>，D は C 所有の甲地の抵当権の付いた B の C に対する保証債権を代位取得できることになる。

**【答案作成についてのコメント】**2017 年改正法がこの問題を明文規定を置いて解決したこと，501 条 2 項括弧書で共同保証人に対する求償権を被保全債権とし，その第 3 項で代位の負担割合について規定がないことを説明すべきである。

# 3 ［設問 2］について

**【出題趣旨】**［設問 2］は，まず，保証人と物上保証人の地位を兼ねる者の負担割合について確認し，それを変更する合意が有効か，また，有効であるとしても後順位抵当権者に対抗できるのかを考えてもらう典型論点型の問題である。

(1) 保証人と物上保証人を兼ねる者の負担割合

(a) 2人分の負担部分を計算すべきか　Cは，α債権——[設問2]はα債権だけなので頭を切り替えてもらいたい——につき，Cは保証人になると共に，甲地に抵当権を設定し物上保証人にもなっている。[設問1] 小問(2)では，Cが<u>α債権ではなく保証債務に抵当権が設定されている</u>ので，担保の総量は変わらないが，その法的地位は保証人に過ぎない。では，抵当権を主債務に変更しただけで，実体は変わらないが，[設問2]では，保証人と物上保証人の2人としての負担割合を考えるべきであろうか（これを肯定するのが二人説）。

(b) 判例は1人分の負担を2つの資格で負担するものとした　この点，判例（最判昭61・11・27民集40巻7号1205頁）は，二重資格者を「二人である，として代位の割合を決定すべきであると考えるのが代位者の通常の意思ないし期待でない」，また，二重資格者の「担保物の価格を精確に反映させて代位の割合を決定すべきであると考えるのが代位者の通常の意思ないし期待であるとしても，右の二つの要請を同時に満足させる簡明にしてかつ実効性ある基準を見い出すこともできない」ため，「501条但書後段4号，5号の基本的な趣旨・目的である公平の理念に基づいて，<u>二重の資格をもつ者も一人と扱い，全員の頭数に応じた平等の割合であると解するのが相当である</u>」という。

物件価格を無視するという問題点があることは承知でやむを得ず簡単・公平な基準によるというのである。判例を適用すれば，CD間は頭割りで2500万円ずつの負担となり，Dは2500万円を限度に，抵当権と保証債権とを代位取得することになる。改正法はこの点何らの規定を置かず，従前通り解釈にまかせた——先例を変更する判例は出されていないので上記判例が維持される——。

**【答案作成についてのコメント】** まず，二重資格者への501条3項の規定の適用を確認し，判例の状況，そして改正法は規定を置かず解釈にまかせたため，変更されない限り従前の判例が妥当することを確認すべきである。

(2) 負担割合についての特約

(a) 負担割合についての特約は有効　類似の代位「取得」——423条は代位「行使」，422条は代位「取得」——制度として，392条2項の後順位抵当権者の代位がある。この代位は強行規定であり，抵当権設定者と抵当権者との合意で排除したり変更することはできない。

これに対して，501条3項は，任意規定であり，<u>これと異なる特約は有効であ</u>

ると解されている（最判昭 59・5・29 民集 38 巻 7 号 885 頁）。「その窮極の趣旨・目的とするところは代位者相互間の利害を公平かつ合理的に調節することにあるものというべきであるから，物上保証人及び保証人が代位の割合について同号の定める割合と異なる特約をし，これによってみずからその間の利害を具体的に調節している場合にまで，同号の定める割合によらなければならないものと解すべき理由はなく，同号が保証人と物上保証人の代位についてその頭数ないし担保不動産の価格の割合によって代位するものと規定しているのは，特約その他の特別な事情がない一般的な場合について規定しているに過ぎず，同号はいわゆる補充規定である」という。

　(b)　**後順位抵当権者への対抗**

　　(ア)　**後順位抵当権者は不利益を受ける**　　そうすると，民法の規定（の解釈）によれば，ＣＤ間は頭割りで 1/2 ずつ求償不能のリスクを負担するはずであり，ＤはＣ所有の甲地の先順位（第 1 順位）の抵当権に 2500 万円を限度で代位取得するに過ぎない。後順位抵当権者Ｅは，配当金 5000 万円のうちから，Ｄに配当した残額 2500 万円の配当を受けられることになる。

　　ところが，ＣＤ間の特約によりＣが 100% 負担することになっているので，Ｄは甲地の抵当権に 5000 万円全額を代位できることになり，<u>Ｅは本来 2500 万円受けられたはずの配当がゼロになる</u>。では，この特約をＤはＥに対抗できないのであろうか。

　　(イ)　**判例は対抗を認める**　　契約は相対効が原則とされ，契約により第三者に不利益を与えることはできないと考えられている。そうすると，本件特約をＤはＥに対抗できず，2500 万円の代位しか主張できないのであろうか。

　　この点，判例（最判昭 59・5・29 民集 38 巻 7 号 885 頁）は，旧 501 条後段 5 号は任意規定——当事者が合意で定めなかった場合の補充規定——であり，これと異なる特約は有効であり，「その求償権の範囲内で右特約の割合に応じ抵当権等の担保権を行使すること」を認めた上で，次のようにいう。

　　同規定は，「共同抵当に関する同法 392 条のように，担保不動産についての後順位抵当権者その他の第三者のためにその権利を積極的に認めたうえで，代位の割合を規定していると解することはでき」ない，「後順位の抵当権者その他の利害関係人は，債権者が右の根抵当権の被担保債権の全部につき極度額の範囲内で優先弁済を主張した場合には，それを承認せざるをえない立場にあり，右の特約

によって受ける不利益はみずから処分権限を有しない他人間の法律関係によって事実上反射的にもたらされるものに過ぎず，右特約そのものについて公示の方法がとられていなくても，その効果を甘受せざるをえない立場にある」。

　　(ウ)　**本件へのあてはめ**　　そうすると，本件で，ＣＤ間に特約がなければ，Ｄの甲地の抵当権への代位は2500万円に限られ，Ｅが後順位抵当権者として2500万円の配当を受けられるというのは，後順位抵当権者Ｅの保護のためにそうなっているのではなく，ＣＤ間で自由に決められる負担割合について決められていないことによる反射的利益をＥが受けるものに過ぎないことになる——Ｄが100％負担ならばＥは特約により利益を受ける——。

　Ｅは$a$債権が5000万円であり，後順位なので配当ゼロを覚悟していた——ないし覚悟すべき——のであり，弁済者代位は$a$債権以上の保護を弁済者代位権者に付与するものではなく，Ｅの予期を超えた不利益をもたらすものではない。そのため，登記による公示がなくても第三者Ｅに特約を対抗でき，後順位抵当権を設定する際には第三者の側で特約を調査すべきである。

　よって，Ｄは特約により5000万円全額の配当を受けることをＥに対抗でき，Ｅは配当を全く受けられないことになる。

**【答案作成についてのコメント】** ＣＤ間の特約によりＥは不利益を受けるが，民法の規定による代位により利益を受けるとしてもそれは反射的な事実上の利益に過ぎず，501条3項は第三者の期待を保護するための強行規定ではないので，公示がなくても第三者に対抗できることを論じる。その際，弁済者代位制度が，Ｅが覚悟した$a$債権を超えた権利を代位権者に取得させるものではないことも書き添えるべきである。

## 4　[設問3] について

**【出題趣旨】** [設問3] は，免責的債務引受の法的構造・要件を確認し，その担保への影響，共同保証人の1人について承諾を得ず免責を生じさせたことが担保保存義務違反になること，しかし，その後に新たに共同保証人が現れているので免責はどうなるのか，そもそも免責はいつ判断するのかといったことを検討してもらう問題である。

### (1)　免責的債務引受の要件・効果

#### (a)　免責的債務引受の要件

##### (ア)　法的構成が変更された

❶　**債務の移転を認めると免責的債務引受が基本形になる**　　債務引受については，かつては債権譲渡の裏返しとして，合意により債務を移転させるものと

単純に考えられていた。従って，債務者が債務を移転し債務から解放されるため，免責的債務引受が基本形となる。併存的債務引受は，債務を移転させた旧債務者が同一内容の債務を新たに引き受けるものと考えられていた。しかし，債権とは異なり処分行為として債務の移転が可能なのかは疑問があることから，改正法は法的構成を一新した。

❷　**改正法は債務の移転を認めず併存的債務引受を基本形とした**　　改正法は，債務引受は，まさに第三者による「債務」の新たな「引受」と構成した。第三者が元の債務と同一内容の債務を新たに負担——債務の移転ではない——するだけであり，従って，債務者はそのままである併存的債務引受が基本形となる。改正法が併存的債務引受の規定を先に置いたのはこのような理由による。重畳的債務引受という基本形に，更に当初の債務者の債務免除を追加したのが免責的債務引受ということになる。

　(ｲ)　**要件に変更はない**　　しかし，注意すべきは，法的構成は変わっても，要件についての変更はないということである。①債権者と引受人との契約ですることができ，当初の債務者の債務を債権者と引受人との契約で免除をする一種の第三者のためにする契約になるため，受益の意思表示が必要かのようであるが，免除を受ける債務者への通知で効力を生じるものとした（472条2項）。②債務者と引受人との契約でも，債権者が引受人に承諾することによって，免責的債務引受は可能とされる（同3項）。本問では，ＡＢＧの債権者・債務者・引受人の3者で合意しており免責的債務引受は有効である。*a*債権と同じ内容の債権をＢがＧに対して取得し，Ａは債務を免れることになる。

　(b)　**担保について**

　(ｱ)　**担保負担者に利害関係あり**　　債務の移転であれば担保もそのまま残るかのようであるが，債務者が誰かは担保負担者の重大な利害関係のあるところであり，従前から債権譲渡とは異なり当然には担保は随伴するものではないと考えられていた。債務の移転に伴う担保の随伴については，担保負担者の同意を必要としていたのである。

　(ｲ)　**担保を「移す」には担保負担者の同意が必要**　　改正法は，この点も法的構成は一新するものの要件は変更していない。引受人は新たな債務を負担するのであり，債務が同一性を保って移転するのではなく，債務者の債務は免除で消滅するので担保は付従性により消滅するはずであるが，従前の担保権を引受人の

負担する新たな「債務に移す」ことを認める。従って，第三者が設定した担保権については「移す」ことについてその第三者のあらかじめまたは同時の「承諾」が必要である（472条の4第1項，第2項）。そして，保証にもこの点は準用されている（同第3項）。

　(ウ)　**本問について**　　本問については，Aを免責しGに債務を引き受けさせる免責的債務引受がされており，保証人Fについて保証を続けることの同意を得たが，Dについてはこの同意を得ていない。そのため，Dの保証債務については，主債務者Aの債務が免除されたため付従性により消滅することになる。

> 【**答案作成についてのコメント**】まず，免責的債務引受が有効なこと，そして，Aの債務は免除により消滅するため担保も付従性で消滅するはずであるが，引受人の債務に「移す」ことを担保負担者が「承諾」をすれば，新たな債務の担保として担保が同一性を保ってそのまま移転すること，あてはめとして，Fは承諾しているのでGの債務の保証人になるが，Dは承諾していないので保証債務を免れることを確認すべきである。

## (2)　担保保存義務違反

　(a)　**共同保証人間の求償の期待の侵害について**　　　DFは共同保証人であり，465条1項，501条2項括弧書により頭割りでの弁済者代位が認められる。ところが，債権者Bが，保証人Dの承諾を得ることなく，免責的債務引受につき承諾（472条3項）してしまったため，Dの保証債務は消滅してしまっている。この結果，Fは465条1項の求償ができないことになる。債権者の怠慢により保証人Fが不利益を受けるのは不合理である。

　(b)　**担保保存義務違反について**

　(ア)　**465条1項には免責規定がない**　　「弁済をするについて正当な利益を有する者」は，弁済者代位の対象である担保が，債権者の故意または過失により消滅または減少した場合には，その負担する担保を代位ができなくなった限度で免れることになっている（504条）。これを担保保存義務違反という。保証人や物上保証人らの代位の期待を保護するための規定である。

　ところが，465条1項については，504条のような免責規定はない。保証人の1人を免除した場合に，旧437条の適用により残った保証人の免責をすることが議論されていたが，旧437条は削除された。また，本問は免除でなく担保の保存を怠った事例である。

　(イ)　**504条は適用可能**　　では，504条を類推適用すべきかというと，その必要はない。先に説明したところを思い出してほしい。共同保証人間では，被保

全債権は主債務者に対する求償権ではなく，保証人間の 465 条 1 項の求償権に過ぎないが，501 条 2 項括弧書により弁済者代位が認められているのである。

そうすると，あとは 504 条の「弁済をするについて正当な利益を有する者」の解釈として，これに共同保証の場合の保証人を含ませ，その 1 人の債務を故意または過失により消滅させたという要件を充たすものと考えることができれば，504 条が直接適用できるのである。

(c) ところがその後に保証人が補充された

(ア) 免責の効果は当然に生じる　確かに，F は D の保証債務がなくなったことにより，代位の期待が害されている。504 条の免責は時効の援用のように形成権ではなく，「抵当不動産によって負担すべき右責任の全部又は一部は当然に消滅する」——そのため，第三取得者も抵当権の消滅を主張できる——のである。では，F の保証債務は当然に 504 条により 1/2 に減額されるのであろうか。

(イ) 担保が補完されたらどうなるか　ところが，本問では，その後に H が連帯保証人として追加され——H は法人 G の代表者であるから，465 条の 9 第 1 号により保証意思宣明証書の作成は不要——，F は 465 条 1 項により H に求償ができることになった。D から H に求償権の債務者は変更されているが，元の状態に戻ったことになる。これは，物的担保の放棄がされたが，新たな担保を代わりに設定するような場合にも同様に問題になる。

❶ 負担割合未確定であるという観点から　この点，物上保証人について共同相続があった事例についての最判平 9・12・18 判タ 964 号 93 頁が参考になる。「弁済による代位は，弁済がされたことによって初めて生ずる法律関係である」と述べ，負担割合は固定ではなく流動的なものであり，誰かが弁済して初めて負担割合が確定するのであり，弁済を基準時としそれまでは代位の期待の割合も固定されていないことを認める。α と β が物上保証人で β の抵当権が放棄され，α に 504 条の免責が生じてもまだ確定的ではなく，γ がその後に物上保証人になれば，α β γ の物件価格による免責額に計算をしなおすことが可能である。

❷ 担保保存義務違反の治癒という観点から　本件においても，D と H と債務者が変更されている点は気にかかるが，免責計算がやり直されてよい。問題はその計算の仕方である。①総計 3 人の共同保証人と計算しなおして，1/3 の免責にするか，または，②D の代わりの H ということで，免責を一切否定するかである。この点，担保を補完したことによって，そもそも担保保存義務違反が治

癒されると考えるべきであり，②のほうが妥当なように思われる（Ｆは免責されないことになる）。この504条の義務違反自体を問題にする立場からは，❶の物上保証の事例でも，βの担保がγの担保により十分に補完されれば免責を否定し，補完が十分ではない場合にはその不足額を免責するという処理になる。

【答案作成についてのコメント】最後に，免責的債務引受の担保への効力を問題として，Ｄが承諾していないので免責されること，そうするとＦが465条１項の求償ができなくなる不利益を受けることを問題提起し，504条について論じるべきである。

## ■ No.10 参考答案構成 ■

1 ［設問1］小問(1)について——ＢＤの配当について
 (1) Ｄの弁済者代位
  ①Ｄは保証意思宣明証書作成手続きを行っている（465条の6以下）。
  ②従って，Ｄは有効に保証債務を負担し，その保証債務の履行は有効である。
  ③Ｄは主債務者Ａに対して求償権を取得している。
  ④この結果，Ｄはα債権を代位取得している（499条）。
 (2) 一部代位であること
  ①しかし，Ｂは，本事例は一部代位であり，502条3項によりＢが配当につき優先するものと主張する。
  ②これに対し，Ｄからは，被担保債権の一部の保証であり，全額弁済をしていることが主張される。
  ③判例に従う限り，この場合，ＢＤは平等になり，2500万円ずつの配当となる。

2 ［設問1］小問(2)について
 (1) ＤのＣへの求償権
  ①Ｄはα債権について全額の弁済をした。
  ②そのため，Ｄは主債務者Ａに全額の求償権を取得できる（459条）。
  ③更に465条1項により，共同保証人Ｃに頭割りにより求償できる。
  ④ただし，負担部分を超えた出捐をした場合に限り，これを超えた金額だけの求償権が認められる。
 (2) 弁済者代位はできないのか
  ①Ｄは弁済者代位によりＢのα債権を代位取得できたほうが好ましい。抵当権が付いているためである。

10

弁済者代位1

185

②保証債権も代位の対象になる。しかし，501 条 1 項では，負担部分を超えた出捐がなくても代位できてしまう。

③それは 465 条 1 項の制限と抵触する。

④改正法は，501 条 2 項括弧書により，465 条 1 項の求償権を被保全債権とする代位を認めた。

⑤この結果，D は α 債権またその甲地の抵当権について代位取得ができる。

⑥よって，D が甲地の抵当権を実行して 5000 万円の回収をすることができる。

## 3　[設問 2] について

### (1)　C D の負担割合

①C は保証人兼物上保証人である。では，501 条 3 項の適用につき，2 人として負担割合を計算すべきか。

②それは当事者の通常の意思に反する。501 条 3 項は当事者が合意しなかった場合の補充規定に過ぎない。

③公平という観点から，C は 1 人分の負担を保証人と物上保証人の資格で負担すると解すべきである（判例）。

### (2)　特約による修正

#### (a)　特約は有効か

①あくまでも C D 間の負担についての私的利益が問題となっている。

②C D で自由に決められ，501 条 3 項の負担割合は合意がない場合の補充規定に過ぎない。

③従って，当事者の民法規定と異なる負担の合意は有効である。

#### (b)　後順位抵当権者への対抗

①民法の規定の解釈によれば，C D は 1 / 2 ずつの負担であり，D は 2500 万円しか代位取得できない。

②配当の残額 2500 万円は後順位抵当権者 E に配当されるはずである。

③ところが，C D 間に特約があり，これが E に対抗できると E は不利益を受ける。

　ⓐ本来ならば E は 2500 万円の配当が受けられたはずである。

　ⓑ特約が有効だと，D が 5000 万円全額代位でき，E の配当はゼロになる。

　ⓒ契約は第三者を害しえないのではなかろうか。

④しかし，E への対抗を認めてよい。

　ⓐ501 条 3 項は後順位抵当権者を保護する規定ではない。

　ⓑ合意がされなかった場合の補充規定に過ぎない（既述）。

ⓒ合意がされなかったことにより後順位抵当権者の受ける利益は，反射的な事実的利益に過ぎない。
　　ⓓ従って公示がなくても第三者に合意を対抗できる。

4　[設問3] について
(1)　免責的債務引受の要件・効果
　(a)　免責的債務引受の要件
　　①免責的債務引受は，引受人ＧがＡと同じ債務を新たに引き受け，Ａが債務を免除される取引である（472条）。
　　②ＡＧの合意だけでは足りず，債権者Ｂの承諾が必要である（472条3項）。
　　③本件ではＡＢＧの3者で合意しており有効であり，債務者がＡからＧに変更される。
　(b)　担保に対する効力
　　①Ａの債務は免除されて消滅するので，担保も消滅するのが原則である。
　　②担保負担者の「承諾」を得て，引受人Ｇの新たな債務の担保に「移す」ことができる（472条の4第1項）。
　　③本問へのあてはめ
　　　ⓐＦについては承諾を得ているのでその保証債務はＧの債務の担保として存続する。
　　　ⓑ他方，Ｄに対して承諾を得ていないのでＤの保証債務は消滅する。
(2)　担保保存義務違反による免責
　　①Ｄが免責される結果，ＦはＤへの465条1項の求償ができなくなる。
　　②465条1項の求償の期待を害されるが，免責規定はない。
　　③しかし，501条2項括弧書で465条1項の求償権による代位ができたのが不可能になった。
　　④そうすると，Ｆの保証人としての責任は1/2に減額されるのであろうか。
　　⑤しかし，その後に，新たにＨを連帯保証として補充している。
　　⑥465条の9第1号によりＨの保証意思宣明証書の作成は不要であり，Ｈの連帯保証は有効である。
　　⑦これによりＦの不利益はなくなり，担保保存義務違反は治癒されたと考えるべきである。
　　⑧よって，Ｆの免責は認められず，ＢのＦに対する5000万円全額の請求は認められる。

以上

# No.11　弁済者代位2

次の文章を読んで，後記の［**設問1**］，［**設問2**］，［**設問3**］及び［**設問4**］に答えなさい。以下の問題につき，利息については考えなくてよい。

Ⅰ
【事実】
1. 2020年4月に，○○温泉においてホテル業を経営するA（株式会社）は，B（銀行）から5000万円の融資を受けるに際して，Bよりこの貸金債権（以下，「本件債権」という）のために担保を提供することを求められた。
2. そのため，同月，Cがその所有の甲地（5000万円相当）に抵当権を設定し，また，Dがその所有の乙地（5000万円相当）に抵当権を設定しそれぞれその登記がされた。その後，同年5月には，保証意思宣明証書を作成した上で，Eが連帯保証人になった。
3. 同年7月に，Cが亡くなり，C₁とC₂が相続分平等でCを共同相続し，同年9月，甲地につき共同相続を原因として共有登記をした後に，同年10月には，甲地1と甲地2とに現物分割をし，それぞれ遺産分割を原因としてC₁とC₂名義の所有権移転登記がなされた。

［**設問1**］　【事実】1から3を前提として，その後，Aが事実上倒産し，Bに借入金の返済ができなくなったため，Dが5000万円をBに支払ったとして，【事実】2の下線部がなく連帯保証人Eがいない場合と，下線部通りにEが連帯保証人になっている場合とを分けて，DはC₁，C₂及びE（下線部通りの場合）に対してどのような法的主張をなしうるか検討しなさい。

Ⅱ
【事実】1から2に加え，以下の【事実】4から5までの経緯があった。
【事実】
4. Cは，同年7月，甲地を甲地1と甲地2とに分筆登記をして，甲地2につ

いてはこれをFに抵当権がついたまま売却し，所有権移転登記をなした。

5. その後，Aが事実上倒産し，本件債権につきBに返済ができなくなったため，Dが5000万円をBに第三者弁済をした。

[設問2] 【事実】1から2及び【事実】4から5までを前提として，Dは，C，E及びFに対してどのような法的主張をなしうるか検討しなさい。【事実】2の下線部はそのまま連帯保証人Eがいるものとして考えよ。また，Cが，Aの全株を保有する経営者であり，代表取締役の地位にあり，DEはCの親戚であり，それぞれ抵当権設定また連帯保証の依頼を受けたときに，Cが責任をもってAの経営をするので迷惑をかけないと説明していた場合についても考えよ。

Ⅲ
【事実】1から2に加え，以下の【事実】6から7までの経緯があった。
【事実】
6. Bから更に担保を求められ，AはGに依頼して，Gが本件債権担保のためにその所有の丙地（5000万円相当）に抵当権を設定し，その旨の登記がなされた。
7. その後，CはGから抵当権のついたまま丙地を買い取り，その所有権移転登記を受けた。Aが事実上倒産し，本件債権につきBに返済ができなくなったため，Eが連帯保証人として5000万円をBに支払った。

[設問3] 【事実】1から2及び【事実】6から7までを前提として，以下の各問いに解答しなさい。
(1) EはCDに対してどのような法的主張をなしうるか検討しなさい。
(2) Eが保証人になることを了承した際に，CE間において，Cが全面的にAの無資力のリスクを負担し，EからCへの100％の弁済者代位を認める旨の特約が結ばれ，書面が作成されているとして，EはCDに対してどのような法的主張をなしうるか検討しなさい。CはE以外の者との間では，負担割合についての特約をしていないものとする。

Ⅳ

　【事実】1から2に加え，以下の【事実】8から9までの経緯があった。

【事実】

8.　Bから更に本件債権のために追加担保を求められ，AはHに依頼して，保証意思宣明証書を作成した上で，Hに本件債権のために連帯保証人になってもらった。

9.　その後，Aが事実上倒産し，本件債権につきBに返済ができなくなったため，Eが連帯保証人として5000万円をBに支払った。

[**設問4**]　【事実】1から2及び【事実】8から9までを前提として，EのCDHに対する法的請求について検討しなさい。

## ○ 言及すべき点及び論点 ○

1 ［設問1］について
(1) Cが死亡する前の負担割合
(a) 連帯保証人Eがいない事例
①CDは物件価格に応じて負担を分かつ（重要度A）
②あてはめ──甲地と乙地は5000万円なので，1/2（2500万円）ずつの負担（重要度A）
(b) 連帯保証人Eがいる事例
①Eは頭数で1/3，CDは2/3を物件価格に応じて負担する（重要度A）
②あてはめ──E：1666万6666円，CD：物件価格に応じ1666万6666円の負担（重要度B）
(2) Cに共同相続があったらどうなるか
(a) 連帯保証人Eがいない事例──物上保証人3人として計算するか（重要度A）
(b) 連帯保証人Eがいる事例──物上保証人3人として計算するか（重要度A）

2 ［設問2］について
(1) ［設問2］前段について
(a) 物上保証人からの第三取得者は物上保証人と同視される（重要度B）
(b) 物上保証の対象の一部譲渡と負担割合（重要度A）
(2) ［設問2］後段について
(a) 経営者たる担保提供者の負担割合（重要度A）
(b) 第三取得者にも承継されるか（重要度B）

3 ［設問3］小問(1)について
(1) G登場時点での負担部分
①CDEの段階
ⓐ保証人Eは1/3（重要度B）
ⓑCDは2/3を物件価格で分かち1/3ずつ（重要度B）
②Gが登場した段階
ⓐ保証人Eは1/4になる（重要度B）
ⓑCDGは3/4を物件価格が分かち1/4ずつになる（重要度B）
(2) Cが丙地を取得したらどうなるか
①物上保証人を1人とみるか2人とみるか（重要度A）
②変更合意の後順位抵当権者への対抗（重要度A）

4 ［設問3］小問(2)について
(1) 負担割合についての特約（重要度B）
(2) 特約は丙地の抵当権にも及ぶか（重要度B）

5 ［設問4］について
物上保証人がいる場合の共同保証人間の求償（重要度A）

---

## 解説及び答案作成の指針

## 1 ［設問1］について

【出題趣旨】 ［設問1］は，物上保証人が死亡して共同相続があった場合について，代位の負担割合について考えてもらう問題である。

(1) 弁済者代位制度と負担割合

(a) **弁済者代位制度**　Dは，Aの5000万円の債務について，抵当権の実行を阻止するために第三者弁済をしており，Aに対して求償権を取得する（372条，351条，459条）。求償権を保護するために，民法はいわゆる**弁済者代位制度**を用意している（499条）。

(b) **担保負担者間の公平**　もし，Aが無資力状態である場合に，Dが第三者弁済をしたら，Cの甲地の抵当権，Eに対する保証債権を代位取得できるというのでは，最後に残されたCまたはEが債務者Aからの求償不能のリスクを負担することになるが，他方で，DはCEに代位できないというのも公平ではない。そのため，民法は，担保負担者間に代位を認めつつ，公平な割合での代位に限定をしたのである（501条3項）。

> **【答案作成についてのコメント】**まずは，弁済者代位制度を確認し，担保負担者間において代位割合が調整されていることを示すべきである。

(2) Cの共同相続前の負担割合

(a) **保証人Eがいない場合**　まず，連帯保証人がおらず，物上保証人だけしかいないとしたら，CDはその物件価格に応じて負担割合が決められる（501条3項3号）。そうすると，物上保証人が2人で，物件価格はいずれも5000万円なので，1/2ずつの負担であり，DはC所有の甲地の抵当権を2500万円を限度として代位取得できることになる。

(b) **保証人Eがいる場合**　他方，保証人がいる場合には，保証人については負担割合が頭割りにより決められ，Eは1/3の負担割合となり，1666万6666円を負担することになる。残りの2/3（3333万3333円）を物上保証人CDが物件価格に応じて負担を分かち，土地が等しい価格なのでそれぞれ1/3の負担割合（1666万6666円）となる。

> **【答案作成についてのコメント】**物上保証人の共同相続があると負担割合がどうなるかという問題の検討の前提として，CDE（CD）の負担割合について確認をしておく必要がある。

(3) 物上保証人の共同相続

(a) **保証人Eがいない場合**　物上保証人に共同相続があった場合には，物上保証人を2人と計算しなおすか，1人の物上保証人の負担部分が共同相続されるのかという議論がある。しかし，保証人がいない事例では，いずれの考えであろうと，<u>物件の絶対数は変わらないのであてはめの金額が変わることはない</u>。

①C$_1$，C$_2$及びDの3人と計算しなおしても，新たに担保の対象物件が増加するわけではないので，それぞれ1/4，1/4，2/4の負担割合になり，C$_1$：1250万円，C$_2$：1250万円，そしてD：2500万円の負担となる。②Cの1人分のままであると考えて，Cの1/2の負担割合がC$_1$とC$_2$に2分の1ずつ承継されるとしても，結論は変わることはない。

この結果，Dは，弁済者代位により，C$_1$の取得した甲地1またC$_2$の取得した甲地2につき，それぞれ1250万円の限度で抵当権を代位取得できることになる。

(b) 保証人Eがいる場合

(ア) 物上保証人の人数の設定により負担割合が変わる　ところが，頭割りで計算がされる保証人Eがいると，物上保証人の人数を何人とみるかで負担割合についての結論が変わってくる。この問題は，物上保証人だけの場合には1人としようと2人としようと結論に差は生ぜず，保証人と物上保証人との負担の公平な調整の問題であるといえる。

❶ 物上保証人を3人だとすると　C$_1$とC$_2$の2人の物上保証人だとすると物上保証人がC$_1$C$_2$Dの3人になり，保証人Eは1/4（4/16＝1250万円）の負担，3/4（3750万円）を物上保証人が負担し，C$_1$とC$_2$は3/16（937万5000円），Dは6/16（1875万円）となる。担保の対象が増えたわけでもないのに，物上保証人側の負担が増える——保証人の負担割合が軽減される——という不合理な結論になる。

❷ 物上保証人を2人のままだとすると　物上保証人は2人のままで，Cの負担部分をC$_1$とC$_2$が半分ずつ相続するのだと考えると，保証人Eは1/3（1666万6666円）の負担割合のままとなる。残りの2/3（3333万3333円）を物上保証人CDが物件価格に応じて負担を分かち，等しい価格なのでそれぞれ1/3の負担割合（1666万6666円）となり，Cの1/3をC$_1$とC$_2$が半分ずつ承継することになる（1/6＝833万3333円）。抵当物件が増える新たな物上保証人の追加とは異なり，Cの甲地がC$_1$とC$_2$に相続されても担保の絶対的な総数は変わりないのである。

(イ) 判例は2人と計算をしなおす

❶ 物上保証人1人が数人に増える　この点，判例があり，最判平9・12・18判タ964号93頁は，分割前の遺産共有の状態の事例であるが，「単独所有であった物件に担保権が設定された後，これが弁済までの間に共同相続により共

有となった場合には，弁済の時における物件の共有持分権者をそれぞれ一名として右頭数を数えるべき」であるという。物上保証人だけならば結論に差はなく，何度もいうが問題は保証人がいる場合である。

①保証人は，1/3が1/4に減額されるので不利益はない。②他方で，物上保証人側は，C側だけでなくDも，若干であるが，母数が2/3から3/4になることにより負担割合が増加することになる。

**❷　計算をしなおす理由**　判例が説明する計算をやりなおす理由は以下のようである。

①まず，「当初から共有に属していた物件について全共有者が共有持分を担保に供した場合には，共有者ごとに頭数を数えるべきことは明らかであり，この場合と，単独所有であった物件に担保権が設定された後に弁済までの間に相続又は持分譲渡等により共有になった場合とで，頭数を別異に解することは，法律関係を複雑にするだけで，必ずしも合理的でない」ことがある。

②また，負担部分は「弁済」時に確定されるのであり，「このように頭数が変化する事態は，保証人の増加，担保物件の滅失等によっても起こり得ることであり，弁済時における人数と解することにより法律関係の簡明を期するのが相当である」こと，が挙げられる。重複資格者問題もそうであるが，弁済者代位では法律関係の簡明ということが重視されている。

判例は共有になった場合について考えているが，共有段階で2人と計算する以上，その後に現物分割しても2人と計算することは変わらないと思われる。(ア)の❶が採用されたことになり，DはEに対する保証債権につき1/4（4/16 = 1250万円）代位取得し，$C_1$の甲地1と$C_2$の甲地2につき，3/16（937万5000円）それぞれ抵当権を代位取得できることになる。

> **【答案作成についてのコメント】**物上保証人の相続人について，判例は相続人の数だけ物上保証人が増加すると考えて，物上保証人の負担する母数を増加させる。保証人は負担部分が減額されるが，物上保証人側は，負担割合が増えるが，それでよいのかを議論すべきである。

## 2　[設問2] について

> **【出題趣旨】**[設問2]では，まず物上保証人が抵当権の設定してある土地を分筆して，その一部を第三者に譲渡した場合の負担割合の計算をする必要がある。また，物上保証人の1人が主債務者たる会社の経営者であり一体的関係にあり，その倒産は自分のなした経営のリス

ク・責任であり，また，他の保証人や物上保証人に経営は大丈夫と信頼させて同意を得たといった事情がある場合に，501条3項通りの負担割合でよいのかを検討する必要がある。

(1) ［設問2］前段について

(a) 物上保証人を2人と計算しなおすべきか　［設問1］と同じ問題が，ここでも登場し，Cが甲地を分筆してその一部を第三者Fに譲渡した場合には，新たに物上保証人が追加されたものと考えて，物上保証人は3人と計算すべきなのであろうか。判例は，共有持分が問題になる事例につき，「相続又は持分譲渡等により共有になった場合」と傍論的に述べており，相続だけでなく持分譲渡の場合もパラレルに考えている。そうすると，分筆してその一部を譲渡した場合にも，判例の射程は及ぶということができる。

(b) Cの負担部分のままでその一部を承継するということも考えられる　しかし，物上保証人の数が増えても，物的担保の総額，合計金額が変わっていないという問題がある。物上保証人側の提供している財産の総額が変化しないのに，物上保証人側の負担割合がより重く変更されるのは，保証人・物上保証人の公平という観点からは問題があることはここでも同じである。

(2) ［設問2］後段について

(a) 個人会社の経営者の負担割合について　501条3項は，公平の観点からの当事者が合意で定めなかった場合の補充規定である。AがCの個人会社であり，Aの倒産は経営者であるCの負担すべきリスクであり，Cが第三者たる担保負担者に対して501条3項により公平な負担を分かつよう求めることができるというのは違和感がある。

(ア) CはDEに対して100％負担　また，Cは経営者としてDEに抵当権設定や保証を依頼しており——主債務者が保証人になることを委託するといった465条の10などの規定では，Cが個人的に依頼する場合にも適用してよい——，その際に経営は大丈夫であり迷惑はかけないと説明している。そうすると，公平の観点からは，CはDEに対して100％負担するという処理も考えられる。こう考えると，DはCの甲地の抵当権を求償権全額につき代位取得できることになる。

(イ) DE間の代位　では，DE間の弁済者代位はどう考えるべきであろうか。CをAと同視して扱うならば，Cを除いて，DE間が501条3項の負担割合が計算されるべきことになる。そうすると，Dは，Cを含めて1/3ではなく，E

に対する保証債権について1/2の代位取得が可能になる（501条3項4号）。

　(b)　Fが取得した甲地2の抵当権はどうなるか　　CがAと同視されてDEに対して100％の負担をするとしても、甲地の一部を分筆しそれを第三者Fに譲渡した場合には、Fの負担割合はどう考えるべきであろうか。

　　(ア)　2人になるとすると　　まず、判例のように2人の物上保証人になるとすれば、C所有の甲地1だけに特約の効力が及び、Fが取得した甲地2については特約は承継されないと考える余地がある。物上保証人をCFと計算しなおし、Cのみを実質的にAと同視して、DEFの3人で501条3項3号に従い負担割合を計算しなおすことになる。

　　(イ)　1人のままであるとすると　　他方で、FはCの地位を承継し、DEは甲地1だけでなく甲地2もF所有になっても100％代位できる——Fを債務者からの第三者取得者と同視する——という考えも可能である。CがAの経営者でありAと同視されるべきことは、特約同様Fが譲渡を受ける際に調査すべきであること、また、DEの保護という観点からの妥当性もある。(ア)ではDEは甲地全部について100％代位取得可能であったのに、一部譲渡すると——全部譲渡は承継するのでそれとのバランス論もある——全部代位の期待が害されるが、それは適切とは思われないからである。

> **【答案作成についてのコメント】**この問題は難問である。個人会社の経営者が保証人や物上保証人になっている場合に、501条3項の負担割合につき債務者と同視してよいと考えるかどうか、これを肯定するならば、C所有の甲地の一部の譲渡を受けたFの法的地位をどう考えるべきかという、応用問題を議論する必要がある。

## 3　［設問3］について

> **【出題趣旨】**　［設問3］は、［設問1］［設問2］とは逆に、物上保証人が他の物上保証人の抵当に供した土地を取得した場合に、物上保証人を1人と計算しなおすかという問題である。その取得した物上保証人が負担割合について特約をしていた場合に、新たに取得した物件にも特約の効力が及ぶのかなどを検討してもらう難問である。

(1)　［設問3］小問(1)について——物上保証人による他の物上保証物件の取得

　(a)　**物上保証人からの第三取得者は物上保証人と扱われる**　　Cは、物上保証人Gが抵当に供した丙地を取得しており、法的には第三取得者ということになる。民法では、501条3項1号により、第三取得者は保証人や物上保証に対して代位できず全面的に負担することになっている。しかし、これは債務者がその所有の

不動産に抵当権を設定した場合が考えられており，債務者が全面的に負担していたのに担保物が第三取得者に譲渡されると他の保証人や物上保証人が代位の期待を害されることになるのを防止しようとした規定である。従って，物上保証人からの第三取得者にはあてはまらない。そのため，民法は，<u>物上保証人からの第三取得者は弁済者代位の規定の適用においては「物上保証人とみな」す</u>ことにしている（501条3項5号）。

(b) Cは2つの物上保証人の地位を有するか？

(ア) 保証人がいると問題になる　Cは，甲地と丙地の2つの物上保証人たる地位を取得するため，2人の物上保証人として負担割合が考えられるべきであろうか。保証人がいなければ，甲地，乙地，丙地の3つが担保に提供されているという絶対的数量に変化がないので，1人として甲地と丙地を負担しているか，2人としてそれぞれ負担しているかいずれと考えるかで，負担割合の結論が変わることはない。ところが，何度もいうように，頭割りで計算される保証人が含まれていると，計算が変わってくるのである。

(イ) 2つの考えの可能性

❶ 1人と計算すると　Cを物上保証人1人と計算すると，物上保証人が3人から2人に減ることになり，<u>Eの保証人としての負担割合が1/4から1/3に増加され</u>，物上保証人側の負担割合は3/4から2/3に軽減される。<u>物上保証の総量が変わっていないのに，保証人の負担割合が増えるのである</u>──ほんの微々たる価値の物件の物上保証人が追加されても同じ問題は起きるが，その点は措く──。従って，物上保証人の2/3（3333万3333円）の負担割合につき，Dは2/9（1111万1111円），Cは4/9（2222万2222円）を負担し，Eはそれぞれこの割合の限度で債権・抵当権を代位取得できる。Cの2222万2222円の負担は物上保証人を1人と考えるなら，甲地・丙地いずれから回収してもよく，それぞれ1111万1111円しか回収できないということにはならないものと思われる。

❷ 2人と計算すると　他方，保証人が代位取得できる総量が変わっていないのに，保証人の負担割合が増えるのは不合理であると考えれば，[設問1][設問2]についての判例に対する反対説に従って，物上保証人は2人のままと考えることができる。この考えでは，保証人Eの負担割合は1/4（1250万円）のままであり，Cは甲地につき3/16（937万5000円），丙地につき3/16（937万5000円），Dは乙地につき6/16（1875万円）の負担割合になる。Eは，甲地，丙

地，乙地につきこの割合で債権・抵当権を代位取得することになる。甲地・乙地それぞれから937万5000円ずつを回収することしかできないことになる。

（ウ）**判例だとどうなるか**　判例の論理でいけば，逆の事例でも1人と計算しなおすことになると思われる。なお，物上保証人が複数の不動産を共同抵当に供する場合には，物件ごとに物上保証人の数を数えるのではなく，1人の物上保証人として数えるべきものと思われる。

そうすると，保証人Eは1/4（1250万円）の負担であったのが，1/3（1666万6666円）に負担が増えることになる。何度も繰り返すが，代位取得できる抵当物件自体に変更がないのに，担保物が1人に帰属したからといって——CとGを同一人が単独相続する場合にも考えられる——保証人の負担割合を増やすことは不合理である。計算が簡単でよいという論理で押し切れるのかは疑問である。

> 【**答案作成についてのコメント**】［設問3］は，［設問1］［設問2］の裏返しであり，Cにつき1人の物上保証人として負担部分を誰かの「弁済」までは浮動的であるとして計算しなおすべきなのか，判例の論理ではそうなるが，それでよいのかを議論すべきである。

## (2)　［設問3］小問(2)について——負担割合についての特約

### (a)　特約の効力

（ア）**特約は有効**　501条3項の負担割合は，あくまでも当事者が自由に決められる内容について補充的に決められたものであり，特約による変更が可能である。担保負担者が2人しかおらず，その2人の間で特約がなされたのであれば，他の者への効力は問題にならないが，複数の担保負担者がいて，その中の一部で特約がされた場合にはどうなるのであろうか。

（イ）**丙地がG所有のままであったらどうなるか**　保証人E，物上保証人CDGの4人がいることになる。そのため，Eは弁済をしたならば，もし特約がなければ，物上保証人の3/4の負担部分につき，物件価格に応じてそれぞれ甲地，乙地及び丙地の抵当権を代位取得でき，Cの甲地，Dの乙地及びGの丙地のそれぞれの抵当権を1/4（1250万円）の代位取得ができることになる。ところが，CE間には特約があるため，EはCの甲地には100％（5000万円）全額代位ができることになる。

### (b)　Cによる丙地の取得後はどう考えるべきか　この負担割合が，CがGより丙地を取得したらどう変わるのであろうか。

❶　**1人と計算すると**　まず，Cが甲地と丙地とを物上保証人として負担

するのを 1 人と考えると，E の負担割合が 1/4 から 1/3 に増えるが，CE の特約は，甲地だけでなく C の取得した丙地にも及ぶようになると考える余地がある。そうすると，E は，甲地だけでなく丙地の債権・抵当権についても 100％（5000万円）の代位取得が認められることになる。

❷ **2 人と計算すると**　これに対して，C に C の分と G の分との 2 人の物上保証人の地位が帰属すると考えると，E の保証人としての負担部分は 1/4 のままであるが，E は甲地には全額代位が認められるものの，丙地には 1/4（1250万円）の代位しか認められないことになる。これまでみたように 2 人と計算するのが合理的であるが，特約については属人的に C に帰属した丙地も含めて特約に服せしめる結論が良いと思われるものの（従って，結論としては❷が好ましい），理論的にどう構成したらよいのか迷うところである。

> **【答案作成についてのコメント】** 小問(1)を踏まえて，特約があった場合にどう変わってくるのか，C につき物上保証人 1 人とするか 2 人とするかに絡めて議論をする必要がある。

## 4　[設問 4] について

> **【出題趣旨】**　[設問 4] は，物上保証人もいる場合における共同保証人間の求償また代位を考えてもらう問題である。共同保証人間でも弁済者弁済者代位が認められるが，共同保証人については，物上保証人の 501 条 3 項 4 号但書のような規定がなく，502 条括弧書は，465 条 1 項を論理的前提としているために問題になる。

### (1)　共同保証人間の求償権と弁済者代位

(a)　**共同保証人間の求償権**　保証人と物上保証人間，また，物上保証人間における，債務者からの求償不能のリスクの公平な分担は，501 条 3 項 3 号，4 号の弁済者代位についての調整により行われている。債務者への求償権を被保全債権として，抵当権や保証債権について，代位取得できる割合を公平に制限しているのである。

ところが，501 条 3 項には共同保証人間についての規定はない。これは，共同保証人間の主債務者からの求償不能のリスクの公平な分担は，465 条 1 項により共同保証人間に固有の求償権を認めることで図ろうとしたからである。ただし，そこでは，501 条の代位とは異なり，負担割合を超えた弁済がされることが必要とされている。

(b)　**共同保証人間の弁済者代位**　では，共同保証人間では固有の求償権によ

る調整のみが認められ，それ以外に弁済者代位が認められないのであろうか。しかし，本問のように保証債権に担保が付いている場合に，無担保の 465 条 1 項の求償権ではなく弁済者代位を認める必要性がある。ただし，465 条 1 項の負担部分を超えるという制限が，弁済者代位を認めることによりないがしろにされてはならない。

2017 年改正法は，従前の学説を明文化して，501 条 2 項括弧書に，共同保証人間でも弁済者代位を認め，その被保全債権を主債務者に対する求償権ではなく——これだと一部代位も認められてしまう——共同保証人間の 465 条 1 項の求償権とすることを規定した。465 条 1 項の共同保証人間の求償権のところですでにその間の公平な調整は済んでいるので——頭割りによる求償権しか認められない——，改正法は，501 条 3 項には共同保証人間の代位の負担割合についての規定は置かなかったのである。

【答案作成についてのコメント】まず，共同保証人間の固有の求償権が認められるが負担部分を超えた弁済をするという特別の制限があること，また，この求償権を被保全債権とした弁済者代位も認められることを確認すべきである。

## (2) 物上保証人がいたらどうなるか

(a) **明文規定はない**　保証人が 1 人，物上保証人が 2 人いる場合には，保証人の負担部分を頭割りで 1/3 として，残りの物上保証人の負担部分 2/3 を物件価格で割り振ることが規定されている（501 条 3 項 4 号但書）。これに対して，保証人が複数いる場合には規定がされていないが，どう考えるべきであろうか。

物上保証人 $\alpha$ 1 人，保証人 $\beta$ $\gamma$ 2 人で債務は 300 万円だとすると，物上保証人との関係での弁済者代位の負担割合は頭割りにより $\alpha$ $\beta$ $\gamma$ それぞれ 1/3（100 万円）になるものと思われる。問題は保証人間である。共同保証人間の調整は 501 条 3 項でするのではなく，465 条 1 項の求償権を前提にしているのである。

(b) **2 つの解釈の可能性**

❶ **共同保証人だけで考える**　この場合でも，共同保証人が 2 人なので，465 条 1 項の求償権は 1/2 の頭割りで考えられ，共同保証人 $\beta$ $\gamma$ 間では 150 万円を超える弁済が必要で，また，300 万円弁済したら 150 万円の求償ができるのであろうか。そうすると，501 条 2 項括弧書の弁済者代位も 150 万円が認められるのであろうか。しかし，それでは，$\gamma$ が弁済した場合，<u>$\alpha$ に 100 万円，$\beta$ に 150 万円負担させることができてしまい，$\gamma$ は 50 万円の負担だけでよくなり，それ</u>

は不合理である。なお，物上保証人αへの代位については，債務者に対する求償権が被保全債権になるので，465条1項をどう考えるかによる影響を受けない。

**❷　物上保証人も含めて考える**　　他方で，501条4項但書のように，物上保証人がいることが465条1項の解釈に影響を及ぼし，物上保証人負担の1/3（100万円）を差し引いた2/3（200万円）が，465条1項でも母数とされ，200万円の1/2（100万円）が共同保証人βγ間での固有の求償権になると考えることもできる。そうすると，501条2項括弧書の弁済者代位についても，100万円だけの代位となり，γが弁済した場合，αに100万円，βに100万円負担させ，自分も100万円を負担するので，公平性は保てる。なお，γが150万円弁済した場合，物上保証人αには50万円（150万円－100万円）代位できるが，保証人βについてはどう考えるべきであろうか。465条1項の求償権がどうなるかであるが，計算が複雑になるのを避けるため，物上保証人がいる場合には，465条1項の負担部分を超えた弁済という制限は解除され，βにも50万円の求償ができると考えるべきである。判例・学説の議論はない。

(c)　**本問について**　　本問では，物上保証人CD（物件価格平等），共同保証人EHの4人がいて，Eが5000万円全額を弁済している。上の❶❷の2つをあてはめると以下のようになる。

**❶　共同保証人だけで求償権を考えると**　　まず，物上保証人との関係では，保証人については頭数で1/4（1250万円）の負担となり，物上保証人CDも2/4の物上保証人の負担割合として物件価格によりそれぞれ1/4（1250万円）の負担となる。この点は，次の❷説と共通である。共同保証人EH間は，465条1項により5000万円全額支払えば，EはHに2500万円求償でき，保証債権も2500万円を代位取得することになる（501条2項括弧書）。EはCDの設定した甲地及び乙地の抵当権に2500万円代位ができるので，結局，全面的に負担を免れるという不当な結果になる。

**❷　物上保証人も含めて考えると**　　他方で，465条1項の共同保証人間の求償についても，501条3項4号但書の考慮を及ぼし，保証人側負担の2500万円を母数として考えると，EH間では1250万円が465条1項により認められる求償権ということになる。保証債権に対する弁済者代位も，501条2項括弧書により，1250万円が認められることになり，Eも債務者からの求償不能のリスクを1250万円負担することになり公平な負担が実現される。

202

公平な負担の実現という点からは，**❷**が妥当な解決であると思われる。判例もなく，改正法も規定を置いて解決をせず，解釈にまかされた問題である。

**【答案作成についてのコメント】**共同保証人のほかに物上保証人がいる場合，この法律関係を規定した明文規定はなく，465条１項との関係に注意しながら，最も公平に合致する解決が模索されるべきである。

11

弁済者代位2

## ■ No.11 参考答案構成 ■

1 ［設問1］について
(1) **弁済者代位の主張**
①第三者弁済をした物上保証人Ｄは，債務者Ａに5000万円の求償権を取得する（372条，351条，459条）。
②民法は，求償権保護のために弁済者代位制度を導入した（499条以下）。
③しかし，ＣＥへの代位については，公平の観点から調整している（501条3項4号）。
ⓐ保証人Ｅには頭割りで1/3の代位だけ（501条3項4号本文）。
ⓑ物上保証人は物件価格で割るが，本問では同額なので1/3だけ（同但書）。
(2) **Ｃに共同相続があったらどうなるのか**
(a) **問題提起**
①Ｃが死亡し，$C_1$と$C_2$が共同相続している。
②その後，遺産分割で甲地1と甲地2に分筆してそれぞれ$C_1$と$C_2$の所有になっている。
③この場合に，物上保証人が$C_1$と$C_2$の2人の物上保証人になると考えるべきか。
(b) **判例は2人と考える**
①判例は，この点2人として計算をしなおしている。
②この結果，保証人Ｅは1/3の負担が1/4の負担に軽減される。
③逆に物上保証人側は，2/3の負担が3/4の負担に増加する。
④判例は，弁済までは浮動的であり新たな物上保証人が追加される可能性もあることを指摘する。
⑤しかし，新たな物上保証人の追加とは異なり，担保の総額に変更はない。

203

⑥それなのに，物上保証人側の負担を増やすのは公平ではない。
　(c)　**1人と考えるべきである**
　　①担保物件の総数が変わらない本件では，1人の物上保証人の負担が共同
　　　相続されたと考えるべきである。
　　②そうすると，保証人Eの負担は1/3のまま，物上保証人側の負担も2/3
　　　のままになる。
　　③Dは1/3の負担，$C_1 C_2$ はそれぞれ1/6ずつの負担となる。
　　④連帯保証人がいない場合には，1人か2人かいずれと考えても結論に変
　　　わりがない。
　　⑤従って，この問題は保証人と物上保証人との負担割合の決定の公平が問
　　　題であることが分かる。
　　⑥その意味からは，1人と考えることが公平である。

## 2　〔設問2〕について
　(1)　〔設問2〕前段について
　　(a)　**物上保証人は2人と計算しなおすべきか**
　　　①物上保証人からの第三取得者は物上保証人とみなされる（501条3項5
　　　　号）。
　　　②抵当物件の一部が分筆されて譲渡された場合も同様である。
　　　③では，CとFの2人の物上保証人になったと考えるべきか。
　　　④判例の論理では，ここでも2人と考えることになりそうである。
　　(b)　**1人のままと考えるべき**
　　　①しかし，〔設問1〕について述べた問題がここにもあてはまる。
　　　②抵当物件の絶対数量の変動なしに，物上保証人側の負担が2/3から3/4
　　　　に増えるのは不合理である。
　　　③従って，Cの保持している甲地1，Fの取得した甲地2が不可分的に
　　　　1/3の代位の対象となる。
　　　④Dは，Eに対しても，1/3につき保証債権を代位取得する。
　(2)　〔設問2〕後段について
　　(a)　**個人会社の経営者の負担割合について**
　　　①501条3項は，公平の観点からの当事者が合意で定めなかった場合の補
　　　　充規定である。
　　　②AがCによる個人会社であり，Aの倒産は経営者であるCの負担すべ
　　　　きリスクである。
　　　③また，CはDEに迷惑をかけないと説明している。
　　　④CはDEに対して100％負担すべきである。

⑤従って，DはCの甲地1について5000万円全額の代位ができる。

⑥しかし，5000万円の甲地を分割したので，甲地1では十分ではない。

(b) Eに対する代位の主張

①DEはあくまでもCには全額代位できるに過ぎない。合意の効力は当事者間にしか及ばない。

②DはEに対しても，先にみたように1/3の負担割合で保証債権に代位できる。

(c) Fに対する代位

①物上保証人が2人になるとすると，Fが取得した甲地2についてはCの責任は承継されないと考える余地がある。

②しかし，1人のままであると考えるべきことはすでに述べた。

③そうすると，Fに一部譲渡されても，甲地1と甲地2は，DEとの関係では不可分的に全額を負担する。

④この結果，Fが取得した甲地2についても，Dは全額の代位を主張できる。

3 ［設問3］について

(1) ［設問3］小問(1)について

(a) 問題の提起

①Cが丙地を購入する前は，保証人1人，物上保証人3人であった。

②従って，Cの負担割合は1/4であった（501条3項4号本文）。

③その後に，物上保証人Cが他の物上保証人G所有の抵当物件たる丙地を取得した。

④Cが2つの抵当物件を有することになるが物上保証人1人と計算しなおすべきか。

(b) 判例の論理ではどうなるか

①判例は，弁済があるまで負担割合は浮動的であるという。

②だとすると，E弁済時を基準としてCを物上保証人1人と考えることも可能になる。

(c) やはり2人と考えるべき

①しかし，それでは，保証人Eは1/4の負担であったのに1/3の負担になってしまう。

②CDGにそれぞれ1250万円（合計3750万円）代位できたはず。

③それが，CDにそれぞれ1/3（1666万6666円）しか代位できるに過ぎなくなる。

④あらたな抵当物件が増えたのではなく，代位できる抵当物件の総数に変

化はない。

⑤それなのに保証人の負担割合を増やすのは公平ではない。

⑥やはり，Ｃの物上保証人としての負担は，Ｃ及びＧの物上保証人たる地位を承継した２人分であると考えるべき。

⑦この結果，Ｅは１／４の負担のまま，

⑧Ｅは，甲地，乙地また丙地の抵当権にそれぞれ1250万円代位できる。

(2) ［問題３］小問(2)について

(a) 特約は有効か

①あくまでも自由に決められ，補充規定に過ぎない。

②ＣＥ間の特約は有効。

③従って，Ｅが弁済すれば，Ｃに全額代位できる。

④Ｄについて

ⓐＥが免責される特約はＣとの関係での効力に限られる。

ⓑＤＥ間ではＤの免責の効力は認められず，ＥはＤに１／４の代位を主張できる。

⑤Ｅは，Ｇが丙地を売却する前は，Ｇにも１／４の代位を主張できた。

(b) Ｃによる丙地の取得について

①ところが，ＣがＧから丙地を取得している。

②丙地にもＣＥ間の特約が及ぶのか。

③既述のように，Ｃについては甲地の物上保証人とＧから承継した丙地の物上保証人の２つの地位がある。

④そうすると，ＥはＧ所有の丙地に１／４しか代位できなかったので，Ｃが取得しても同様か。

⑤しかし，ＣはＤＥに損失を与えない責任があり，丙地にも特約の効力を及ぼすべきである。

⑥この結果，特約がある場合，Ｅは甲地及び丙地の抵当権につき全額代位ができる。

⑦Ｅは，Ｄには１／４の負担割合で代位できることは変わらない。

## 4 ［設問４］について

(1) 物上保証人ＣＤへの弁済者代位

①物上保証人がＣＤ２人，保証人がＥＨ２人であり，物上保証人側の負担割合は１／２になる。

②ＣＤが１／２の負担割合を物件価格で割り振り，同一価格なので１／４ずつの負担になる（501条３項４号但書）。

③従って，Ｅは，Ｃの甲地及びＤの乙地の抵当権を，それぞれ1250万円の

限度で取得する。

(2) 共同保証人Hに対する求償・代位

①EはHに465条1項により求償できる。

②また，この求償権の保全のためにHに対する保証債権を代位取得する（501条2項括弧書）。

③この場合のHに対する求償権はどう考えるべきであろうか。

④501条から独立して，EH間で2500万円の求償権を認めるべきであろうか。

⑤それでは，EはCDから2500万円，Hから2500万円回収できることになり，過剰な保護となる。

⑥やはり，501条3項4号但書の趣旨を類推して，465条1項の求償権を保証人の負担割合を母数として算定すべきである。

⑦そうすると，5000万円の1/2（2500万円）につき，465条1項を適用すべきである。

⑧この結果，EはHに対し，1250万円の求償権を取得する。弁済者代位を更に問題にする実益は本件ではない。

以上

# No.12 混 同

次の文章を読んで，後記の **[設問1]**，**[設問2]**，及び **[設問3]** に答えなさい。

## I

**【事実】**

1. 飲食業を営むAは，2020年4月に，支店を出店するために購入していた甲地を，息子Bがその家族（Bの妻子）と共に居住するための建物を建てたいといってきたため，これに応じ，甲地をBに建物所有目的で特に期間を定めず賃料月10万円の月末払いの約束で賃貸した。敷金の交付はない。

2. 同年5月，Bは，建物の建築資金2000万円をC（銀行）から融資を受け，建築された乙建物に抵当権を設定することを約束し，7月に乙建物完成後，乙建物の所有権保存登記を行うと共に抵当権設定登記を行った。

3. 同年9月，Aは，D（信用金庫）から事業資金2000万円の融資を受けるに際して，甲地にその担保として抵当権の設定をしてその旨の登記を行った。

4. 2021年5月，BはAに頼んで甲地を売ってもらい，AからBへの甲地の所有権移転登記がなされた。Aはこの代金を事業資金に使用し，Dに対する借入金債務の支払には充てていない。

**[設問1]** **【事実】**1から4を前提として，以下の各問いに答えなさい。

(1) その後，Cが乙建物の抵当権を実行し，乙建物が競売され，Eが乙建物を買い受けた。この場合に，乙建物の買受人Eが，甲地を利用する法的根拠について検討しなさい。

(2) その後，BはCに借入金を完済しCの抵当権設定登記は抹消登記がされたが，Dが甲地の抵当権を実行し，Fがこれを買い受けたとして，建物所有者Bが買受人Fの取得した甲地を利用する法的根拠について検討しなさい。

Ⅱ

　【事実】1に加えて，以下の【事実】5から8までの経緯があった。

【事実】

5．Bは甲地上に乙建物を建て居住していたが，2021年5月，BはAから甲
　地を買い取って代金を支払った。登記手続きについては，そのうち司法書士
　に依頼して行うことにした。また，AB間の甲地の賃貸借契約は合意解除さ
　れた。

6．BはAの経営する飲食店を手伝っているが，2022年1月，AとBとで経
　営をめぐって口論になり，BはAの飲食店の経営から手を引き，Aの店と
　競合する別の店の経営者として採用された。

7．これに激怒したAは，Bを困らせてやろうと考え，同月，甲地の所有権
　移転登記がされていないままになっていることを利用して，事情を知らない
　Gに，Bが建物を無断で建築をしたと説明して，甲地を売却した。

8．Gは甲地の所有権移転登記を受けて，Aの説明を信じてBを不法占有者
　だと考えて，Bに対して乙建物の収去，そして，甲地の明渡しを求めた。B
　はこの話を聞いて驚き，甲地は先に自分がAから購入したものであり，所
　有権移転登記をしようと思っていたところであると説明して，Gの請求に応
　じない。

［設問3］　【事実】1及び【事実】5から8までを前提として，Gの請求に対す
　るBの反論，また，これに対してGから出される再反論，必要ならばこれ
　に対するBからの再反論を指摘して，Gの請求が認められるか検討しなさい。
　また，Bの主張を受けて，GがAとの売買契約を取り消しまたは解除をし
　た場合の，BのAに対する法的主張についても考えなさい。

Ⅲ

　【事実】1から3に加え，以下の【事実】9から13までの経緯があった。

【事実】

9．Aは，2020年12月，事業資金2000万円をH（銀行）から借り入れるに
　際して，Hに対する借入金債務の担保のために，AB間の賃貸借契約上の賃
　料債権を2021年1月分から5年分譲渡することを合意した。

10. Aは，Hより求められて，Bに本件賃料債権の譲渡について内容証明により通知をした。その通知には，Hが実行通知をBに対してするまではBはAに賃料を支払うよう求める内容が記載されている。

11. 2021年5月，BはAから甲地を買い取り，AからBへの甲地の所有権移転登記がなされた。Aはこの代金をDに対する借入金債務の支払に充て，甲地のDの抵当権設定登記は抹消登記がなされた。

12. 2022年2月，AはHに対する借入金の返済ができなかったため，Hが債権譲渡担保についてBに対して実行通知をして，以後賃料は自分に支払うよう求めた。しかし，Bは賃貸借契約は終了したと主張し，Hの支払請求に応じない。

13. 同年4月，BはCに対する借入金債務の返済ができず，Cが乙建物の抵当権を実行し，Iが乙建物を買い受けた。買受人Iは，買受代金を支払い，乙建物の所有権移転登記を受け，乙建物の引渡しを受け居住を開始した。

[設問3] 【事実】1から3及び【事実】9から13までを前提として，Hは，B及びIに対して甲地の賃料の支払を求めたいと考えているが，B及びIから出される反論も踏まえて，Hの請求が認められるか検討しなさい。

## ◯ 言及すべき点及び論点 ◯

1 ［設問 1］小問(1)について
(1) 建物抵当権の借地権への効力
　①借地権は建物の従たる権利（重要度A）
　②建物抵当権が借地権に効力が及ぶ（重要度A）
(2) 買受人による借地権の取得
　①混同の例外——条文の根拠づけ（重要度A）
　②賃貸借契約の承継（重要度B）

2 ［設問 1］小問(2)について
(1) 借地権の対抗（重要度A）
(2) 混同の例外
　①例外を認める必要性の説明（重要度A）
　②例外の条文根拠（重要度A）

3 ［設問 2］について
(1) 対抗関係（重要度B）
(2) 借地権の対抗

①借地権は対抗できる（重要度A）
②混同による消滅（重要度A）
③合意解除（重要度B）

4 ［設問 3］について
(1) 集合債権（将来債権）の譲渡
　①譲渡の可能性・要件（重要度A）
　②対抗要件
　　ⓐ包括的にできるか（重要度A）
　　ⓑ譲渡人への賃料支払を求めるものでもよいか（重要度B）
(2) 混同の例外
　①［設問 1］(2)と同じ（重要度A）
　②例外の場合の法律関係
　　ⓐ抵当権実行前——Bとの関係（重要度A）
　　ⓑ抵当権実行後——Iとの関係（重要度A）

---

## 解説及び答案作成の指針

---

## 1 ［設問 1］小問(1)について

**【出題趣旨】**　［設問 1］小問(1)は，法定地上権は成立しないことを確認しつつ，混同の例外を考えてもらう問題である。特に難しい論点はない。

### (1) 買受人による借地権の取得の可能性

　乙建物の買受人Eは，甲地の利用権がなければ不法占有者になり，甲地の所有者Aは，Eに対して建物収去・土地明渡しを請求できることになる。これに対して，Eがどのような法的主張をなしうるのかを検討してもらうのが本問である。

　①まず，法定地上権（388条）は，Cが乙建物に抵当権を設定した時には，甲地はA所有，乙建物はB所有と，別々の所有者に帰属していたので，その要件を充たさず成立は認められない。

　②次に，抵当権設定時には，建物所有者Bは借地権を有しており，借地権は従

たる権利として抵当権の効力が及ぶことになる。買受人は，乙建物と共に借地権を取得すると考えることができる。判例はこの結論を認めるが，条文根拠を示しておらず，従物とパラレルに考えれば，370条の付加一体物についての規定の類推適用ということが考えられる。

**【答案作成についてのコメント】**まずは，法定地上権は問題にならず，借地権が抵当権の従たる権利として目的物に含まれ，買受人は建物と共に借地権を取得しうることを確認する。

## (2) 混同による借地権消滅について

(a) **原則としての混同による消滅**　ところが，買受人Eが借地権を取得することについては，BがAから甲地を購入していたため借地権は混同ですでに消滅していたのではないかという疑問がある。

借地権者が土地の所有権を取得すれば，それ以降は，土地所有権により土地を利用できるのであり，借地権は残しておく必要はない。そのために，地上権などの物権については179条，賃借権の場合には520条により「混同」という権利の消滅原因が認められ，地上権や賃借権は当然に——何らの意思表示を要せず——消滅することになる。

(b) **本問における借地権存続の必要性**　しかし，本問では，乙建物のCの抵当権は，乙建物と共に借地権にその効力が及ぶため，抵当権の実行として，乙建物と共に借地権を実行することにより貸金債権の回収を考えていたのである。このため，確かに，Bについては甲地の利用のために借地権を存続させる必要はなく，自己借地権は不要であり土地所有権に基づいて使用ができれば足りるが，借地権が消滅してしまうと，抵当権者Cが不利益を被ることになる。

そのため，物権，債権いずれについても，混同による権利の消滅に対する例外を認めている（179条1項但書，520条但書）。本問では，債権なので520条但書を適用して，Bの借地権は消滅しないことになる。

(c) **自己借地権の法律関係**　本問では所有権と共に賃貸人たる地位の譲渡の合意はされているとは思われないので，605条の2第1項によって，混同による消滅がなく，所有権と共に賃貸人たる地位が移転するものと思われる。その結果，Bは甲地の所有者＝賃貸人たる地位を取得すると共に，甲地の賃借人たる地位を維持し，B・B間に賃貸借契約が存続することになり，敷金が交付されていれば敷金も承継されることになる——本問は敷金の授受はない——。しかし，賃料の支払義務や修繕義務などは認める必要はなく（後述［設問3］参照），たとえ成立

するとしても直ちに混同で消滅することになる。

(d) **本問について**　乙建物の買受人Eは，Bの借地権が存続しているため，乙建物と共に借地権を取得することになり，甲地所有者Bと乙建物買受人Eとの間に借地契約が存続することになる。自己借地になっていたが，BがEの借地権の取得を承諾しない場合には，Eは裁判所にBの承諾に代わる許可を求めることができる（借地借家法20条）。買受人の借地権取得が認められた以降は，賃料債権が復活し，BはEに対して賃料の支払を求めることができる。承継される契約内容であるが，期間の定めのない借地権は認められず，当初の契約開始から30年となる（借地借家法3条）。

> **【答案作成についてのコメント】** 本問では，混同の例外が認められ，520条但書によりB・B間に借地権が存続し（自己借地），買受人が建物と共にこれを取得することを論じるべきである。

## 2　[設問1] 小問(2)について

> **【出題趣旨】** [設問1] 小問(2)は，小問(1)同様に借地権について混同の例外を考えてもらう問題であるが，例外を根拠づける条文が問題になる。法定地上権が使えないことにも言及することが求められる。

### (1)　借地権の対抗関係

まず，Bが借地権を甲地の抵当権者Dに対抗する対抗関係にあることを確認する必要がある。Dは，借地権の負担のある土地か負担のない土地かで，競売における売却価格には大きく開きがあるからである。本問では，Bは乙建物の所有権保存登記を，Dの甲地の抵当権設定登記よりも先にしているため，借地権をDに対抗することができる（借地借家法10条1項）。

従って，Bは借地権を土地買受人Fに対抗できるはずである。ところが，Bは甲地を買い取っており，混同によりBの借地権が消滅するのではないかという疑問を生じる。

> **【答案作成についてのコメント】** まず，借地人と土地抵当権者とは対抗関係に立ち，本問では，Bが借地権を土地抵当権者Dに対抗できることを確認し，それが混同により奪われることになるということを問題提起すべきである。

### (2)　混同について

(a) **混同の例外を認める必要性**　先にみたように，Bは甲地を買い取って甲

地の所有者になったことから，Bに賃貸人たる地位と賃借人たる地位とが帰一し，例外が認められなければ借地権は混同により消滅する。では，520条但書により例外が認められるのかというと，Dの抵当権は甲地を対象としており，乙建物を対象とするCの抵当権とは異なり，借地権までは抵当権の対象とはなっていない。

しかし，本来，Bは抵当権に対抗できる借地権を有しており，甲地の抵当権が実行され，甲地の所有権を失ったとしても，借地権を買受人に対抗できるのでそのまま居住することができたはずである。ところが，甲地を取得して借地権が消滅して，この得られたはずの保護を奪われるのは，Bにとって酷である。しかし，上記のように520条但書の適用はない。では，どのようにして，Bを保護すべきであろうか。

なお，Cの乙建物の抵当権がある間は520条但書の適用があったが，Cの抵当権は弁済により消滅し，Cの抵当権の存在を理由とする混同の例外の効力は失われている。

(b)　**Bを保護する法的構成**

(ア)　**法定地上権**　　まず，法定地上権（388条）によることが考えられる。しかし，Dが抵当権を設定した時には，いまだ甲地はA所有であり，土地と建物を同一人が所有するという法定地上権の要件は充たされていない。

法定地上権は，「抵当権者の合理的意思……の推定に立って」おり（最判平9・2・14民集51巻2号375頁），抵当権者の予測に反することはできないが，本問では，抵当権設定当時はBの借地権の対抗を受けたのである。借地権の拘束を受けることを覚悟したのに，これを混同で免れるという棚ぼた的利益をDに認める必要はない。そこで，388条を類推適用するということも考えられるが，後付けの説明であり，ほかに解決方法が考えられればそれによるべきである。

(イ)　**混同の例外の拡大**

❶　**179条1項但書は例外が520条但書よりも広い**　　そこで，Dは借地権を覚悟したのでその対抗を認めて構わないため，借地権を混同により消滅させずに存続させることが考えられる。では，520条但書を例示と考えて，その類推適用によるべきであろうか。それも解決としては考えられるが，借地権は物権化されているので——第三者に対抗できることを比喩的に表現しただけで物権ではない——，物権の混同規定を適用することでこの問題を解決することができる。

というのは，179条は，520条但書よりも広い範囲をカバーしているからである。

179条1項但書は、「その物又は当該他の物権が第三者の権利の目的であるとき」を例外としている。借地権が乙建物の抵当権の対象になっている事例が「当該他の物権」が第三者の権利の目的である場合に該当する。179条1項但書は、その場合だけでなく、「その物」自体が第三者の権利の目的になっている場合にも例外を認めているのである。

❷　**本問について**　　後者がまさに本問の事例であり、取得した甲地がDの抵当権の対象となっており、その実行に対して利用権を保持しておく必要があるのである。地上権たる借地権（借地借家法2条1号）ならば直接適用でよいが、賃借権たる借地権は債権なので厳密にいえば、179条1項但書の類推適用ということになる。こうして、Bは甲地の抵当権が存続する限り借地権を保持でき、競売されたならば、買受人Fに借地権を対抗できるのである。判例も、「特定の土地につき所有権と賃借権とが同一人に帰属するに至った場合であっても、その賃借権が対抗要件を具備したものであり、かつ、<u>その対抗要件を具備した後に右土地に抵当権が設定されていた</u>ときは、民法179条1項ただし書の準用により、賃借権は消滅しない」と混同の例外を認める（最判昭46・10・14民集25巻7号933頁）。判例は「準用」というが類推適用の趣旨であると思われる。

> **【答案作成についてのコメント】** 520条但書とは異なり、179条1項但書は本問の事例にも混同の例外を認めることができることを指摘し、その適用（類推適用）を認めることを議論すべきである。

## 3　[設問2] について

> **【出題趣旨】**　[設問2] では、まず、Bが甲地を買い取ったため混同により借地権が消滅していること、混同には登記は要件ではないことを確認すべきである。その後に甲地がGに売却され、BGが対抗関係となりGが登記をしており所有者になっている。対抗関係で負けたBが借地権の対抗を主張し、これに対してGが混同また合意解除による借地権の消滅を主張し、Bから更に混同を否定する主張が出されることになる。これらを整理しつつ検討してもらう問題である。

### (1)　混同による借地権の消滅——例外規定の適用はない

Bは甲地を購入しており、本問では、乙建物にも甲地にも抵当権が設定されておらず、混同の例外の適用はない。また、AB間で賃貸借契約は合意解除されている。また、混同には対抗要件具備は要件とはなっておらず、Bが甲地の所有権移転登記を受けていなくても効力を生じる。

この結果，Ｂは甲地の所有権移転登記を受ける前から，借地権を失っており，以後甲地の使用は土地所有権に基づくものであることになる。

**【答案作成についてのコメント】**まず，混同による借地権の消滅には，登記（対抗要件）は必要ではなく，ＡＢ間の売買契約により，借地権は混同で消滅していること，更に合意解除がされていることを確認すべきである。

## (2) 甲地についてのＧとの対抗関係

Ｂは，Ａから甲地を買い取ったが所有権移転登記をしない間に，事情を知らないＧが約８カ月後に甲地をＡから購入しており，ＢＧは 177 条の対抗関係になる。Ｇが背信的悪意ではないため，Ｂは所有権取得＝Ａの無権利をＧに対抗できず，ＧはＡから有効に所有権を承継取得できることになる。

**【答案作成についてのコメント】**ところが，ＢＧは甲地につき対抗関係に立ち，善意のＧが先に所有権移転登記を受けているので，Ｇが甲地の所有者になることを次に確認する。

## (3) 借地権の対抗

(a) **Ｂは借地権の対抗要件を充たしていた**　Ｂに甲地の所有権取得が認められないとすると，甲地上に土地所有者でないＢが建物を所有していることになり，土地の利用権限がないと不法占有になってしまい，建物収去を義務づけられることになる。Ｇは，ＡよりＢは不法占有者だと説明を受けているので，ＧはＢに対して建物収去土地明渡しを請求するものと思われる。

Ｂは，土地所有権取得を対抗できないので，予備的に借地権を主張するはずである。ＡがＧに甲地を売却した時に，Ｂが借地権を保持していれば（この点は後述），先に借地借家法 10 条 1 項の対抗力を取得しているので，これを土地買主Ｇに対抗できるはずである。

(b) **Ｇからの混同，合意解除による借地権消滅の主張**　これに対して，Ｇからは，Ｂの借地権は混同（520 条）により消滅していた，または，合意解除により消滅していたという主張が出されるものと思われる。これに対して，Ｂはどう反論すべきであろうか。

(ア) **混同による消滅**　まず，混同による消滅については，520 条但書の混同の例外を問題にすることはできない。しかし，そもそも<u>Ｇによる混同の主張を認めない</u>ことにより解決が図られるべきである。

判例も，「一たん混同によって消滅した右賃借権は，右第三者に対する関係では，同人の所有権取得によって，消滅しなかったものとなる」と説明している（最判

昭 40・12・21 民集 19 巻 9 号 2221 頁。最判昭 47・4・20 判時 668 号 47 頁も同様）。
G が甲地を買い取るまでは混同の効果が生じているが——対抗力は遡及しない
——，G は 177 条により A から B への所有権の移転を否定し，A から自己への所
有権の移転を援用するのである。これが 177 条の「第三者」による対抗不能の援
用である。従ってその主張によれば，A から B への所有権の移転をそもそも否定
するので，混同は生じていないことになる。177 条の援用と混同の主張は矛盾し
た主張であり，<u>G は混同を主張することは許されない</u>といわざるをえない。

　(イ)　**合意解除について**　　ところが厄介な問題に直面する。G との関係では，
A から B への所有権の移転はないとしても，A B 間で賃貸借契約が合意解除され
ているのである。これはどう考えるべきであろうか。物権変動とは異なり，G と
の関係では A B 間の合意解除の効力は認められないというわけにはいかない。

　①まず，A B 間の契約は合意解除の形をとっているが，混同による賃貸借契約
の消滅を確認するだけの趣旨だと考えることができる。そうすると，混同により
賃貸借契約が消滅したことを確認したに過ぎず，G に所有権取得を対抗できなく
なり，また混同の効力が G との関係で否定されるならば，賃貸借は消滅していな
いことになる。

　②また，混同により賃貸借契約が消滅したことを当然の前提としており，混同
の効力が否定されれば，合意解除の効力も否定されると考えることもできる。こ
のような効力を認める行為基礎理論を否定するとしても，事情変更の原則による
解除ができることになる。

　(c)　**G の A との関係での法的保護と B の A に対する権利**

　(ア)　**G の A に対する権利**　　いずれにせよ，B は結論として，G に借地権を
対抗できることになる。そうすると，G は，A より B が不法占有者だと虚偽の事
実を説明されて売買契約を締結したことになり，詐欺取消しが可能となる（96 条
1 項）。また，G は A に対して 565 条の売主の担保責任を追及することもできる。
G は自己使用の目的で甲地を買い取ったのであり，B の借地権の対抗を受け自ら
使用ができなければ契約をした目的を達しえないのであり，542 条 1 項 3 号によ
り即時解除権も認められる。

　(イ)　**B の A に対する権利**

　❶　**履行不能により塡補賠償請求権になっている**　　G への売却，そして G
の所有権移転登記の取得により，B は A からの履行が履行不能（412 条の 2 第 1

項［法律的不能］）になり塡補賠償請求権を取得していたのであるが（415条2項1号），もしGが売買契約を取り消したりまたは解除した場合，Gによる取消しないし解除により，元の履行請求権が復活して，Aに対して所有権移転登記を求めることができるようになるのであろうか。もし，Bが既にAから賠償金の支払を受けて塡補賠償請求権が消滅してしまっていた場合には，当初の履行請求権が復活することはないと考えるべきである。

　❷　**不能後に履行が可能になったらどうなるか**　　しかし，塡補賠償請求権は，本来の履行ができない場合の次善の解決であり，履行が可能になったならば元の債権を復活させても，特に債務者に不都合はない。415条2項も，規定制定時にはそこまで考えていなかったと思われるが，塡補賠償の請求が「できる」と規定しており，選択の余地を残している含みである。そのため，Bは，塡補賠償によってもよく本来の履行によってもよく――不能だと債務者に不能の抗弁（412条の2第1項）が認められるに過ぎない――，選択債権になると考えることができる。債務者Aには選択権はなく，Bが塡補賠償を選択したのに，甲地の所有権移転登記の提供をすることは許されない。

> **【答案作成についてのコメント】** 借地権の対抗を問題提起し，混同，合意解除いずれの効力も認められず，Bは借地権をGに対抗できることを確認する。その結果，Gが契約をした目的を達しえないので，Aとの売買契約を取り消すまたは解除することが考えられ，その場合に，Bが改めてAに対して所有権移転登記請求ができるのかを議論すべきである。

## 4　［設問3］について

> **【出題趣旨】**　［設問3］は，将来の賃料債権の譲渡の可否・対抗要件具備について考えてもらった上で，その後に賃貸人たる地位と賃借人たる地位に混同があった場合を考えてもらう問題である。また，混同の例外が認められるとしても，賃料債権譲渡の効力はどうなるか，更にその後に抵当権が実行され買受人が賃借人たる地位を取得し賃料債権も復活した場合について考えてもらう問題である。

### (1)　将来の賃料債権の譲渡

　(a)　**将来債権の譲渡の有効性・要件**　　判例は，将来のいわゆる集合債権についても特定されていれば有効に譲渡することができると考え――「発生原因となる取引の種類，発生期間等で特定される」ことを求めるだけである（最判平13・11・22民集55巻6号1056頁）――，必要な規制は公序良俗違反（90条）により行えばよいという立場である（最判平11・1・29民集53巻1号151頁）。改正

法は，要件については判例にまかせてこれを明記せず，将来債権の譲渡もできることを明記しただけである（466条の6第1項）。要件については，従前の判例が先例価値を維持することになる。

(b) **将来債権の対抗要件具備**　また，判例は，将来債権の「債権譲渡について第三者対抗要件を具備するためには，指名債権譲渡の対抗要件（民法467条2項）の方法によることができる」と判示しており（前掲最判平13・11・22），包括的に将来債権についての対抗要件具備を認める。改正法は，467条1項に括弧書で「現に発生していない債権の譲渡も含む」と規定し，将来債権の譲渡についての対抗要件具備が可能なことを規定している。債権発生前に包括的に対抗要件を具備できることになる。

(c) **本問へのあてはめ**　Hへの5年分の賃料債権の譲渡は有効であり，Bに譲渡通知がされているためBへの対抗が可能になっている。Hへの譲渡について，実行通知まではAに支払うよう求めているが，それにより第三者対抗要件の効力を妨げるものではない（前掲最判平13・1・22）。

> 【**答案作成についてのコメント**】まず，賃料について将来の集合債権譲渡ができること，また，その対抗要件について確認をした上で問題提起をすべきである。

### (2) その後の混同の例外

#### (a) Bについて

(ア) **賃貸借契約が終了すれば債権譲渡の効力は否定される**　賃貸借契約が終了してしまえば，それ以降，賃料債権の将来債権譲渡の効力は認められなくなる。譲渡後に賃貸人と賃借人につき混同があった場合，差押えの事例であるが，差押えの効力は否定されている（最判平24・9・4金判1413号46頁）。契約自体が終了してしまい債権が発生しなくなるリスクは，差押えであろうと債権譲渡であろうと甘受しなければならないのである。

ところが，本問ではCが乙建物について抵当権を設定しているため，520条但書（179条1項但書）により混同の例外が認められ，Bの借地権，更に言えば賃貸借契約は混同の例外として存続することになる。

(イ) **賃貸不動産の譲渡（賃貸人たる地位の移転）の場合**　本問ではBの借地権が自己借地権として存続している事例であるが，賃貸人がAからBに移転しても，AからHへの賃料債権譲渡の効力が以降の賃料債権についても認められるのであろうか。賃貸不動産が譲渡され，債権譲渡人以外の者に帰属するに至って

も，その賃貸借には債権譲渡の拘束力が及んだままで，賃貸不動産の譲受人は賃料債権を取得しえないのかは，議論されている。本問はこの変則的な事例になる。

❶　**差押事例について**　　将来の賃料債権が差し押さえられた後に，賃貸不動産が譲渡された事例では，最判平 10・3・24 民集 52 巻 2 号 399 頁は，賃貸不動産の「譲受人は，<u>建物の賃料債権を取得したことを差押債権者に対抗することができない</u>」という。賃料債権の差押えにより，賃貸不動産の「処分は妨げられない」が，<u>差押えの効力が「建物所有者が将来収受すべき賃料に及んでいるから</u>（民事執行法 151 条），右建物を譲渡する行為は，<u>賃料債権の帰属の変更を伴う限りにおいて，将来における賃料債権の処分を禁止する差押えの効力に抵触する</u>」と判示する。

❷　**債権譲渡の事例**　　将来の賃料債権の譲渡後に，賃貸不動産が譲渡され賃貸人たる地位が譲渡人から第三者に移転した場合については，最高裁判決はない。

①東京地裁執行処分平 4・4・22 金法 1320 号 65 頁は，「賃料債権は賃貸人の地位から発生し，賃貸人の地位は目的物の所有権に伴うものである。ゆえに，賃貸人であった者も所有権を失うと，それに伴って賃貸人の地位を失い，それ以後の賃料債権を取得することができない」。「賃料債権の譲渡人がその譲渡後に目的物の所有権を失うと，譲渡人はそれ以後の賃料債権を取得できないため，その譲渡は効力を生じないこととなる」と判示する。

②しかし，賃貸不動産が譲受人に移転しても，譲受人が賃料債権につき差押えの効力を免れ得ないのと同様に，譲受人の取得する賃料債権に譲渡（譲渡担保）の効力が及ぶと考える余地もある。そうすると，譲受人の下で賃料債権は発生するが，直ちに債権譲受人に移転することになる。

㈢　**混同の例外の場合はどうか**　　❷の①説では問題にならないが，②説では，本件の混同の例外事例ではどうなると考えるべきであろうか。

賃料債権は発生と同時に混同で消滅するが，債権譲渡の対抗を受ける場合には混同による消滅を主張しえないと考えるべきであろうか。しかし，賃借権を混同の例外として残すとしても，それは，建物買受人が借地権を取得できるようにするためだけのものであり，賃料債権を成立させる必要はなく，賃借権はいわば凍結されると考えるべきである。乙建物に抵当権がなければ，債権譲渡の効力は混同により否定されていたはずであり（☞㈠），棚ぼた的利益を債権譲受人に与え

る必要はない。

　従って，本件では，①②いずれの立場によろうと，Hは，Bに対して実行通知をしても賃料の支払請求はできないと考えるべきである。

　(b)　Iについて　　では，その後に乙建物の抵当権が実行され，Iが乙建物を買い受けることにより，Iが借家権を取得し，甲地の所有者＝賃貸人BのIに対する賃料債権が復活したならば，将来債権譲渡との関係はどう考えるべきであろうか。

　賃貸人が債権譲渡人Aではなく Bになっており，上記(a)(イ)❷の①の立場では，AH間の債権譲渡の効力はBには及ばず，Bが取得するIに対する賃料債権をHが取得することはできないことになる。他方で，同②の立場では，AH間の債権譲渡の効力は，第三者対抗要件を充たす以上は土地譲受人に対抗できるのであるから，Bが取得するIに対する賃料債権に及ぶことになる。Hは，BのIに対する賃料債権を取得できることになり，HのIに対する請求は認められる。

【答案作成についてのコメント】混同の例外が認められる事例について，借地についての将来の賃料債権の譲渡の効力がどうなるのか，Bに借地権が混同例外として帰属している段階，買受人Iに借地権が移転した段階とに分けて考察をすべきである。

## ■ No.12 参考答案構成 ■

1　[設問1]　小問(1)について
　(1)　買受人は借地権も取得できる
　　①法定地上権（388条）の要件は充たしていない。
　　②Cの乙建物の抵当権は敷地の借家権にも効力が及ぶ（370条類推適用）。
　(2)　混同はどうなるのか
　　(a)　問題提起
　　　①Bが甲地を買い取っている。
　　　②これにより，BはAから土地所有権と賃貸人たる地位を取得する。
　　　③Bは土地を土地所有権により利用でき，借地権は不要になる。
　　　④では，借地権は混同で消滅するか（520条）。

⑤Bはそれでよいが，それでは，乙建物の抵当権者Cに不利益を生じさせることになる。
    (b) 混同の例外を認めるべき
    ①抵当権者Cが混同によりいわれのない不利益を受けるべきではない。
    ②民法もこの場合に，混同の例外を認めている（520条但書）。
    ③Bの借地権は混同により消滅せず，買受人Eが乙建物と共に借地権を取得できる。

2 ［設問1］小問(2)について
  (1) FからBへの請求
    ①Fは土地所有権に基づいて，Bに対して建物収去土地明渡しを請求する。
    ②Bはこれに対して借地権の対抗を主張する。
    ③Fからは，更に借地権の混同による消滅が主張される。
    ④法定地上権（388条）の要件は充たされていない。
  (2) 混同の例外が認められるか
    ①520条但書の事例ではない。
    ②しかし，Bは土地抵当権者Dに借地権を対抗できた。
    ③土地に抵当権があり競売の可能性がある限り，Bは②の地位を保持する必要がある。
    ④179条1項但書は，取得した「物」が第三者の権利の目的になっている場合も例外を認める。
    ⑤借地権は物権化されており，179条1項但書を類推適用してよい。
    ⑥そうすると，本件でも混同の例外が認められ，Bは借地権をFに対抗できる。

3 ［設問2］について
  (1) Bによる甲地買取りによる混同
    ①借地人Bが土地を取得しており混同が生じる。
    ②混同の例外を認める事情はない。
    ③従って，Bの借地権は混同により消滅する。
    ④混同のためには登記は要件ではない。
  (2) BGの対抗関係
    ①BGは甲地の取得につき二重譲渡の対抗関係にある。
    ②177条が適用になり，Gが先に所有権移転登記を受けている。
    ③Gは，Bの買受けについて善意である。
    ④この結果，甲地はGが取得することになる。

（3）**GによるBに対する建物収去土地明渡請求**

①Gは土地所有権に基づいて，建物所有者Bに対して建物収去土地明渡しを請求する。

②Bは予備的に借地権の対抗を主張することになる。

③これに対して，Gは混同また合意解除による借地権の消滅を主張する。

④混同についてはGが主張することはできない。以下，その理由を述べる。

　ⓐGは，AからBへの所有権移転を否定し，自己の所有権取得を根拠づけている（177条）。

　ⓑこれと，Bが甲地の所有権を取得し混同が生じているという主張は矛盾するものである。

　ⓒそのため，Gは177条を援用する限り，Bの混同の主張をすることは許されない。

⑤合意解除は，混同の効果を確認するだけの合意に過ぎないと考えるべきである。

⑥以上の結果，Bは借地権をGに対抗でき，Gの上記請求は認められない。

## 4　[設問3] について

（1）**将来の賃料債権の譲渡——有効性・要件**

①将来の債権の譲渡も可能であり（466条の6第1項），そのためには，譲渡の対象となる債権の範囲が特定されていることが必要である。

②また，将来債権譲渡の対抗要件具備も可能である（467条1項括弧書）。

　ⓐ発生前の将来の債権について包括的に対抗要件が具備できる。

　ⓑ譲渡人への支払を求めていても対抗力に支障はない。

③そのため，Hが問題文の通り，B及び競売後は買受人Iに対して賃料の支払を求めることになる。

（2）**甲地がAからBに譲渡された点について**

①Bが甲地を買い取っており，甲地の所有者はもはや賃料債権の譲渡人Aではなくなっている。

②しかし，賃貸借契約が存続している限り，将来の賃料債権譲渡の効力は賃貸不動産の買主にも及ぶ。

　ⓐHは，Bが甲地を買い取る前に賃料債権譲渡について対抗要件を具備している（467条2項）。

　ⓑ賃貸不動産買受人は債権譲渡の効力に服し，賃料債権発生と同時に譲渡の効力が生じる。

③ただし，Bからは混同が援用されることになる。

（3）**BIへのあてはめ**

(a) Bについて
①Cの抵当権があるので，混同の例外により借地権は存続する（既述）。
②しかし本来ならば混同で契約が終了し債権譲渡の効力は否定されていた。
③Hに，混同の例外による棚ぼた的利益を受けさせる必要はない。
④Bの借地権はBの下では賃料債権を生じないと考えるべきである。
⑤よって，HのBに対する賃料支払請求は認められない。
(b) Iについて
①混同の例外により，Iは乙建物と共に借地権を取得する。
②Bは甲地の賃貸人としてIに対する賃料債権を取得する。
③AH間の賃料債権譲渡の効力は，甲地買主Bに対抗でき，BのIに対する賃料債権はHが取得する。
④従って，HのIに対する賃料支払請求は認められる。

以上

平野 裕之 (ひらの ひろゆき)

慶應義塾大学大学院法務研究科（法科大学院）教授。早稲田大学法学部非常勤講師，日本大学大学院法務研究科（法科大学院）非常勤講師。

1981年司法試験合格，1982年明治大学法学部卒業，1984年明治大学大学院法学研究科博士前期課程修了，1984年明治大学法学部助手，1987年明治大学法学部専任講師，1990年明治大学法学部助教授，1995年明治大学法学部教授を経て現職。

著書に，『新債権法の論点と解釈』（慶應義塾大学出版会，2019年），『新・考える民法 I―民法総則』『新・考える民法 II―物権・担保物権』（慶應義塾大学出版会，2018-2019年），『民法総則』『物権法』『担保物権法』『債権総論』『債権各論 I 契約法』『債権各論 II 事務管理・不当利得・不法行為』（日本評論社，2016-2019年），『コア・テキスト民法 I 民法総則〔第2版〕』『同 II 物権法〔第2版〕』『同 III 担保物権法』『同 IV 債権総論〔第2版〕』『同 V 契約法〔第2版〕』『同 VI 事務管理・不当利得・不法行為〔第2版〕』（新世社，2017-2019年），『民法総合3担保物権法〔第2版〕』『同5契約法』『同6不法行為法〔第3版〕』（信山社，2008-2013年），『製造物責任の理論と法解釈』（信山社，1990年），『保証人保護の判例総合解説〔第2版〕』（信山社，2005年），『間接被害者の判例総合解説』（信山社，2005年）ほか多数。

## 新・考える民法 III
——債権総論

2020年4月30日　初版第1刷発行

著　者̶̶̶平野裕之
発行者̶̶̶依田俊之
発行所̶̶̶慶應義塾大学出版会株式会社
　　　　　　〒108-8346　東京都港区三田2-19-30
　　　　　　ＴＥＬ〔編集部〕03-3451-0931
　　　　　　　　　〔営業部〕03-3451-3584〈ご注文〉
　　　　　　　　　〔　〃　〕03-3451-6926
　　　　　　ＦＡＸ〔営業部〕03-3451-3122
　　　　　　振替 00190-8-155497
　　　　　　http://www.keio-up.co.jp/
装　丁̶̶̶安藤久美子
組　版̶̶̶株式会社キャップス
印刷・製本̶̶萩原印刷株式会社
カバー印刷̶̶株式会社太平印刷社

©2020　Hiroyuki Hirano
Printed in Japan ISBN978-4-7664-2668-7

慶應義塾大学出版会

# 新・考える民法 I
## 民法総則

平野裕之 著

考え抜く力、圧倒的な論文を書く力を養う
**究極の改正民法事例演習書 第Ⅰ巻！　民法総則篇。**

司法試験の論文試験には何が求められるのか。本番形式の問題に対して、出題の趣旨、論点の重要度、答案作成に関するコメントなどを随所につけ、改正民法に対応した解説で重要論点を徹底解明。答案構成サンプルも付す。

A5判／並製／368頁
ISBN 978-4-7664-2475-1
◎2,800円　2018年1月刊行

◆主要目次◆

- No.1　権利能力
- No.2　制限行為能力
- No.3　法人論
- No.4　公序良俗論
- No.5　心裡留保及び虚偽表示
- No.6　94条2項の類推適用
- No.7　錯誤・詐欺
- No.8　詐欺・強迫取消し
- No.9　意思表示の到達・申込みと承諾
- No.10　代理1(顕名)
- No.11　代理2(代理権濫用・復代理)
- No.12　代理3(代理行為の瑕疵等)
- No.13　代理4(無権代理人の責任)
- No.14　代理5(表見代理1)
- No.15　代理6(表見代理2)
- No.16　条件・期限
- No.17　時効総論・消滅時効1(援用)
- No.18　時効総論・消滅時効2(更新・完成猶予1)
- No.19　時効総論・消滅時効3(更新・完成猶予2)

表示価格は刊行時の本体価格(税別)です。

慶應義塾大学出版会

# 新・考える民法 II
## 物権・担保物権

平野裕之著

**考え抜く力、圧倒的な論文を書く力を養う**
**究極の改正民法事例演習書 第Ⅱ巻！ 物権・担保物権篇。**

司法試験の論文試験には何が求められるのか。本番形式の問題に対して、出題の趣旨、論点の重要度、答案作成に関するコメントなどを随所につけ、改正民法に対応した解説で重要論点を徹底解明。答案構成サンプルも付す。

A5判／並製／352頁
ISBN 978-4-7664-2601-4
◎2,800円 2019年4月刊行

◆主要目次◆

- No.1 取得時効1
- No.2 取得時効2
- No.3 取得時効・物権的請求権
- No.4 物権的請求権
- No.5 不動産物権変動1（第三者の主観的要件）
- No.6 不動産物権変動2（取消しと登記など）
- No.7 即時取得
- No.8 共　有
- No.9 抵当権の目的物
- No.10 抵当権の侵害
- No.11 抵当権の賃料への物上代位
- No.12 賃貸不動産の譲渡及び譲渡担保
- No.13 不動産の譲渡担保
- No.14 集合動産及び集合債権譲渡担保
- No.15 所有権留保

**第Ⅳ巻 債権各論篇 近刊！**

表示価格は刊行時の本体価格（税別）です。

慶應義塾大学出版会

# 新債権法の論点と解釈

平野裕之著

## 『新・考える民法』の解説を補足できる究極の改正民法解説書！

改正民法の論点は何か？どう解釈すべきか？
必要な改正法の内容・論点・解釈を調べられる改正法概説。改正法を勉強する切実な必要性に迫られている方に向けた、平野教授の手による解説・解釈書！

◆主要目次◆

序論　2017年民法（債権法）改正のプロローグ

第1部　民法総則規定の改正

第2部　債権総論規定の改正

第3部　契約法総論規定の改正

第4部　契約法各論規定の改正

終論　2017年民法（債権法）改正のエピローグ

A5判／並製／480頁
ISBN 978-4-7664-2579-6
◎3,600円　2019年1月刊行

表示価格は刊行時の本体価格（税別）です。